Maria Kassel

Das Auge
im Bauch

Erfahrungen mit tiefenpsychischer
Spiritualität

W0191672

Walter-Verlag
Olten und Freiburg im Breisgau

Abdrucke aus anderen Werken:
Gottfried Benn, Reisen, aus: Gesammelte Werke in vier Bänden, hg. von
D. Wellershoff, Bd. 3: Gedichte, S. 327, 6. Aufl. 1978, Klett-Cotta, Stutt-
gart. – Rose Ausländer, Erinnerungen, und: Aber ich weiß, aus: Mein
Atem heißt jetzt. Gedichte, S. Fischer Verlag, Frankfurt 1981, S. 15 und 19.
– Israel Zwi Kanner (Hg.), Neue jüdische Märchen (Fischer-Tb. 2016),
Frankfurt/M. 1983.

Das Umschlagbild stellt ein Werk von Joan Miró dar:
Copyright by A. D. A. G. P., Paris, & COSMOPRESS, Genf

3. Auflage 1987

ISBN 3-530-42051-4

Für Edith und Mechthild,
die Begleiterinnen auf der Seelenreise
dieses Buches

Inhalt

Einführung

Dieses Gedicht begleitet mich schon seit Jahrzehnten. Es fasziniert mich auch heute noch, obwohl mir jetzt bewußt ist, daß ich seinen ironisch-resignativen Ton nicht mag. Ein Motiv für die Anziehungskraft, die es auf mich ausübt, dürfte in den an zwei Schwerpunkten aufgenommenen biblischen Symbolen von «Wundern und Weihen», vom «Manna für die Wüstennot» zu suchen sein. Daß diese im Rahmen der urbanen Zivilisation – wofür vertraute und exotische Metropolen sowie die großen Flanierstraßen der Welt stehen – ironisch in Frage gestellt werden, signalisiert wohl gerade ihre unverwüstliche Lebenskraft. Denn warum verwendet Gottfried Benn gerade biblische Metaphern und nicht andere, wenn diese ihn nicht zum bewußten Verneinen herausgefordert hätten? Das auf der Vorderseite Verneinte kann eine bejahende Rückseite vermuten lassen: im unbewußten Dunkel der Dichterseele mag die befriedende Kraft biblischer Symbole noch wirksam sein. Indem er in der letzten Strophe den Blick von den großen Reisezielen zurückholt und nach innen wendet, macht er etwas von den im Dunkel liegenden Wurzeln der möglicherweise religiösen Impulse eines Reisehungers sichtbar, ganz gleich wie sein Verweis auf die Selbstbegrenzung des subjektiven Ich beurteilt werden mag.

Ich habe dieses Gedicht oft, im Vergleich mit dem biblischen Exodus-Thema, mit der Wüstenwanderungsgeschichte Israels, in Schulklassen, in studentischen Seminaren und bei beruflichen Fortbildungen betrachtet und betrachten lassen. Der kontrastierende Gebrauch biblischer Bilder im Gedicht ließ dabei für mich mehr und mehr die Ambivalenz oder Mehrdeutigkeit von möglichen Erfahrungen hervortreten, aus denen solche Symbole sich gebildet haben. Und es schälte sich allmählich ein zweites Motiv für die Anziehungskraft des Gedichtes heraus: Die der Bibel entnommenen Symbole geben sich als nicht spezifisch biblisch, als nicht nur jüdisch-christlich zu erkennen, sondern als genuin menschlich. So wird das Leben des Menschen in verschiedenen Religionen und in unterschiedlichen Epochen der Dichtung gern als Lebens*reise* verstanden, zu der Aufbruch, Weg oder Unterwegssein und Ziel, Ankunft oder einfach Ende gehören. Zwar knüpft die Vorstellung von der Lebensreise an die äußeren zurückzulegenden Wegstrecken an: Geburt, Kindheit, Jugend, berufliche und familiäre Konsolidierung, Alter, Sterben und Tod. Doch meint das Bild nicht, zumindest nicht nur die von der Natur vorgegebenen, von menschlichem Dazutun weitgehend unabhängigen Lebensstadien, sondern stärker wohl die Art und Weise, wie ein Mensch seine Lebensreise gestaltet. Dies aber macht die Erfahrungen der Lebensfahrt ambivalent, das heißt es gibt nicht für zwei Menschen dieselbe Reise, obwohl alle dieselben Stadien durchlaufen müssen. Nehme ich Gottfried Benns Gedicht nicht als Aussage über Tourismus, sondern als Chiffre für die Lebensreise, so sehe ich darin einen Zusammenhang angedeutet zwischen äußerem Ablauf und Aufgeschlossensein für die seelische, die innere Reise. Dieser Zusammenhang scheint mir heute vor allem das zu sein, was dem Gedicht meine so lange dauernde Beachtung gesichert hat.

So habe ich es als Eingang in ein Buch gewählt, das von Spiritualität handelt, was ich mit «Seelenreise» übersetzen möchte. Ich denke dabei sowohl an Introspektion, an Schau in die Seele, als auch an Unterwegssein, an die Reise. Daß beides mit Spiritualität zu tun hat, wie wir sie aus christlicher Tradition kennen, habe ich nach vielen zurückgelegten, wie es schien von der geraden Straße oft abweichenden Wegen begriffen. Daß ich diese Erkenntnis gewinnen konnte, verdanke ich auch vielen Menschen, denen ich an ganz unterschiedlichen Stationen ihrer Wege zu zeigen versuchte, wie sie Gleise ihrer *inneren* Fahrt entdecken und die Weichen selbst stellen könnten. Ich habe dabei selbst so viele Entdeckungen über den Lebensweg als spirituelle Reise gemacht, und diese waren, ohne daß ich das bewußt angestrebt hätte, so wirksam in mir, daß eines Tages Idee und Konzept dieses Buches als Ganzes vor mir standen. Wie es sich im einzelnen entwickeln wird, weiß ich jetzt noch nicht, nur daß es sich aufbauen wird aus eindringlichen Erlebnissen bei kurzen Wegbegleitungen anderer und aus eigenen langen Reiseerfahrungen. Ich will Erlebtes aber nicht einfach erzählen, es vielmehr in einem theoretischen Bezugsrahmen bedenken und vermitteln. Mehr als daß meine Mitteilungen zur Kenntnis genommen werden, wünsche ich mir, daß sie Leserinnen und Lesern helfen mögen, sich über ihren eigenen spirituellen Weg klarzuwerden und ihren Blick zu schärfen für das jeweils Individuelle der Fortbewegungsmittel und Hindernisse, der Gabelungen und Kreuzungen, der Beschleunigungen und Verlangsamungen, der Ängste und Beglückungen, der Enttäuschungen und Hoffnungen auf der Seelenreise. Das Buch verstehe ich als einen Versuch, dafür eine tiefenpsychologische Sehhilfe anzubieten.

1. Voraussetzungen

Spiritualität – geistliches Leben – ist so alt wie das Christentum selbst. Sie hat, wie es der Begriff sagt, mit Geist zu tun, meint aber nicht die (zer-)gliedernde Denkfähigkeit, nicht den Materielles, Körperliches übersehenden oder verachtenden Geist, wenngleich in katholischer Tradition Geistliches oft mit einer Art asketischer Geistigkeit verwechselt worden ist. Spiritualität hat zu tun mit dem seelischen Inneren des Menschen, auch wenn dies häufig als auf das Ich verengte, zum Teil gar als gemütvolle Innerlichkeit mißverstanden worden ist. Nach christlich traditioneller Auffassung wirkt nicht der Menschengeist, sondern göttlicher Geist inspirierend für ein geistliches Leben. Wäre es anders, so müßten intellektuelle Menschen ein besonders gutes spirituelles Leben führen, was kaum nachzuweisen sein wird. Weder Wissenschaft, Theologie eingeschlossen, noch besondere Begabungen können die Voraussetzungen für christliche Spiritualität sein, sonst wäre der an alle Menschen in gleicher Weise gerichtete Heilsruf Jesu nicht mehr für alle gültig; das Evangelium, auf das christliche Spiritualität sich doch beziehen muß, verlöre seine Universalität.

Wo ist die Spiritualität der Laien?

Um so erstaunlicher ist es, daß in der katholischen Kirche über lange, heute noch nachwirkende Strecken ihrer Geschichte hin geistliches Leben zu einer Domäne der sogenannten geistlichen Berufe geworden ist, zu einer Domäne von Ordensleuten und Priestern. Gewiß kann angenommen werden, daß deren Wahl einer bestimmten Lebensform und die damit verbundene Enthaltung von weltlich-alltäglichen Weisen zu leben, sie besser disponieren mag oder ihnen einen größeren Freiraum schafft für eine bewußt gelebte Spiritualität. Jedenfalls scheint dies mit eine Intention geistlicher Berufe zu sein. Doch kann daraus auf eine Elite-Spiritualität, gar exemplarischer Art auch für Laien, geschlossen werden? Ich meine, heute nicht mehr. Mindestens seit der Wiederentdeckung der Laien in der Kirche als des Volkes Gottes durch das II. Vatikanische Konzil (1962–1965) wäre eine spirituelle Umorientierung gerechtfertigt bzw. erforderlich. Die exemplarische Spiritualität hätte die der Laien, die des Volkes zu sein; denn nur diese kann die für *alle* Christen mögliche sein. Die spezifische Spiritualität einer besonderen Berufung müßte auf der des Volkes aufbauen.

Charakteristisch für die Spiritualität der «geistlichen» Berufe war durch eine lange Entwicklung ein Gerüst äußerer Normen geworden, beispielhaft zu sehen am Stundengebet der Ordensleute, dem Brevier der Priester, unter Einbezug von Meditationsübungen. Dies läßt sich als Ritualisierung geistlichen Lebens bezeichnen, notwendig wahrscheinlich für das gemeinsame Leben einer Gruppe, wobei eine nicht beabsichtigte Veräußerlichung geistlicher Vollzüge wohl öfters einsetzte und der Ritus sogar an die Stelle spiritueller Erfahrung treten konnte. Wie sehr der ritualisierte geistliche Weg als einziger angesehen wurde, ist mir an meinem eigenen theologisch-spirituellen Werdegang klargeworden. Zur ungefähr zweiten Generation von *Laien*theologen gehörend, ausgestattet mit vorkonziliarer Theologie (z.B. ohne moderne Bibelexegese) in den fünfziger Jahren, nahmen wir Laientheologen uns für das geistliche Leben die Ausbildung von Priesteramtskandidaten zum Vorbild: geistliche Schriftlesung – was war das eigentlich?, ich könnte es heute nicht mehr sagen –, Betrachtung und wenigstens Teile des Stundengebetes gehörten dazu, zum Teil auch häufiges Beichten und bestimmte Formen von Askese wie Fasten; und sogar ein zeitweiliges gemeinsames Leben wurde erwogen, diskutiert unter dem klassischen Stichwort der «Vita communis». Mein Pfarrer unterstützte diese geistlichen Bemühungen auf «geistliche» Weise: er schenkte mir sein altes, nicht mehr benötigtes Brevier. Damals glücklich darüber – denn wie hätte ich mir als Studentin das kaufen können –, und stolz darauf, wenigstens ein Stückchen teilzuhaben an *dem* geistlichen Leben der Kirche, beurteile ich heute meine Initiation in die Spiritualität sehr anders. Sie erscheint mir eher als Abwertung spiritueller Fähigkeiten von *Laien*-(Theologen), denn zum vollen Programm geistlichen Lebens wurden wir ja nicht angehalten; nur ein Teil wurde uns zugemutet, wohl auch nur zugetraut. An dem persönlich Biographischen läßt sich ein genereller Zug kirchlicher Spiritualität ablesen. Geistliches Leben wurde für eine primäre Angelegenheit von «geistlichen» Berufen gehalten. Wurden Laien als Laien zu Teilaufgaben dieser Berufsgruppen zugelassen – damals zum Erteilen von Religionsunterricht –, so wurde von ihnen auch eine Teilnahme an den Formen von deren Spiritualität erwartet.

Uns Laientheologen wäre selbst auch kaum etwas anderes in den Sinn gekommen; wir nahmen keine eigenständige spirituelle Position für uns in Anspruch. Es fehlte uns das Bewußtsein von unserer genuinen, nicht von einem geistlichen Stand abgeleiteten Bedeutung als Mitglieder des Volkes Gottes. Wenn die spirituelle Situation für Laien-*theologen* so war, um wieviel weniger konnten dann die «bloßen» Laien in der Kirche eine genuine Spiritualität haben! Als kompetent für ihr eigenes, in den Verstrickungen des alltäglichen Lebens geführtes geistliches Leben konnten sie nicht gelten. Interessant wäre es, die kirchenamtlich vorgestellte durchschnittliche Laien-Spiritualität einmal aus den früheren, an den 10 Geboten ausgerichteten Beichtspiegeln zu erheben; womöglich käme etwas wie ein spiritueller Infantilismus dabei heraus, der dem Kirchenvolk zugestanden wurde.

Im Blick auf Laientheologen läßt sich nun gegenwärtig mit Recht fragen, ob sich in der amtskirchlichen Einstellung zu deren Spiritualität grundsätzlich etwas geändert hat. Normen für eine geistliche Lebensführung werden zwar nicht mehr einfach vom geistlichen Stand übertragen; aber eine das Studium begleitende, besondere spirituelle Ausbildung wird in der Kirche der Bundesrepublik Deutschland gewünscht, für Laien in späteren pastoralen Tätigkeiten gefordert und durch ein Programm absolvierbar, eventuell sogar kontrollierbar gemacht. Ich habe nun gewiß nichts gegen spirituelles Lernen einzuwenden, im Gegenteil, ich glaube, es tut mehr denn je not. Ich halte aber die formalisierte und das heißt ritualisierte Weise spirituellen Lernens für fragwürdig, zumal, wenn von ihr die Berechtigung zu einer theologisch-geistlichen Tätigkeit abhängig gemacht wird; sie könnte eher dazu angetan sein, den Geist zu vertreiben, als ihm im Leben der Lernenden Raum zu verschaffen. Außerdem: versteckt sich in einem besonderen spirituellen Programm für Laientheologen nicht immer noch die Vorstellung, Spiritualität sei etwas für Experten? Wo bleibt das Volk, dessen Leben und Glauben Ausgangspunkt und Ziel *aller* christlichen spirituellen Bemühungen sein müßte?

Wo bleibt die Spiritualität der Frauen?

Ein weiterer Gesichtspunkt zählt für mich zu den unerläßlichen Voraussetzungen neuen Nachdenkens über christliche Spiritualität. Auch darauf hat mich meine eigene spirituelle Biographie gebracht. Ist im offiziellen Traditionsstrom geistlichen Lebens in der katholischen Kirche eigentlich auch an die Spiritualität von Frauen gedacht worden – außer an die von Ordensfrauen? Wenn primärer Träger spirituellen Lebens das ganze Volk Gottes ist bzw. sein sollte, so davon mindestens die Hälfte und mehr Frauen. Aufschlußreich in diesem Zusammenhang dürfte die Einrichtung der «geistlichen Führung» sein. Sie war in der Kirche immer dem männlichen Priesterstand vorbehalten. Meines Wissens konnten sich nicht einmal weibliche Orden mit reicher und alter spiritueller Tradition mit der geistlichen Führung durch erfahrene Ordensfrauen begnügen, sondern mußten sich im Rahmen der kirchlichen Disziplin auch der Führung durch einen männlichen Kleriker unterstellen. Wie aber können Männer, dazu noch Angehörige eines privilegierten Standes, Frauen, und besonders solche, die ein ganz gewöhnliches Christenleben führen, vielleicht «nur» ehrenamtliche Arbeit in der Gemeinde tun, geistlich führen? Können sie überhaupt etwas verstehen vom Leben dieser Frauen? Noch allgemeiner: Können zölibatäre Priester auch nur etwas ahnen von den spirituellen Möglichkeiten der Frauen, die Kinder tragen, gebären, nähren und großziehen (können), und denen in der Menschheitsgeschichte, speziell der Kirchengeschichte, unglaubliche Leiden von Männern aufgebürdet worden sind? Haben die traditionellen geistlichen Führer der Kirche überhaupt einen Zugang zu dem, was Feministinnen – Theologinnen und Nichttheologinnen – als weibliche Spiritualität entdeckt und entfaltet haben?

Auch wenn ich an die selbst erfahrenen geistlichen Führungen denke, von denen mir in meiner Erinnerung nichts Prägendes greifbar ist, drängt sich mir die Frage auf: Sind Männer in der Lage, Frauen zu deren eigener Spiritualität zu führen? Und mit dem Blick auf tiefenpsychologische Spiritualität möchte ich die Frage noch grundsätzlicher stellen: Bedarf es einer spirituellen Führung wie der in der katholischen Kirche herkömmlichen überhaupt? Oder ist diese womöglich eine Erfindung von Männern, die so individuelle und kollektive Entwicklungsimpulse zu reifer Männlichkeit zu neutralisieren versuchen? Solche Impulse zu verwirklichen, würde in tiefenpsychologischer Sicht nämlich verlangen, Frauen als Partnerinnen anzuerkennen und sich als Mann neben sie, statt über sie zu stellen. Wo notwendige seelische Entwicklung aber verweigert wird, da wird den seelischen Kräften nicht mehr viel zugetraut, weder den eigenen noch denen anderer; und das löst bei denen, die sie verweigern, tiefe Unsicherheit aus. Durch Geführtwerden und wohl mehr noch durch Führung anderer läßt diese Unsicherheit sich kompensieren. Führung gibt Sicherheit durch Machtausüben. So drängt sich geradezu die Frage auf: Dient eine Einrichtung wie geistliche Führung nicht der (unbewußten) Machterhaltung und dadurch der psychischen Stabilisierung der Führungsgruppe? Da Frauen dieser Gruppe nicht angehören, konnten und können sie auch keine geistliche Führung in eigener, von Männern unabhängiger Kompetenz ausüben. Doch möglicherweise brauchen sie diese Führung auch gar nicht, weder empfangend noch ausübend.

Ähnliche Fragen wie die zuletzt gestellten wären auch an andere Religionen und Heilslehren, auch an psychologische Schulen zu richten, bei denen die Führung durch andere zum rechten oder guten Leben eine hervorragende Rolle spielt und vor allem in den Händen von Männern liegt.

Tiefenpsychologische Spiritualität

Damit stellt sich nun die Frage an mich, inwiefern eine tiefenpsychologische Betrachtungsweise Wege zu einer Spiritualität weisen kann, die den skizzierten Beeinträchtigungen zu entgehen vermag. Ich schreibe als christliche (katholische) Theologin, beziehe mich deshalb in erster Linie auf spirituelle Praxis und Erfahrung im Christentum. Zugleich schreibe ich aus vielfältiger Praxis in tiefenpsychologischer Bibelarbeit mit Gruppen und eigener tiefenpsychologischer Erfahrung. Erstere hat mir die Einsicht gebracht, daß die christliche Tradition getragen wird von einem Strom menschheitlich-spiritueller Erfahrung und daß diese bei angemessenen Erschließungsverfahren Menschen heute verhältnismäßig leicht zugänglich zu machen ist, vor allem auch deshalb, weil ein ausgeprägtes Bedürfnis nach innerer Erfahrung sich ausbreitet. Meine persönliche Erfahrung hat mich erkennen lassen, daß der Zugang zu den Tiefenschichten der Seele mit religiöser Erfahrung zu tun hat, ja deren Voraussetzung ist. Die tiefenpsychologische Sicht schließt eine bestimmte Ansicht vom Menschen ein, die auf einem Wissen über die psychische Innenwelt des Menschen basiert, das erst in diesem Jahrhundert (Freud und Nachfahren) gewonnen worden ist. Die tiefenpsychologische Sicht vom Menschen kann helfen, spirituelle Erfahrung zu verstehen und zu ermöglichen. Allerdings sind dies nicht erst durch die Tiefenpsychologie möglich gewordene Erfahrungen; vielmehr sind diese zu allen Zeiten und in allen Kulturen gemacht worden. Neu ist eher ihr Verlust in der wissenschaftlich-technischen Zivilisation, vor dem auch das Christentum mit seiner Spiritualität die Menschen nicht bewahrt hat. Mit tiefenpsychologischen Verfahren kann hier ein Grundbedürfnis des Menschseins wiedergefunden und erfüllt werden, nun aber auf *dem* Bewußtseins-Niveau, das die kritisch-wissenschaftliche Einstellung zur Welt und zum Menschen mit sich gebracht hat. Spiritualität kann, so meine ich, für uns nicht mehr auf der Stufe vorkritischen Bewußtseins gelebt werden, nicht mehr in einem fraglos und unbefragten seelischen Einvernehmen mit allem Seienden. Würde das versucht, so brächte dies das Risiko einer unmündigen Naivität oder von Verdrängungsverhalten mit sich; beides kann nicht das Ziel von (christlicher) Spiritualität sein.

In meinen Überlegungen stehen spirituelle Vorstellungen und Inhalte des Christentums nicht am Anfang, sondern deren allgemein-menschlicher Untergrund. Tiefenpsychologische Spiritualität ist nicht auf christliche Inhalte beschränkt oder auch nur angewiesen. Und sie ist auch dort, wo sie mit christlichen Vorstellungen arbeitet, nach meiner Erfahrung für alle zugänglich. Sie ist weder an ein Glaubensbekenntnis noch an eine kirchliche Konfession gebunden. Sie braucht aber Inhalte; und in der Zivilisation, in der ich lebe, werden diese weitgehend, bewußt oder unbewußt, mit dem Christentum in Berührung gekommene Inhalte sein. Mein eigenes Interesse richtet sich zuerst auf tiefenpsychologische Spiritualität, obwohl mir die meisten Einsichten über sie durch die Arbeit mit Christen und mit christlichen Inhalten zugewachsen sind. Erst an späterer Stelle werde ich auf die christliche Form tiefenpsychologischer Spiritualität eingehen. Und ich möchte dabei zu zeigen versuchen, daß christliche Überlieferungen auch über die Grenzen christlicher Kirchen hinaus Bedeutung haben können, ohne daß Menschen sich in einem traditionell missionarischen Sinn zum Christentum «bekehren» müssen. Damit wage ich auch den Versuch, etwas von der nach meinem Verständnis wahren Universalität des Christentums zu zeigen.

Umkreisung des Begriffs «Spiritualität»

Leser-innen werden nun erwarten, daß ich allmählich sage, was Spiritualität ist bzw. was ich darunter verstehe. Ich möchte jedoch nicht, von einer vorgegebenen Definition abgeleitet, bestimmte Erfahrungen, die ich in meiner Lebens-

und Arbeitspraxis kennengelernt habe, als spirituelle klassifizieren. Ich möchte Interessierte lieber einige von den Wegen mitgehen lassen, auf denen ich selbst, nach langem Gehen, zu der Überzeugung gelangt bin, es handle sich bei den gemachten Erfahrungen um spirituelle. Für mich steht am Anfang nicht ein Begriff von Spiritualität, sondern die Lebenspraxis. Ich bin auch nicht sicher, daß ich eine Definition von Spiritualität geben kann – dieses Buch ist ein erster Versuch, tiefenpsychologische Wege zu spiritueller Erfahrung auf Begriffe zu bringen und in vorläufig systematisierter Form zu vermitteln.

Ich bin noch weniger sicher, ob eine Definition von tiefenpsychologischer Spiritualität deren Eigenart überhaupt gerecht werden könnte. Definitionen haben, dem allgemeinen Verständnis nach, den Gesetzen der rationalen Logik zu folgen. Das, wovon ich sprechen möchte, führt aber in einen seelischen Bereich, in dem andere Gesetze gelten, z. B. dies, daß etwas logisch Paradoxes das eigentlich Sinnvolle ausdrückt. Das Kind, als das ein Erwachsener sich im Traum erleben kann, ist nicht das Kind, das er in der Vergangenheit einmal gewesen ist, sondern er ist jetzt, wo er dies träumt, dieses Kind. Die logisch nicht umkehrbare Zeitenabfolge gilt in den Regionen des Unbewußten, aus denen die Träume stammen, nicht; dort herrscht ewige Gleichzeitigkeit. Wenn der Träumer diese Sprache nicht verstehen lernt, wird ihm der Sinn seiner Träume und damit ein großer, wenn nicht der größere Bereich seiner seelischen Welt verschlossen bleiben. Dasselbe trifft auf die Raumgebundenheit zu. Im Unbewußten sind wir unabhängig von ihr; wir bewegen uns dort nicht mühsam von einem Ort zum andern, sondern können gleichzeitig an verschiedenen Orten sein. Daß wir z. B. die Geschichten vom plötzlichen Erscheinen und Verschwinden des auferstandenen Jesus bei geschlossenen Türen in den Evangelien nicht für baren Unsinn halten, sie sogar verstehen können, hängt wohl damit zusammen, daß sie dem Grundgesetz der menschlichen Tiefenseele entsprechen. Daß sie dennoch seit mehr als hundert Jahren so oft für baren Unsinn erklärt worden sind, offenbart den Verlust der Verbindung zu diesen dem Bewußtsein fernen Gegenden unserer Seele, offenbart das Schrumpfen menschlicher Selbstwahrnehmung und seelischer Ausdrucksfähigkeit auf zweckrationales Denken. Nicht die Alten, die solche Geschichten erzählt und in ihnen eine existentielle Wahrheit ausgesprochen haben, waren naiv, gar dumm, sondern wir bezeugen unsere seelische Verarmung, wenn wir uns über solche Geschichten lustig machen.

Habe ich nun von Spiritualität geredet? Ich meine, ja. In der eben angedeuteten Form möchte ich auch weiterhin versuchen zu umkreisen, was tiefenpsychologische Spiritualität sein kann. Vielleicht ergibt sich dabei sogar eine genauere Eingrenzung, sprich Definition; wenn nicht, halte ich das für den Vorgang, um den es mir geht, nicht für abträglich.

An manchen Stellen hebe ich allerdings lieber geläufige Abgrenzungen auf, so z. B. bei den Begriffen «Psyche» und «Seele». Seele ist zwar der Wortbedeutung nach nur die Übersetzung von Psyche, aber anders als diese hat der Begriff «Seele» eine ausgeprägt religiöse Vergangenheit. Den Begriff «Psyche» hat sich dagegen die Wissenschaft reserviert, die Psycho-Logie, die Rede von der Psyche. Hat die moderne, von der Wissenschaft erforschte Psyche nun nichts mit der Seele der christlichen Spiritualität, der Mystik usw. zu tun? Nach meiner Überzeugung drücken beide Begriffe nur verschiedene Zugänge zu ein und derselben Wirklichkeit aus. Wenn sie sich gegenseitig ausschließen durch Verdächtigungen gegen die dem jeweiligen Zugang spezifischen Erkenntnisse, kann das leicht die Seele/Psyche selbst zerreißen, die in Wahrheit *eine* ist. Diese Einheit möchte ich im Auge behalten; deshalb verwende ich beide Begriffe in gleicher Bedeutung. Darin soll sich ausdrücken, daß ich den religiösen und den psychologischen Zugang einander annähern möchte. Dies kann bereits als eine grundlegende Aussage zu meinem Verständnis von Spiritualität gelten. Ich möchte die Psyche/Seele als eine Einheit und Ganzheit sehen, in der Bewußtsein und Unbewußtes ihre Bedeutung als deren verschiedene Zustands- und Entwicklungsformen haben. Was von diesen Voraussetzungen aus spirituelles Leben sein kann, betrachte ich sowohl aus tiefenpsychologischer als auch aus religiöser (christlicher) Sicht.

2. Die Bilder der Seele schauen

«Helenos war kein Seher.
Er hatte die Gabe nicht,
er brauchte das Ritual.»

Christa Wolf: Kassandra

2.1 Das Auge im Bauch oder: Menschheitlich-anthropologische Zusammenhänge

Nach einer Imaginationsübung zur Geschichte von der Heilung des blinden Bartimäus (Markus 10,46–52) sagt Frau A.: «Ich habe eigentlich nichts gesehen, es war nur ein Auge in meinem Bauch.» Hat Frau A. wirklich nichts gesehen? Ich sehe das so. Sie hat das in der westlichen Welt fast ausschließliche Sehen mit den Kopfaugen anthropologisch richtiggestellt, ein notwendiger Vorgang für einen spirituellen Weg. Mit den Kopfaugen können wir nur in *eine* Richtung blicken; das Sehfeld ist begrenzt, die Rückseite grundsätzlich ausgeblendet, es sei denn, wir schaffen uns Spiegel an, Augenprothesen. Die begrenzte Sehfähigkeit unserer leiblichen Augen offenbart zugleich unsere eingeschränkte psychische Sehfähigkeit. Als einzige Lebewesen, die ein (Selbst-)Bewußtsein entwickelt haben, haben wir Menschen die seelische Wahrnehmung immer mehr auf die bewußte konzentriert. In der wissenschaftlich geprägten Zivilisation ist diese Entwicklung sogar bis zu einem exzessiven Punkt vorangetrieben worden; es gilt nahezu nur noch das als wirklich, was durch ein wissenschaftliches Experiment, und das heißt durch ein künstliches Auge gesehen und durch rationale Schlußfolgerungen festgestellt werden kann. Das aber sind – charakteristisch für wissenschaftliche Welt-Ansicht – immer nur Ausschnitte von Wirklichkeit. Spontanes, nicht arrangiertes Wahrnehmen, im allgemeinen Erfahrung genannt, hat zunehmend nur noch sekundäre Bedeutung; das so Wahrgenommene zählt eigentlich nur, wenn es vor der experimentellen Empirie und dem kritischen Verstand bestehen kann. Je weniger aber dem ursprünglich ganzheitlich-intuitiven Wahrnehmen von Wirklichkeit (zu-)getraut wird, um so weniger wird es geübt, und um so mehr verkümmert die dem Menschen eigene Fähigkeit dazu. Am Ende trauen wir selbst in unseren persönlichsten Lebensvorgängen den «objektiven» wissenschaftlichen Einsichten mehr als unserer eigenen unmittelbaren Erfahrung.

Ein bitteres Beispiel für diese seelische Einstellung bietet die sich als Naturwissenschaft verstehende Medizin. Da sie körperliche Organe zu heilen, vielleicht besser: zu reparieren sucht, wird die subjektive Wahrnehmung eines kranken Menschen von seinem Kranksein in der Regel nicht als medizinischer Faktor in die Therapie einbezogen. Und falls sie berücksichtigt wird, so geschieht das leicht neben medizinischer Diagnostik und Therapie her, statt in diese integriert. Stillschweigend, d.h. unbewußt, wird zumeist vorausgesetzt – wohl bei Ärzten wie bei Patienten –, daß intuitives Wissen über eigenes Kranksein medizinisch keine Relevanz hat; es ist ja wissenschaftlich nicht zu bewahrheiten.

Wahrscheinlich ist die Spezialisierung rationalen Bewußtseins als zwar nur *einer*, aber immerhin der menschlich charakteristischen psychischen Sehfähigkeit, unvermeidlich gewesen, ihre Verhinderung auch kaum wünschenswert, weil sie zur Lebensbewältigung in den komplexen politisch-gesellschaftlichen Systemen gebraucht wird. Dennoch ist diese Weise, Wirklichkeit zu erkennen, einseitig, und wenn sie als die einzig mögliche propagiert und geübt wird, sogar verhängnisvoll, wie wir das für die polito-sozio-ökologischen Zusammenhänge langsam zu sehen lernen. Ebenso fatal sind die Auswirkungen des Sehens bloß mit den Kopfaugen für die Seele des Menschen. Nur: das zu erkennen oder gar zu behaupten, wird weitgehend noch verdächtigt als zu subjektiv und bloß innerlich. Ich komme jedoch immer mehr zu der Überzeugung, daß die auf eine mögliche Katastrophe zusteuernde äußere Entwicklung damit zusammenhängt, daß wir verlernt haben, nach innen zu schauen und uns auf gesellschaftlich-politischer Ebene weigern, die seelische Welt genauso wichtig zu nehmen wie die äußere Realität der Welt.

Fähigkeit zur Imagination

Hier kann die Imagination von Frau A., wenn ihre Erfahrung ernstgenommen wird, Hilfreiches mitteilen. Das *eine* Auge im Bauch darf nicht verwechselt werden mit Figuren, wie sie in Märchen vorkommen, die nur ein Auge in der Mitte der Stirn haben, oder mit dem, was das Sprichwort sagt: «Unter Blinden ist der Einäugige König.» In diesen Fällen scheint mir gerade das Begrenzte reinen Kopfsehens gemeint zu sein, die ebenfalls sprichwörtliche Einäugigkeit. Ich möchte es auch nicht gleichsetzen mit dem Auge der Erleuchtung in östlichen Meditationstraditionen, das ebenfalls am Kopf «lokalisiert» ist bzw. in der Mitte zwischen den Augen – so im «Geheimnis der Goldenen Blüte», einer chinesischen Schrift, die für C.G. Jungs Erforschungen des Unbewußten eine Schlüsselfunktion hatte. In asiatischer Spiritualität ist die Verbindung zum Bauch, zu der leibseelischen Mitte bzw. dem Schwerpunkt des Menschen, nie abgerissen; deshalb kann dort das Ziel spirituellen Lebens durch den Kopf erreicht werden. Für Menschen westlicher Mentalität könnte die Übernahme dieser östlichen Vorstellung unter Umständen zum Gegenteil führen, einer noch verstärkten Abkoppelung der seelischen Bewußtseinsseite von ihrer unbewußten Lebensquelle.

Ich ziehe deshalb für den Weg tiefenpsychologischer Spiritualität das Symbol von Frau A. vor. Ihr «drittes» Auge halte ich für das ursprüngliche seelische Auge des Menschen. In der Evolution des menschlichen Bewußtseins wird der Anfang des Bewußtwerdens als ein Aufdämmern von (Um-) Welt- und Selbstwahrnehmung aus dem naturhaft Unbewußten heraus anzusetzen sein, ein allmähliches oder auch blitzartiges Erkennen, das ich mir nicht anders als von starken Emotionen getragen vorstellen kann, zwang es doch zu der zwiespältigen Erfahrung: Ich, der Mensch, bin anders als alles Übrige, bin einzigartig. Die alttestamentliche Schöpfungsgeschichte von Genesis/1 Mose 1 drückt dies mit der die ganze Schöpfung beherrschenden Stellung des zuletzt geschaffenen Menschen aus; wir haben das interpretiert als: der Mensch, die Krone der Schöpfung. Und die andere Seite der Erfahrung heißt: Ich, der Mensch als erkennendes Wesen, bin der allgewaltigen Natur, dem Meer des Unbewußten ausgeliefert, denn ich bin *nur* ein Teil davon. Die Paradies- und Sündenfallgeschichte von Genesis/1 Mose 2–3 drückt dies mit der Erschaffung des Menschen aus dem Staub der Erde aus, den Tieren gleich, mit dem Bedrohtsein von innen heraus (Sünde) und durch die Hinfälligkeit menschlicher Existenz (zurückkehren zum Staub im Tod).

Welche tiefreichenden und mächtigen Gefühle diese doppelgesichtige Bewußtseinserfahrung in der Spezies Mensch aufgewühlt haben muß, können wir immer noch und immer wieder studieren am Prozeß des individuellen Bewußtwerdens. Sowohl das kleine Kind, das anfängt, «Ich» sagen zu lernen, als auch pubertierende Jugendliche, denen ihr Ich-Sein, und damit ihre Vereinzelung, bewußt wird, sind Gefühlseruptionen von irrationaler Wucht ausgesetzt, wenn sie nicht schon gezwungen worden sind, diese zu unterdrücken. Als Erwachsene vergessen wir dann in der Regel, wie ungeheuer es ist, daß wir Menschen ein bewußtes Ich geworden sind. Wir lassen der Vernunft den Vortritt, was ja auch notwendig ist für ein menschengemäßes Leben, und die großen Gefühle unseres Bewußtwerdens, des Sehenlernens aus dem Bauch heraus, sind verschwunden. Wir gewöhnen uns überhaupt ab, in unsere Seele hineinzuschauen, sind stattdessen reichlich damit beschäftigt, unsere äußere, sprich: berufliche, familiäre, gesellschaftliche, politische Existenz aufzubauen. Und das tun wir nicht nur als Individuen, sondern auch als Gesellschaften. Was uns da in unseren Vorfahren in grauer Vorzeit als innere Schau von uns selbst, von der Welt und unserer Stellung in ihr einmal aufgegangen ist, was unser Auge im Bauch aus dem Dunkel des Unbewußten heraus gesehen hat, ist uns aber nicht abhanden gekommen. Es wirkt vielmehr in der Art und Weise, wie wir die äußere Welt formen. Kultur zu schaffen, gesellschaftlich-politische Lebensmodelle zu entwerfen und durchzusetzen, folgt aus der Geburt des Bewußtseins; und auch im individuellen Bereich gestalten wir aus demselben Grund unsere äußere Existenz. Im Leben von uns Menschen macht sich so gut wie nichts von selbst; denn das Wissen um uns zwingt uns, das Leben auch selbst in die Hand zu nehmen.

In unserer westlichen Zivilisation scheint mir aber nun das Fatale an dieser notwendigen Entwicklung zu sein, daß wir vergessen haben, daß unsere Seele uns auf diesen Weg gebracht hat. Nur weil sich beim Menschen aus dem Unbewußten das Bewußtsein ausdifferenziert hat, müssen und können wir die Welt, in der wir leben, selber formen. Was läge näher als zu fragen, ob nicht unsere Seele uns auch zeigen kann, wie eine uns Menschen gemäße, eine uns förderliche, eine humane Welt aussehen kann? Wir fragen aber in der Regel nicht in diese Richtung, versuchen vielmehr, das humane Leben zu finden, indem wir alle Kräfte in die Umgestaltung der äußeren Welt investieren. Dafür werden immer wieder verschiedene gesellschaftliche wie individuelle Konzepte entworfen, Bilder geschaut, bekannt im politischen Bereich als Utopien, im privaten als Lebensplanung. Woher stammen nun aber solche Bilder von uns Menschen für ein Leben in unserer Welt? Am überzeugendsten scheint mir die Antwort zu sein, daß sie aus der imaginativen Fähigkeit der menschlichen Psyche herrühren; das Auge im Bauch liefert die Bilder. Bei der inzwischen erfolgten Zuspitzung unseres Bewußtseins auf rein rationales Erkennen kommt uns das nur zu primitiv, gar lächerlich, jedenfalls unwahrscheinlich vor. Gehe ich einmal davon aus, daß das Erwachen des menschlichen Bewußtseins gewissermaßen ein imaginativer Akt der unbewußten Natur war, so ist nicht einzusehen, daß die menschliche Psyche, die in ihren unbewußten Tiefen ein Teil dieser Natur geblieben ist und bleiben wird, solche Fähigkeit zur Imagination nicht mehr haben sollte. Unsere Träume beweisen außerdem die ständige imaginative Tätigkeit der menschlichen Seele, die ohne unser bewußtes Dazutun stattfindet.

Projektion und Spaltung

Was geschieht nun, wenn dauernd versucht wird, Visionen von einer idealen Menschenwelt in der äußeren, der individuellen und gesellschaftlichen Wirklichkeit zu realisieren, ihre Herkunft aus der inneren Welt der Psyche aber nicht mehr gesehen und daher auch nicht mehr beachtet wird? Es ereignet sich so etwas wie das Zerteilen der Seele; ihre ursprüngliche Einheit zerstreut sich sozusagen in ein Vielerlei. Und was vordem, in vorbewußten Zeiten und denen eines «kindlichen» Bewußtseins, unser seelischer Besitz war, ist nun verteilt in den Gestaltungen der Welt draußen. In psychologischer Fachsprache ist dies der Vorgang der Projektion, im Bilde: unsere Kopfaugen sehen zu einem guten Teil in projizierender Weise; sie sehen nur nach draußen und verwechseln die Bilder, die in der Seele zu Hause sind, oft mit der äußeren Realität. Das Auge im Bauch sieht alles an dem ihm gemäßen Ort; es sitzt im Zentrum, verbindet daher das Bewußtsein mit dem Unbewußten, es schaut nach draußen und nach innen; es sieht selbst und wird vom Bewußtsein gesehen.

Nun ist Projizieren zunächst keineswegs etwas Negatives, wie der psychologische und ideologische Gebrauch des Begriffs «Projektion» oft nahelegt – so z.B. in einer Art theologischer stehender Redewendung: «Da wird Gott nur als eine psychische Projektion gesehen.» Projizieren ist, weil wir Wesen mit Bewußtsein sind, für uns Menschen notwendig. Bewußtsein macht, wie alles Psychische, unsere Subjektivität aus. Diese können wir aber niemals unmittelbar wahrnehmen, weil wir mit ihr identisch sind. Wir können uns nicht neben unsere Subjektivität stellen oder ihr gegenüber, um zu sehen, was alles zu ihr gehört. Deshalb müssen wir sie in Spiegeln betrachten, die uns die Außenwelt, vor allem auch andere Menschen, liefern, die wir aber auch und sogar in erster Linie in unseren Träumen, Imaginationen, Visionen und Phantasien finden, auch solchen, die durch kollektive Zustimmung eine gewisse Objektivität erlangt haben: mythische und religiöse Überlieferungen, Dichtungen und andere künstlerische Werke, wissenschaftliche Vorstellungen und anderes mehr. Die Schwierigkeit in einer Welt des überzüchteten rationalen Bewußtseins ist nun, daß nicht mehr damit gerechnet wird, daß in den Gestaltungen der äußeren Welt sich auch unsere Seele manifestiert und als solche erkannt werden will. In einer so gearteten Welt leben wir weitgehend, und unser privates und öffentliches Bewußtsein beharrt darauf, daß alle Wirklichkeit gewissermaßen materiell, nur im Äußeren greifbar ist. Eine solche Bewußtseinslage hindert aber an der seelischen Weiterentwicklung; sie ist ein Hindernis auf der Seelenreise, das Verzögerungen bewirkt, zu unter Umständen gefährlichen Umwegen zwingt oder die Reise überhaupt abbrechen läßt.

Was es mit der Projektion in destruktiver und konstruktiver Wirkung auf sich hat, möchte ich zunächst mit einem archaischen, und zwar drastischen Beispiel verdeutlichen. Bei der Peru-Ausstellung in der Villa Hügel in Essen, Sommer 1984, gab es eine kleinformatige Darstellung eines Menschenopfers aus prähistorischer Zeit. Der Priester, zähnefletschend, hielt in der einen Hand das Opferbeil, in der anderen den abgeschlagenen Kopf des geopferten Menschen, dessen übrige Körperteile auf und neben dem Hackklotz lagen. Dieser grausige religiöse Ritus ist in der Menschheitsgeschichte keine Entgleisung nur einer oder weniger Gruppen, ist sicher eine verbreitete Erscheinung gewesen. Menschenopfer spielen auch im Glauben des biblischen Israel eine Rolle, nur ein paar hundert Jahre vor der Zeit Jesu. Es gibt das alttestamentliche Verbot, sich der Sitte der Urbevölkerung anzuschließen und dem Gott Moloch Kinder zu opfern (vgl. Leviticus/3 Mose 18,21 und 20,1–5; Jeremias 32,35). Und es gibt die Geschichte von Abraham, der sich gedrängt fühlt, seinen Sohn Isaak zu opfern, was Gott dann verhindert – Genesis/1 Mose 22. Aus beidem läßt sich eigentlich nur schließen, daß im damaligen Israel Versuche zu Menschenopfern gemacht worden sind, daß es also, mindestens in Resten, eine seelische Verfassung gegeben hat wie die von der prähistorischen peruanischen Abbildung repräsentierte. Wie läßt sie sich tiefenpsychologisch deuten?

In der seelischen Entwicklung des Menschen gibt es Situationen, in denen etwas Seelisches geopfert werden muß, damit ein zu Ende gelebtes Stadium abgeschlossen und ein neues begonnen werden kann; es muß etwas sterben oder gar getötet werden. In Märchen z. B. kommt dieses Thema öfter vor. So opfert im Märchen «Die sieben Raben» die Schwester einen kleinen Finger, um den Glasberg zu öffnen und die Brüder zu erlösen – Symbol für eine seelische Reifung; in «Schneeweißchen und Rosenrot» erlangt der Bär seine menschliche Gestalt als Königssohn, indem er den Zwerg, der ihm seine Schätze gestohlen hatte, tötet. Solange bei Menschen das unbewußte über das bewußte Seelische dominierte, wie das für prähistorische Zeit angenommen werden kann, wird dieses Opfer in der Weise der Projektion vollzogen. Da innen und außen, seelische und außerseelische Realität noch nicht genau unterschieden werden (können) und das Ich-Bewußtsein noch nicht individuell, sondern kollektiv, das heißt eines der zusammengehörigen Gruppe ist, wird das Gefühl, um etwas Größeren willen ein Stück von sich selbst aufgeben zu müssen – das Opfer wird der Gottheit gebracht –, durch das Opfer eines realen Menschen befriedet. Wir empfinden das als grauenerregend; und aus unserer Bewußtseinslage heraus muß es auch so gesehen werden. Für die Bewußtseinslage prähistorischer Menschen wird das nicht grauenvoll gewesen sein. Da ihnen die Grenzen zwischen Unbewußtem und Bewußtsein, zwischen Seele und Welt noch verschwammen, konnten sie gar nicht erkennen, daß sie in der äußeren Realität etwas taten, was eine innerseelische Notwendigkeit war. Sie konnten die Projektion als solche nicht erkennen und infolgedessen auch nicht auflösen. Im Alten Testament sieht die Sache nun anders aus. Daß es

Auseinandersetzungen um Menschenopfer gibt und diese sogar verboten werden, zeigt eine fortgeschrittene Bewußtseinslage an. Ein an dieser Stelle der menschheitlichen Seelenreise tatsächlich vollzogenes Menschenopfer müßte deshalb als Rückfall auf eine archaische Bewußtseinsstufe gewertet werden. Es wäre nicht nur eine Stagnation, sondern ein Rückschritt in der seelischen Entwicklung gewesen.

Nun ist die Seelenlage in einem Zeitalter wie unserem mit dem Schwergewicht auf dem Intellekt wieder eine andere als die beiden erwähnten. Dennoch scheint es oft so, als steckten wir in demselben Projektionsmechanismus, wie er sich an dem Priester mit dem abgeschlagenen Menschenkopf in der Peru-Ausstellung zeigt. Wie wäre sonst der Wahnsinn des Folterns und Tötens, der Kriege und sogar der Vorbereitung des Menschheitsuntergangs zu erklären? Dennoch ist hierfür ein ganz anderes psychisches Entwicklungsstadium anzusetzen. Bei den Menschen unseres Zeitalters verschwimmen nicht mehr die Grenzen von Unbewußtem und Bewußtsein; das Bewußtsein verleugnet vielmehr seine Herkunft aus dem Unbewußten; und das ist der Grund für das Steckenbleiben im projizierenden Verhalten. Weil nicht damit gerechnet wird, daß in der äußeren Welt seelische Imaginationen ausgelebt werden, können diese nicht als solche erkannt, deswegen nicht an ihren Ursprungsort zurückgeholt und dort zu einem bereichernden Teil der seelischen Welt werden. Die Auswirkungen sind nicht nur gleich schrecklich wie in archaischer Zeit, vielmehr sind sie schrecklicher, weil sie sich auf die Welt als ganze beziehen. Da wir die *seelische* Verbundenheit aller Menschen nicht zustandebringen, sind wir im Schrecken globaler Vernichtungsmöglichkeit aneinandergekettet. Das kann in tiefenpsychologischer Betrachtung als das Ergebnis individueller und kollektiver Projektionen bezeichnet werden, die aufgelöst werden müßten, weil sie dem erreichten Bewußtseinsstand nach aufgelöst werden könnten.

Die ausgedehnten Überlegungen zur menschheitlichen Bewußtseinsentwicklung bedeuten keine Abschweifung vom Thema der Spiritualität, von der individuellen Seelenreise. Ohne universal-anthropologische Zusammenhänge scheint mir tiefenpsychologische Spiritualität, wie sie mir vorschwebt, nicht verstehbar zu werden. Worin könnte also die spirituelle Heilung des überzogenen rationalen Bewußtseins unserer Zeit liegen?

Blickwende nach innen

Ich meine, es ist dazu als erstes eine Blickwende vonnöten. Bei der psychischen Befindlichkeit, wie sie sich in der wissenschaftlich-technokratischen Zivilisation herausgebildet hat, wird der spirituelle Weg kaum betreten werden können ohne ein allmähliches Absehen von den Bildern der äußeren Realität, die wir ständig selbst inszenieren und in denen wir unsere Seele verausgaben. Nicht von ungefähr heißt unsere Epoche das Medienzeitalter, wobei die visuellen Medien im Vordergrund stehen. Wenn ganze Völker geradezu *fern*sehbesessen sind, so wäre gewiß einmal zu fragen, wo die letzten Gründe für das Fasziniertsein durch die Bilder der Ferne zu suchen sind. Die Sprache kann hier weiterhelfen: Wir sehen in die Ferne, was vermuten läßt, daß wir es vermeiden, in die Nähe, auf uns selbst zu blicken. Nun würden die Erfinder des Mediums wahrscheinlich einwenden, der Begriff «Tele-Vision» habe nichts mit seelischen Vorgängen zu tun, er bezeichne lediglich den technischen Vorgang der Bildübermittlung. Diese Denkfigur ist aufschlußreich. Auf der Ebene rationaler Logik ist sie nicht zu widerlegen. Das Auge im Bauch kann aber hinter die rationale Fassade des Arguments blicken, so wie S. Freud durch seine tiefenpsychologischen Untersuchungen entdeckt hat, daß gerade bei besonders ausgeprägtem rationalen Denken und Reden das Unbewußte unterschwellig eine ganz andere Information mitliefert, von der das Bewußtsein nichts weiß. Es handelt sich dabei meistens um Mitteilungen, die der Wahrheit über uns selbst viel näher kommen als bewußt gesprochene Sätze. Einfache Beispiele sind die Freudschen Versprecher und Fehlhandlungen, bei denen wir unbewußt durch meist geringe Veränderungen dessen, was wir bewußt sagen oder tun wollten, das Gegenteil sagen oder tun. Ein Vater mit modernen Erziehungsgrundsätzen sagt z. B. zu seinem Sohn, der etwas angestellt hat: «Ich will dich... bestrafen; ich finde das zwar nicht so gut, was du gemacht hast, aber du sollst selbst lernen, was für dich gut und nicht gut ist.» Der Vater wollte sagen: «Ich will dicht *nicht* bestrafen.» Die kleine Auslassung könnte ihm zeigen, wenn er mit dem Auge im Bauch zu sehen vermöchte, daß tief in ihm wahrscheinlich eine ziemliche Wut auf den Sohn steckt und er ihn am liebsten verhauen möchte. Da dies aber seinen äußerlich übernommenen Erziehungsmaximen widerspricht, kann er sich nicht erlauben, die Wut überhaupt zu sehen. Täte er es, so würde die Vorstellung von sich als einem fortschrittlichen Vater ins Wanken geraten, und das müßte er als eine persönliche Niederlage erleben. Die will er – wiederum unbewußt – vermeiden, deshalb merkt er gar nicht, was er tatsächlich gesagt hat; und macht ihn jemand darauf aufmerksam, so wird er vielleicht sogar abstreiten, es gesagt zu haben.

Zurück zum Fern-Sehen. Dieses Wort ist zwar kein Versprecher, aber es könnte ohne sein Gegenstück, das Nah-Sehen, gar nicht bestehen. Die unbewußte Mitteilung, die Fasziniertsein durch Fernsehen beinhaltet, ist deshalb die, daß dem Nah-Sehen, dem Blick auf sich selber ausgewichen wird, daß womöglich eine latente Angst vorhanden ist, sich selbst anzuschauen, in sich hineinzuschauen. Als ein kollektives Phänomen unserer Zeit besagt das Fern-Sehen in erster

Linie nichts über das Sehen einzelner; doch hätte sich das Phänomen kaum heraus-Bild-en können, wenn nicht viele einzelne auf diese Blickrichtung in die Ferne eingeschwenkt wären. Nach draußen sehen und fasziniert sein davon, kaum mehr davon loskommen können, läßt sich tiefenpsychologisch diagnostizieren als Ver-äußern der seelischen Bildproduktion, als Projizieren = Hinauswerfen der inneren Bilder. Es ist relativ leicht zu erkennen, daß bei andauerndem Projizieren die sich in Bildern äußernde Seele nach draußen verzettelt wird und eines Tages in der Erfahrung des Menschen verlorengeht. Wiederzufinden ist die Seele nur durch die Umkehr der Blickrichtung. Die ist aber nicht leicht, muß dafür doch auf äußere Bilder verzichtet werden. Die durch Medien gelieferten Bilder haben dabei nur eine exemplarische Bedeutung für die nahezu ausschließliche Hinwendung zur äußeren Welt. Stecken wir unsere Kräfte vorwiegend oder gar nur in diese – in Besitzerwerb, Karriere, soziales Prestige, oder auch in gesellschaftlich-politische Aktivitäten –, und sind vor allem unsere Gefühle weitgehend an diese Bereiche gebunden, so legt sich die Vermutung nahe, daß wir draußen auch das suchen, was wir letztlich nur in uns selbst finden können. Ein mit einer Sache oder mit Personen verbundener hoher Gefühlspegel signalisiert oft, daß ein Stück seelischer Wirklichkeit direkt angeschaut und berücksichtigt werden möchte. Das verlangt aber, mit dem Blick nach draußen auch die zugehörigen Gefühle mindestens teilweise zurückzunehmen. In traditioneller Sprache spirituellen Lebens ist das Askese; und möglicherweise ist diese Askese für uns heute schwerer als die traditionellen asketischen Werke wie Fasten, Beten, Bußetun, sich von Genüssen enthalten u.a.m. Der Blick nach innen, in unsere seelische Welt ist das, was uns am tiefsten berührt. Wir bekommen damit unsere persönliche Wahrheit zu Gesicht; das kann schmerzlicher sein als das Drangeben wichtiger äußerer Lebensin-

halte. Doch ist es der Weg, der zum inneren Eins- und Ganz-
werden führt. Die Blickwende nach innen halte ich für die
Zulassungsbedingung zum spirituellen Weg, zur Seelenreise.
Wie kann sie vollzogen werden?

2.2 Die Bildersprache der Seele

Nach innen zu blicken heißt, die Bilder der Seele in nicht
projizierter Form wahrnehmen und verstehen lernen. Dazu
müssen wir die Bilder-Sprache der Seele (wieder) lernen. Wir
haben sie alle einmal verstanden: als Menschheit in der Frühzeit des Bewußtseins, als noch nicht das Wort, sondern das
Bild dominierte, und als einzelne in der Kindheit. Kindern
gegenüber wissen wir das sogar noch, denn die ersten Lese-
bücher, die wir den Kleinsten geben, sind Bilder-Bücher.
Nicht Abstraktion, sondern Wahrnehmung des Konkreten
ist erster Zugang des Kindes zur Wirklichkeit; und das entspricht genau seiner seelischen Seh- und Sprachfähigkeit.
Durch den rationalen «Sündenfall» in der Pubertät vergessen die meisten Menschen diese Seelensprache; sie empfinden sie als peinlich, erinnert sie doch an den Zustand eines
schwachen, kindlichen Ich-Bewußtseins. Da Erwachsene in
der Regel sich mit der Seelensprache nicht mehr befassen,
wird sie verlernt wie jede Sprache, die nicht mehr benützt
wird. Die Bilder-Sprache der Seele lebt aber auch in uns Erwachsenen fort. Jede Nacht spricht uns die Seele mit ihr in
unseren Träumen an. Worin ist das Charakteristische der
Sprache des Unbewußten zu sehen, ihre Grammatik sozusagen, die uns nicht nur vereinzelt Bild-Wortfetzen verstehen
läßt, wie das allen Träumenden immer mal wieder gelingen
wird, die uns vielmehr ihr System erschließt? Die Antwort

kann ich nur aus meinem eigenen Lernprozeß geben, da ich erfahren habe, daß die psychologischen Deutungsmodelle der Traumsprache zu einem guten Teil der rationalen Bewußtseinslogik analog und daher nach meinem Urteil unzulänglich sind.

Mit 5 Mark sind Sie dabei

Am Beispiel ist die Bilder-Sprache der Seele am leichtesten zu erfassen. In einem mich sehr ergreifenden Traum, der mich wie vorauswissend mit einer Gestalt meines späteren, aber jetzt zu akzeptierenden Altseins konfrontierte, sah ich am Schluß auf der Erde ein 5-Mark-Stück liegen; und im langsamen Übergehen ins Aufwachen sagte etwas in mir: «Mit 5 Mark sind Sie dabei!» Ich empfand den Slogan der Fernsehlotterie in diesem ernsten Zusammenhang zunächst gar nicht so ulkig. Erst viel später am Tage, als ich den Traum aufschrieb, mußte ich lachen. *Wo*bei ich für 5 Mark sein würde, war für mich über längere Zeit nicht wichtig, es schien klar oder ohne Frage zu sein. Interessiert hat mich vielmehr, ob 5 Mark einen hohen oder einen geringen Preis bezeichnen. Langes Nachdenken in meiner gewohnten diskursiven Art erbrachte keine Antwort. Bis mir schließlich einfiel, daß ich hier wie ein Kind denken müßte, das den Handelswert des Geldes noch nicht einschätzen kann, für das 5 Mark so viel oder so wenig wie 10 Pfennig oder tausend Mark sind. Es kommt in meinem Traum nicht auf den pekuniären Wert der 5 Mark an, sondern darauf, daß ich etwas geben muß, um dabei zu sein. Und schließlich wurde auch die Frage wichtig: wobei zu sein? Die Traumbilder vorher hatten mir mitgeteilt, daß ich das Altwerden, das Sterben, meinen Tod lieben kann. So weit war ich mit meinem Traumverständnis, als mir jetzt, da ich dieses Buch schreibe, der Traum nach mehreren

Monaten spontan wieder einfiel, und zugleich fiel mir der volle Sinn des Slogans ein: «Mit 5 Mark sind Sie dabei» – Wobei wohl? Bei der Glücksspirale! Dieser Einfall war für mich ungeheuer verblüffend – daß Altwerden, Sterben und Tod die Glücksspirale sind – und zugleich völlig einleuchtend, paßte der Einfall doch genau zu dem Gefühl des Traumes. Und außerdem liegt es ganz nahe, wenn das Unbewußte sich schon eines solchen Fernseh-Klischees bedient, daß es sich auch auf die Verheißung bezieht, an die das Klischee gekoppelt ist: die Glücksspirale. Wichtig ist bei diesem Traumbild wohl auch zu wissen, daß ich mich, meiner Erinnerung nach, noch nie an der Fernsehlotterie beteiligt habe und die Werbung immer nur am Rande mitbekomme, wenn ich den Fernseher für eine andere Sendung einschalte. Nun das Fazit für die Grammatik der Seelensprache. Der zuletzt erwähnte Punkt zeigt, daß die Seele sich nicht unbedingt der bewußt aufgenommenen Eindrücke als Bildmaterial für ihre Botschaften bedient, sondern vielleicht gerade am Bewußtsein vorbei ins Unbewußte gesunkener Bilder – die Werbepsychologie macht sich dieses Wissen ja zunutze. Bei meinem Traum – und das gilt immer für die Sprache des Unbewußten – ist nun nicht der Slogan als solcher wichtig, sondern der völlig andere Zusammenhang, in den er gestellt ist. Das für das Bewußtsein Disparate der Zusammenstellung eines im wörtlichen Sinn todernsten Themas des Menschseins mit dem Werbeslogan ist für das Unbewußte keineswegs disparat, vielmehr selbstverständlich; es ist ein Spezifikum der seelischen Bildsprache, solche im bewußten Denken nicht zueinander passenden Satzteile zusammenzustellen.

Daß ich zum Zeitpunkt des Aufwachens und eine Zeit danach noch nicht über das Witzige des Traums lachen mußte, zeigt, wie sehr ich da noch in der Vorstellungsweise des Unbewußten befangen war. Erst mein voll waches Bewußtsein nahm die Traummotive als disparat und infolgedessen als witzig wahr. Auch hier gilt die Analogie kindlichen Verhaltens: ein vorpubertäres Kind hat kein Organ für Witz, Ironie und ähnliches; alles ist ihm gleich ernst und wichtig. Nur wir Erwachsene machen uns (!) einen Spaß daraus, kindliche Reaktionsweisen witzig zu finden und darüber zu lachen; das Kind kann solches Verhalten Erwachsener gar nicht verstehen. Wir machen uns somit auf seine Kosten lustig, und das heißt zugleich auf Kosten unseres eigenen Unbewußten, das in derselben «kindlichen» Weise «denkt». Damit möchte ich jedoch nicht das Lachen über Träume und Phantasien kritisieren; ich lache heute noch über meinen Traum. Es kommt darauf an, ob das Lachen aus Überheblichkeit und Abwehr des rationalen Denkens gegenüber der Botschaft aus der Seele kommt – das ist beim Lachen Erwachsener über kindliche «Witze» häufig der Fall –, oder ob es ein verstehendes Lachen ist, eins, das die gewissermaßen fremdsprachige Konstruktion der Traumbotschaft durchschaut; das drückt nämlich Freude über etwas Gelerntes, über eine neue Erfahrung aus. Auf der spirituellen Seelenreise geht es durchaus zu wie auf einer gewöhnlichen Reise, die wir mit wachen Sinnen unternehmen: es gibt eine Menge Neues zu entdecken, und warum sollte da nicht auch Vergnügliches dabei sein?

Rückwärts ins Haus gehen

Als wichtigstes Merkmal der seelischen Bilder-Sprache kann, die anderen Merkmale zusammenfassend, das archaisch Konkrete gelten. Wiederum wie Kinder das tun, will diese Sprache wortwörtlich genommen werden; sie will nicht durch gedankliche Überlegungen von ihren Bildern abstrahiert, nicht auf einen Begriff gebracht werden. Tun wir das doch, so verstehen wir ihre Mitteilungen nicht richtig, oder es bleibt nur ein dürres Gerippe von ihrer wohlgerundeten und reich geschmückten Botschaft übrig. Auch dies sei an selbst Erlebtem verdeutlicht. Bei meinen Versuchen, die Bilder der Seele zu schauen, habe ich über längere Zeit Imaginationsübungen zum Thema «Haus» gemacht, einem Symbol für die seelischen Räume, in denen das innere Leben gelebt wird. Ich sah ein Haus, das mir sehr gut gefiel und das ich gern genau erkundet hätte. Aber von Anfang an hatte ich eine große Schwierigkeit: ich kam in das Haus nicht hinein. Nur wenn ich rückwärts ging, schaffte ich es, mein Seelenhaus zu betreten. Monatelang quälte ich mich ab, normal vorwärtsgehend hineinzukommen – es war unmöglich. Bis ich eines Tages blitzartig die Erkenntnis hatte: Aber das ist ja genau richtig; rückwärts gehen heißt wörtlich: ich muß ins Vergangene zurückgehen, in das, woher mein Leben kommt, um mein Lebenshaus kennenzulernen. Es war wie eine Offenbarung, die mich von dem Zwang erlöste, ständig das Gegenteil von dem zu tun, was das Unbewußte mir sagte. Meine Versuche, «normal», das heißt vorwärtsgehend in das Haus zu gelangen, waren von den Regeln bewußten Denkens gelenkt. Ich hatte den Weg in das Haus immer nur mit meinen Kopfaugen gesehen, deshalb konnte ich nur in eine Richtung schauen. Mein Auge im Bauch hat mir dann die rechte Richtung gezeigt, die für die seelische Welt normal ist. Sobald ich nun nicht mehr gegen das Rückwärtsgehen ankämpfte, sondern es einfach tat, wurde es mir allmählich auch möglich, vorwärtsgehend das Haus zu betreten. Die Seele sagte mir: Wenn du rückwärts gehst, das heißt nichts außer acht läßt, was an Vergangenheit in dem Haus gespeichert ist, dann wirst du vorwärtskommen. Und so war es auch: nach einiger Zeit sank das Haus lautlos in sich zusammen und stellte sich bei den Imaginationen nicht wieder ein; ich konnte zu einem anderen Thema übergehen.

Das wörtliche Verstehen der Seelenbilder ist nicht leicht zu lernen; es ist mir keineswegs bei diesem einen Beispiel ein für allemal gelungen. Wie wenig Verstandeseinsicht bei diesem Verstehenlernen hilft, habe ich bei derselben Geschichte erfahren. Als ich der Psychologin, die mir bei den Imaginationen hilft, meine Erkenntnis über das Rückwärtsgehen mitteilte, lachte sie und sagte: «Dasselbe habe ich dir schon vor zwei Monaten gesagt; ich merkte aber, daß du es nicht verstanden hast.» Ich war konsterniert, denn ich konnte mich überhaupt nicht daran erinnern, obwohl ich sicher bin, daß ich es gehört und vermutlich auch etwas dazu geäußert habe. Mein Bewußtsein war für die Erkenntnis noch nicht bereit gewesen, was durchaus mit meinen hartnäckigen Versuchen, vorwärtsgehend in das Haus zu gelangen, zusammenhängen kann. Der Vorfall macht eine weitere Regel für die Seelenreise offenkundig. Andere können uns wohl unterstützen auf der Reise, aber sie können uns nicht bewahren vor Um- und Irrwegen, sie können uns nicht Hindernisse aus dem Weg räumen; wie an meinem Beispiel zu sehen ist, nützt es oft nicht einmal etwas, wenn jemand uns auf ein Hindernis hinweist. Jede/r hat ihr/sein eigenes Gesetz für den spirituellen Weg; das gilt es herauszufinden und ihm zu folgen. Dafür gilt es aber auch, die volle Verantwortung zu übernehmen. Zwar gibt es nach meiner Erfahrung strukturelle Ähnlichkeiten in der seelischen Bildwelt der einzelnen Menschen, die ich auf die gemeinsame seelische Herkunft der Menschen zurückführe. Deshalb ist es z.B. möglich, daß mit ein und demselben Bildthema wie «Haus» viele Menschen ihre seelische Welt erkunden können und dennoch jedes Seelenhaus individuell ausgestattet ist. Wie es aussieht bzw. sich verändert, liegt jeweils in der Macht der einzelnen. Auch dafür ein Beispiel.

Gerümpel wegräumen

Nach einer Imaginationsübung mit dem biblischen Doppel-
gleichnis vom Hausbau (Mattäus 7,24–27) berichtet Herr Z.,
er habe das Haus gesehen, in dem er mit seiner Familie lebt,
aber es sei manches anders gewesen: der Winkel, in dem die
beiden Teile zueinander stehen, war verändert, das Wohnzimmer war nach allen Seiten hin offen, die Küche war voller
Gerümpel; über all das war er sehr erstaunt, entwickelte aber
ziemlich rasch ein sich veränderndes Verständnis davon. Das
offene Wohnzimmer schien ihm erst seinen Wunsch nach
und seine Versuche zu mehr außerfamiliären Kontakten aus-
zusprechen. Doch als er es mit dem Gerümpel in der Küche
zusammensah, vermutete er, daß er erst «das alte Drecks-
zeug», wie er sich ausdrückte, wegräumen müsse, um im
Wohnzimmer nicht mehr im Freien zu sitzen. Er meinte damit, in seinem Haus, seiner Lebenssituation nicht geborgen,
nicht zu Hause zu sein. Herr Z. machte zum erstenmal eine
Imagination, und er konnte auf Anhieb mit dem Auge im
Bauch sehen und Wichtiges von der Rückseite seines Lebens
wahrnehmen. Niemand hatte ihn dazu führen oder ihm
einen Rat geben müssen. Nach meinem Urteil hatte sein Seelenhaus die Funktion einer Initiation für seine Seelenreise.
Seine unbewußte Seele hatte sozusagen nur darauf gewartet,
daß er einen Blick in sie hineinwerfen würde; und als er es tat,
wurde ihm sogleich das für ihn passende Eingangstor zu seinem spirituellen Weg gezeigt. Es brauchte ihm niemand die
Bedeutung seines inneren Bildes zu erklären; er wußte sie
bzw. konnte sie selbst herausfinden.
Mich erinnert dieses Erlebnis an die Erzählung von Franz
Kafka: «Vor dem Gesetz», in der ein Mann sein ganzes Leben
vor der Tür zum «Gesetz», aus dem ein Glanz hervorbricht,
zubringt, ohne einzutreten. Er läßt sich von vielen Verboten
abhalten und erfährt am Ende, als die Tür geschlossen wird,

daß sie nur für ihn bestimmt war. Da Kafka seine dichterischen Werke selbst als «die Darstellung meines traumhaften inneren Lebens» bezeichnet hat, darf wohl mit Recht angenommen werden, daß er in der erwähnten Erzählung Bilder der Seele, Imaginationen gestaltet hat. So könnte das «Gesetz» als das innere Lebensgesetz des Mannes verstanden werden, dem er sich nicht zu nähern gewagt hat.

Auch bei Herrn Z. war offen, ob er seine Seelenreise antreten und sie dann auch durchhalten würde. Er mußte sich ja an das Aufräumen seines Lebens-Gerümpels machen. Ich weiß nicht, ob er es getan hat, aber ich weiß, daß diese Arbeit Mut und Disziplin erfordert. Auch dies sind Verhaltensweisen, wie sie im traditionellen christlichen Verständnis von Spiritualität gefordert werden. Beim tiefenpsychologisch verstandenen spirituellen Weg kann damit aber nicht eine von außen aufgestellte Disziplin gemeint sein – wie diese in der katholischen Kirche immer noch eine viel zu große Rolle spielt. Auch sind nicht besondere, Mut erfordernde, die alltägliche Lebensführung hinter sich lassende Taten gemeint. Die durch die Bilder der Seele geleitete Spiritualität verträgt keine künstlich arrangierte Seelenakrobatik. Sie verlangt, daß auf die inneren Bilder geschaut und das getan wird, was sie in ihrer konkreten Sprache zu tun als notwendig anzeigen, z. B. Gerümpel wegräumen oder nicht das Vorwärtsgehen erzwingen wollen, sondern sich Schrittchen für Schrittchen rückwärts vorwärtsbewegen. Das erfordert meistens alle Kräfte und braucht keine künstlichen Übungen.

Eine Erinnerung an einen Vorfall in meiner Studienzeit illustriert das treffend. Wir hatten eine Laientheologen-Tagung, bei der im Zusammenhang mit geistlichem Leben auch über Askese, Disziplin und ähnliches gesprochen wurde. Zwei für uns Studierende gleich kompetente Geistliche machten ihre Positionen an einer Bildgeschichte klar. Einige Bergsteiger haben sich auf eine Gipfeltour durch Training gut vorbereitet – übrigens ein beliebtes Bild für den geistlichen Weg. Sie schaffen die Tour bis unter den Gipfel gut; der letzte Anstieg erfordert nochmals besondere Kräfte. Was sollen sie dafür tun? Der eine Geistliche vertrat die Auffassung, sie sollten sich ausruhen, um für den Gipfelsturm alle vorhandenen Kräfte mobilisieren zu können; der andere war der Meinung, daß einige Übungen – von Studenten Kniebeugen machen genannt (z. B. Fasten) – durchaus angebracht sein könnten, um den Gipfel erreichen zu können. Davon abgesehen, daß ich spirituelles Leben nicht für Gipfelstürmerei halte, stimmte ich damals in unseren heftigen Diskussionen über das Thema spontan der ersten Meinung zu, und für die beiden Geistlichen drängte sich mir der Vergleich von Mensch und Asket auf. Heute würde ich vorschlagen, die Bergsteiger sollten unter dem Gipfel ihr Biwak aufschlagen und sich eine Nacht dem Schlaf und ihren Träumen überlassen. Vielleicht würde am andern Morgen der eine oder andere ins Tal zurückkehren, weil er merkt, daß er sich voreilig für einen Gipfelbezwinger hielt, oder weil einer begreift, daß er mit seiner Konstitution in der Ebene wandern muß. Und wer den Gipfel besteigt, hätte vielleicht nicht mehr die Vorstellung, daß er damit etwas Außergewöhnliches vollbringt, sondern lediglich das, was ihm angemessen ist.

2.3 Hilfreiche Wege zum inneren Sehen

Äußere Askese und Disziplin, die Entscheidung für eine besondere, institutionalisierte Lebensform wie Priester- oder Ordensstand sind aus meiner tiefenpsychologischen Sicht nicht spezielle Charakteristika geistlichen Lebens. Sie können unter Umständen und für einzelne Menschen hilfreich sein. In der säkularisierten Welt, von der nicht einmal beschauliche Orden unberührt sind, liegt in den definitiven Festlegungen auf ein geistliches Lebensgerüst eher eine Gefahr. Menschen können sich mit geistlichen Übungen, gar einer geistlichen Lebensform, abschirmen gegen die wahren Erfordernisse spiritueller Arbeit. Das Motto über diesem Kapitel bezeichnet die, wie ich es sehe, typisch religiöse Gefährdung auf der Seelenreise. Seher und Seherinnen spielen in Religionen eine wichtige Rolle, doch nicht in der mißverständlichen Art, als könnten sie auf unerklärliche Weise, die dann auf eine göttliche Inspiration zurückgeführt wird, künftige Ereignisse voraussehen. Christa Wolf hat in ihrer Nachdichtung des griechischen Mythos von der trojanischen Seherin Kassandra die seherische Fähigkeit dieser Frau in einer, moderner Menschenkenntnis gemäßen Form nachgestaltet. Kassandra sieht weniger voraus, als daß sie die trügerischen Bilder, in denen sich das Leben ihres Volkes, vor allem der Mächtigen, und die offizielle Religion darstellen, durchschaut. Sie sieht auch die Rückseite der politisch-militärischen Zusammenhänge des trojanischen Krieges. Und aus diesen geschauten Bildern sieht sie folgerichtig das Zukünftige entstehen. Darin besteht ihre Sehergabe. Was sie mit dem Auge im Bauch sieht, überwältigt zeitweise ihr Bewußtsein; von den mit den Kopfaugen Sehenden wird das als Wahnsinn diagnostiziert. Kassandra bezieht ihre Gesichte nicht aus dem – damaligen – religiösen Ritus, der Beschauung der Tiereingeweide. Vielmehr befindet sie sich in einem ständigen inneren Gespräch, aus dem sich die wahre Sicht der Verhältnisse in Troja, die unverbrämten Wünsche und Bestrebungen der Kriegführenden sowie der machtpolitische Mißbrauch der Religion des Gottes Apollon, dessen Priesterin sie ist, herauskristallisieren, aber auch ihre eigene unklare Position, weil sie immer wieder Kompromisse mit den verlogenen Verhältnissen schließt. Kassandra ist bei Christa Wolf eine Seherin mit Selbstzweifeln, eine menschlich realistische Gestalt nicht trotz, sondern gerade wegen ihrer Sehergabe.

«Helenos war kein Seher. Er hatte die Gabe nicht, er brauchte das Ritual.» Helenos, Zwillingsbruder der Kassandra und Priester wie sie, besitzt die Fähigkeit des inneren Sehens nicht. Die Seher*gabe* ist nicht etwas Schicksalhaftes, sondern an die Bereitschaft und Fähigkeit gebunden, nach innen und damit auch auf die Rückseite der äußeren Realität zu schauen. Helenos schaut zwar nicht die seelischen Bilder, aber er verkündet trotzdem Geschautes; er bezieht es aus dem Ritual der Tierbeschau. Da diese aber keine seelisch verwurzelte Sicherheit über das Geschaute wachsen läßt, sagt er stets das, was die Mächtigen hören wollen. So verschafft ihm das Ritual eine äußere Absicherung, welche die Seherin Kassandra nicht besitzt – sie wird schließlich verfolgt und gefangengesetzt.

Spiritualität und Rituale

Ich vermute, daß Christa Wolf in dem antiken Geschwisterpaar zwei Arten politisch religiöser Existenz charakterisiert hat. Ich halte sie für nicht an eine Epoche oder ein politisches System gebundene Lebensformen. Was repräsentiert der Nicht-Seher Helenos? Nach traditionell religiösen Maßstäben hat er zweifellos als geistlicher Experte zu gelten; ausgebildet für seine Tätigkeit, vollzieht er die Riten und verkündet, was er für Offenbarung hält. In Zeiten und bei Menschen, in denen unbewußtes Leben aus der seelischen Tiefe noch vorherrscht, hat die Betonung des Rituals im spirituellen Leben auch einen guten Sinn. In der rituellen Begehung werden die seelischen Bilder gestaltet und so das tiefenpsychische Potential der Lebensbewältigung zugänglich gemacht. In archaischen Gesellschaften sind ja Träume als Offenbarungsvermittler wichtig; aber sie werden nicht interpretiert, sondern rituell begangen oder ausagiert. Zum archaischen Ritus gehört auch die Ekstase; sie zeigt an, wie nah das vorrationale Bewußtsein den gefühlsgeladenen seelischen Bildern ist, aber auch, wie bedroht es durch die Macht der inneren Bilder ist. So hatten das grenzensetzende Ritual und der stellvertretend schauende oder handelnde Experte – Schamane, Priester/in –, wie ich meine, auch die Funktion, das Bewußtsein der Gruppe vor dem Rückfall ins ungestaltete Unbewußte zu bewahren, dem Bewußtsein eine Stabilisierung zu ermöglichen. Auch hier hilft der Blick auf die Entwicklung des Kindes zum Verstehen. Das Kind braucht Ritualisierungen, um sich seiner unbekannten, mächtigen inneren Welt gegenüber sicher zu fühlen, z. B. beim Märchenerzählen, wo das Kind immer wieder dieselbe Geschichte ohne die geringste Veränderung hören will; ähnlich ist es bei Kinderspielen. Wenn sein Ich-Bewußtsein mehr Boden gewonnen hat und auf festeren psychischen Füßen steht, braucht es das Ritual nicht mehr; das Kind wird es von selbst aufgeben, es sogar ablehnen.

In einer Zeit, in der das rationale Bewußtsein ein Übergewicht in allen Bereichen des Lebens besitzt, hat der Ritus die Ich-stabilisierende Funktion nicht mehr. Jetzt besteht eher die Gefahr, daß er die Trennung zwischen Bewußtsein und Unbewußtem vertieft. Es ist eine ernste Frage, ob ein kritisch gewordenes Bewußtsein ein Ritual unbefragt vollziehen kann, ohne sich selbst außer Kraft zu setzen und das Ritual ganz im unbewußten Bereich zu begehen. Um zwischen unserem heutigen Bewußtsein und den Bildern der Seele einen Kontakt herzustellen und zu erhalten, brauchen wir eher lebendige Symbole, die nicht in ein rituelles Korsett gezwängt sind. Nähmen wir Helenos als Leitfigur, so würden wir nur dem psychischen Wiederholungszwang verfallen, und religiös verstandene Spiritualität müßte vielleicht wirklich neurotisch werden, ähnlich wie Freud Religion überhaupt als

Kollektiv-Neurose bezeichnet hat; ich vermute, er hat nur die rituelle Fehlform von Religion gesehen.

Wiederholungszwänge, die sich als Rituale manifestieren, zeigen an, daß die psychische Entwicklung stagniert, weil ein Teil der seelischen Wirklichkeit vom Mitleben ausgeschlossen ist. Eine festgefahrene seelische Entwicklung macht in tiefenpsychologischer Sicht spirituelles Leben unmöglich. Der vernachlässigte Teil der seelischen Welt will zur Kenntnis genommen, will angeschaut werden. Nur so kann der circulus vitiosus ritueller Wiederholung des immer Gleichen durchbrochen, kann seelische Lebendigkeit wieder angeregt werden. Ritualisierungen sind keineswegs eine speziell religiöse Angelegenheit. Sie kommen in allen Lebensbereichen und -situationen vor, haben aber möglicherweise immer religiöse Bedeutung. Tiefenpsychologisch betrachtet haben Rituale diese Bedeutung sicher – in archaischen Bewußtseinsverfassungen als primäre, das heißt als angemessene Ausdrucksmöglichkeit seelischen Ganzseins, bei differenziertem Bewußtseinsstand jedoch als Ersatz-Religion, auch dort, wo sie gar nicht unter religiöse Begrifflichkeit gefaßt werden. In dieser Situation vermittelt das Ritual die Illusion, es binde das bewußte Leben und die unbewußte seelische Welt zusammen und lasse den Menschen so seelisch ganz werden. Wirkliche Zusammen- oder Rückbindung, was dem Wortsinn von Re-ligion entspricht, geschieht aber nicht, sonst müßten nicht immer wieder auf gleichem psychischen Niveau dieselben Bindungsversuche unternommen werden. Tatsächlich halten solche Rituale Bewußtsein und Unbewußtes voneinander getrennt und vermitteln das Gefühl, ein fragmentarisches Wesen zu sein, ungesichert und gefährdet – deshalb gerade das Bestehen auf dem sichernden Ritual.

Eine säkularisierte Anschauung für diese Art von Ritualisierung bieten Menschen, die eine Selbsterfahrungsgruppe oder ähnliche psychologische Veranstaltung nach der andern besuchen und damit nicht aufhören können, oder Klienten und Therapeuten, die eine psychische Therapie auch nach langer Arbeit nicht abschließen können. Vielleicht haben sich auf dem psychologischen Sektor früher ausdrücklich als religiös verstandene Ritualisierungen erneut etabliert. Ich selbst halte nach äußeren Regeln festgelegte Rituale nur solange für hilfreich, als sie, ohne in abgrundtiefe Ängste und Unsicherheit zu stürzen, wieder aufgegeben werden können. Und ernsthaftes Weiterkommen auf der spirituellen Reise verlangt nach einer gewissen Einübungszeit sicher das Aufgeben ritueller Absicherungen. Wer lernt, die seelischen Bilder anzuschauen, ihre Sprache zu verstehen, lernt auch, ihnen zu vertrauen und sich ihnen anzuvertrauen, und braucht daher äußere Wegweiser wie die von Ritualen nicht mehr. Es bahnt sich vielmehr eine Erfahrung an, die der Vision des alttestamentlichen Propheten Jeremia, eines Sehers, vom Reich Gottes entspricht; Gott sagt: «Ich lege mein Gesetz in sie hinein und schreibe es in ihr Herz... Keiner wird mehr den andern belehren..., sondern sie alle... werden mich erkennen.» (Jeremia 31,33).

Ich verstehe diese Prophetie so, daß dem Menschen nicht von außen das Lebensgesetz ins Herz geschrieben wird – da wäre kein großer Unterschied zu dem am Berg Sinai auf Stein geschriebenen Gesetz –, sondern daß es am Ende im Innersten des Menschen ganz aufgedeckt sein wird und wir auf der unser inneres Gesetz entdeckenden Seelenreise gelernt haben werden, diesem wahren Menschengesetz und nicht einem äußeren zu folgen. Nach der Vorstellung des Jeremia fällt die Erkenntnis Gottes, sein Gesetz, offenbar zusammen mit dem im Herzen des Menschen geschriebenen. Näher als dem an das Ritual geketteten Helenos scheint mir der alttestamentliche Prophet der Kassandra zu stehen, in der Weise, wie Christa Wolf die Psychologie der mythischen Gestalt in heutiges Verständnis umformuliert.

Sehen lernen mit dem Auge im Bauch

Die Überlegungen zum Ritual sind als Anhaltspunkte für die Praxis der Blickwende nach innen zu verstehen. Ich kann keine detaillierte Anleitung für diese Praxis geben, da jede spirituelle Praxis individuell ist. Ich kann nur Möglichkeiten nennen, und es werden dabei manche Möglichkeiten fehlen, weil sie mir selbst nicht zugänglich sind. Zusammengefaßt sehe ich drei Elemente tiefenpsychologisch spiritueller Praxis vor mir:

– die Bilder der Seele sehen (lernen),
– ihre Sprache verstehen (lernen),
– sie integrieren oder assimilieren, statt sie zu projizieren.

Zu jeder der zu lernenden Fähigkeiten gehören spiegelbildliche Unterlassungen bzw. Enthaltungen:

– Abkehr von der äußeren Bilderflut,
– Absehen von der rationalen Logik der Bewußtseinssprache,
– Aufgeben von Ritualisierungen.

Die drei Elemente sind nicht aufeinander folgende Wegstrecken auf der Seelenreise; sie gehören vielmehr auf allen Strecken zusammen, können aber unterschiedlich akzentuiert sein.

Träume verstehen

Der Anfang wird wohl immer darin bestehen, der seelischen Welt Aufmerksamkeit zuzuwenden. Dabei besteht der Königsweg in die unbewußte Seele, wie Freud das gesehen hat, aus unseren Träumen. Die Träume wahr-zu-nehmen, wört-lich verstanden: als Wahrheit über mich selbst zu nehmen, fängt sehr einfach an; es muß gelernt werden, wenigstens ein Zipfelchen von einem Traum beim Aufwachen zu erwischen und es dann im Gedächtnis festzuhalten. Wer das noch nie gemacht hat, wird schnell merken, wie schwer das ist und wieviel Geduld zu immer neuen Anläufen das erfordert. An-dererseits verhält sich das Unbewußte aber auch kooperativ. Ernsthafte Bemühungen honoriert es, indem es immer mehr von seinen Traumbildern in das Wachgedächtnis hinüber-gleiten läßt. Wenn einmal ein Zipfel gepackt ist, geht es wie mit einem Bettzipfel, an dem ich das ganze Deckbett lang-sam aus einer Truhe herausziehen kann.

Die Träume festhalten bedeutet eigentlich, sie bewußt nach-gestaltend in mein Leben integrieren. Das kann auf vielfäl-tige Weise geschehen: durch Aufschreiben – dabei einfach die Worte und Formulierungen nehmen wie sie kommen, nichts willentlich daran verändern, denn die Seelenbilder ar-beiten auch im Wachbewußtsein weiter und verändern sich dabei; die Veränderung drückt das momentane Verständnis des Traumes aus; durch mehrfaches Erzählen, sich selbst oder jemand verständnisvollem anderen; durch Einfälle-Sammeln, dabei ist alles, auch wenn es noch so entlegen zum Trauminhalt oder abstrus erscheint, wichtig; die «Logik» der seelischen Bildersprache ist von der des Bewußtseins sehr verschieden; durch Interpretieren, aber mit Vorsicht, weil dabei die Traumbotschaft leicht in eine dem Verstand ge-nehme Aussage umgebogen wird; durch Malen – dabei kommt es nicht auf Gegenständlichkeit oder ästhetische Ge-sichtspunkte an, sondern darauf, das, was von selbst aufs Papier will, auch daraufzubringen; ähnlich durch Gestalten mit Ton oder Knetmasse; durch Körperausdruck in Bewe-gung oder im Stand durch Mimik und Gestik; vielleicht auch durch selbst erfundene Musik; ich weiß jedoch nicht, ob dieses Medium für die Traumverarbeitung geeignet ist, da Musik abstrakt ist, der Traum aber bildhaft-konkret; die mit einem Traum verbundenen Gefühle lassen sich aber wohl sicher durch Musik ausdrücken. Da die seelische Welt des Unbewußten unserem modernen Bewußtsein recht fremd (geworden) ist, legt sich zum Erkunden die Kontaktaufnahme durch das Gespräch nahe. Alles was im Traum erscheint, ist ein Teil von mir selbst, den ich in der Regel (noch) nicht kenne; so kann ich den Traum als ganzen oder Gestalten, Tiere, Dinge, die in ihm erscheinen, fragen, wer sie sind, was sie wollen usw., und ich kann ihnen etwas von mir, von meinem bewußten Teil sagen. Ein solches inneres Zwiegespräch, das auch aufgeschrieben werden kann, hat nichts Lächerliches; wer es versucht, kann bald eine tiefe seelische Lebendigkeit darin spüren und erfahren, daß wir Menschen nicht nur auf den Dialog mit anderen Menschen angewiesen sind, sondern daß unsere eigene Seele dialogisch strukturiert ist, daß wir im Gespräch mit dem unbekannten Teil von uns wirkliche Beziehung zu etwas anderem herstellen.

Imaginationen wecken

In den Schlafträumen manifestiert sich die Seele dem Bewußtsein gegenüber autonom, wir können die Träume nicht bewußt hervorbringen, obwohl bei sehr Geübten sogar eine bewußte Beeinflussung der Träume möglich zu sein scheint. Jede und jeder kann aber auch im Wachbewußtsein seelische Bilder schauen. Das ungesteuerte Phantasieren zeigt das schon, ist hier aber nicht gemeint. Ich denke an das, was ich schon mehrmals Imagination genannt habe. Diesen Weg in die innere Welt zu gehen, bedarf es anfangs sachkundiger Hilfe. Im medizinisch-therapeutischen Umfeld wird dieses Verfahren auch «katathymes Bilderleben» genannt; dabei wird mit Hilfe von Bildthemen, die die seelische Struktur symbolisch ausdrücken, gearbeitet, z. B. Weg, Fluß, Wald, Baum, tiefes Wasser, Haus, Höhle und anderes. C. G. Jung hat meines Wissens diesen Zugang zu den inneren Bildern als erster gefunden und ihn unter der Bezeichnung «aktive Imagination» beschrieben. Ich ziehe diese Bezeichnung vor, weil sie plastisch ausdrückt, was dabei geschieht: dieser Weg wird durch bewußte Aktivität eingeleitet und besteht, wenn er erfolgreich beschritten wird, in einer Abfolge innerer Vorstellungen, die zwar hervorgerufen und in gewisser Weise gelenkt, aber nicht bewußt manipuliert werden können. Das klingt wie ein Paradox, entspricht aber wiederum genau seelischer Wirklichkeit.

Ich habe es bei Imaginationsübungen in Gruppen oft erlebt, daß Teilnehmer ganz andere innere Bilder sehen, als das vorgegebene Thema hätte erwarten lassen, z. B. beim Thema «Blindenheilung» eine Art Wendeltreppe, die im Leeren endet, beim Thema «Haus» eine am Boden liegende gefesselte Gestalt wie in «Gullivers Reisen». Wenn diese Imaginierenden willentlich versuchten, ein Bild zum angegebenen Thema zu bekommen, gelang das in der Regel nicht. Die unbewußte Seele ist dem Bewußtsein gegenüber unabhängig, wir nehmen das im allgemeinen nur nicht wahr. Sie präsentiert uns, sobald wir den Blick auf sie richten, das, was für uns zu diesem Zeitpunkt wichtig ist, damit wir uns damit befassen können. Schiebt ein Mensch dringende Nachrichten aus dem Unbewußten immer wieder beiseite – das heißt in der Fachsprache: er verdrängt sie –, dann meldet sich die Seele oftmals unaufgefordert gebieterisch zu Wort: in einem immer wiederkehrenden gleichen oder ähnlichen Traum, häufig einem Alptraum, in überwältigenden Phantasien, in Fehlhandlungen bis hin zu schweren Unfällen, in psychosomatischen Krankheiten und vielem anderen. Hier hilft nur, Rückschau auf die aus dem Auge verlorene Seele zu halten. Sich mit den Träumen befassen, imaginieren, überhaupt jede Zuwendung zur seelischen Welt kann eine krankmachende Zuspitzung der Lebenssituation verhindern helfen; bei kontinuierlicher Übung führt sie nämlich zu einer Art Durchlässigkeit zwischen bewußter und unbewußter Seele. Es entstehen fließende Übergänge, so daß ein müheloser Austausch zwischen verschiedenen seelischen Bereichen möglich wird.

Kreativ werden

Wenn das Bewußtsein leicht Zugang zu seinem unbewußten Untergrund hat, setzt dies schöpferische Möglichkeiten frei, in welchen Lebensbereichen das auch immer sein mag. In künstlerischen und ähnlichen Werken findet sich solche Kreativität dokumentiert und tradiert. Ich bin der Meinung, daß jeder Mensch «begabt» ist zu vergleichbarer Kreativität, daß deren Vorbilder in den Bildern der Seele zu finden sind. Da wir in unserer Zivilisation diese Quellen zu einem guten Teil verschüttet haben, ist uns auch deren schöpferisches Potential zu einem guten Teil nicht mehr zugänglich. Sich den eigenen seelischen Bildern zuwenden, kann deshalb schwere Ausgrabungsarbeit sein, die sich aber stets lohnt. Künstlerische, manchmal auch wissenschaftliche Ergebnisse solcher Seelenarbeit können eine weitere praktische Hilfe sein, den Weg zu den eigenen seelischen Bildern zu finden. Hier wird jede/r sich das als Anregung wählen, wozu sie/er den besten Zugang hat.

Ich selbst bediene mich dazu literarischer Produktionen. Meine tiefenpsychologische Bibelarbeit beruht auf dem Gedanken der Konvergenz, der Durchdringung von eigenen Seelenbildern und den durch kollektive Übernahme in einer Gruppe oder Gemeinschaft und durch Tradition exemplarisch gewordenen Gestaltungen seelischer Bilder. Beide ha-

ben urbildhaften Charakter, das heißt sie sind ein mensch-
heitlich-psychisches Potential, an dem wir als Individuen
teilhaben. So läßt sich beispielsweise die bildhaft-konkrete
Sprache der Seele an Mythen, Märchen, Dichtungen und anderem lernen. Deren Symbole können unter Umständen
leichter verstehbar sein, weil wir sie aus einer Distanz anschauen können, die wir zu unseren eigenen seelischen Bildern nicht einnehmen können. Es kann deshalb hilfreich
sein, eigene Traum- oder Imaginationsmotive mit künstle-
risch tradierten zu vergleichen, jedoch nicht durch systema-
tische Interpretation, sondern durch assoziierendes Betrachten. Wenn z. B. Tiere in Träumen auftauchen, was durchaus
oft vorkommt, weil sie das Stück tierischer Natur symbolisieren, das wir Menschen auch sind, so könnten Märchen dazu betrachtet werden, in denen der Held oder die Heldin mit
Tieren, gefährlichen oder hilfreichen, zu tun hat.

Da unser Bewußtsein individuell eng ist, braucht es zum Verstehen der archaisch-menschheitlichen Sprache des Unbewußten Beispiele, die ihm weiterreichende Bedeutungen dieser Sprache erschließen als die, die das Bewußtsein sich denken kann. Die Methode, Traummotive mit kollektiv verbrei-
teten Symbolen anzureichern, hat Jung «amplifizieren», erweitern genannt. Durch sie kann die persönliche Seelenreise
als *eine* Variante der Seelenpilgerschaft der Menschheit erfahren werden und das Gefühl der Vereinzelung sich verwandeln in ein Gespür für die seelische Zusammengehörigkeit
aller Menschen.

Die Überlegungen zum von Frau A. individuell erlebten Sehen mit dem Auge im Bauch gehen für mich am Ende dieses
Kapitels in ein objektiviertes seelisches Bild über, das wir
schließlich als Umschlagbild für das Buch gewählt haben.
Das Bild von Miró habe ich vor Jahren auf einem Kunst-
markt spontan, ohne recht zu wissen warum, nur meinem
Gefühl folgend, erstanden. Es hat keinen Titel, und bei mir

heißt das Bild: «Die sehende Krake». Wenn ich es ansehe, habe ich immer den Eindruck: Eigentlich ist es ein Lebewesen im Dunkel, es ist schwarz und bewegt sich im tiefen Wasser. Aber das farbig leuchtende Auge im Zentrum des Bildes verändert diesen Eindruck gänzlich: das Auge durchdringt das doppelte Dunkel und scheint sogar nach draußen zu blicken. Die sehende Krake symbolisiert inzwischen für mich die menschliche Seele. Ich habe erlebt, daß Menschen, auch ich, diese vom Künstler gemalte Krakenerfahrung machen.

3. Wege in die innere Transzendenz

«Himmel, das ist für mich:
Da weiß ich, wer ich bin.»

Teilnehmerin an einer tiefenpsychologischen
Bibelarbeit

Der Satz: «Die Bilder der Seele schauen», unter den ich das
zweite Kapitel gestellt habe, könnte mißverstanden werden,
als sei tiefenpsychologische Spiritualität eine statische Angelegenheit; das ist durchaus nicht so. Das Wort «Seelenreise»
benennt komplementär dazu das Dynamische dieser Spiritualität; und davon soll in diesem Kapitel die Rede sein.
Die Blickwende von der äußeren Realität in die Seele ist nicht
möglich, wenn ich an dem Ort stehenbleibe, an dem ich mich
befinde. Ich muß eine Kehrtwende vollziehen, in das unbekannte Seelenland hineingehen und es erkunden. Für mich
geschieht dabei das, was in den Evangelien als zentraler Ruf
Jesu überliefert ist: Umkehr. Wie ein Umkehrruf in der Sprache der Seele sich ankündigen kann, zeigt ein Traum von
Frau B., den sie so erzählt:

«Manchmal träumt man doch auch wirklich Absurdes. Wenn ich an Träume denke – die habe ich schon so oft geträumt: Da ist eine Treppe wie so
ein Kreisel, die oben so breit wird. Ich habe es wie eine Treppe aufgefaßt.
Und ich ging da rauf, und wie ich oben ankam, ging es auf einmal nicht
mehr weiter. Ich rutschte ab. Es war nichts zu wollen. Das habe ich wiederholt geträumt, daß ich eine Treppe, auch ein anderes Treppenhaus, vollkommen anders, hinaufsteige. Aber auf einmal geht es nicht mehr weiter.

Und bei einer andern Treppe da bin ich geklettert – es war halsbrecherisch. Und oben da war ich unsicher, und da habe ich auch so den Eindruck, daß ich da runtergerutscht bin.»

Ich sage zu ihr: «Sie sagen: oben ist es nicht weitergegangen. Welche Möglichkeit hätten Sie denn, wenn es nicht weitergeht oben?» Frau B., ohne zu überlegen: «Umzukehren». Der mit wechselnden Bildformen, aber gleichen Bildmotiven oft wiederkehrende Traum – Frau B. faßt das Gebilde, das oben nicht weiterführt, stets als Treppe auf – ist gewiß nur verständlich in Verbindung mit der seelischen Biographie, mit der Psychographie der Träumerin. Jede Interpretation außerhalb dieses Zusammenhanges ist fragwürdig und im Grunde nicht möglich. Der Traum zeigt aber zugleich allgemeingültige Strukturmerkmale der seelischen Welt, an denen auch andere lernen können. Das Begehen der Treppe drückt den dynamischen Prozeß aus, der an einer bestimmten Stelle nicht weitergeht. Obwohl die Träumerin nicht weiß, was das zu sagen hat, findet sie intuitiv beim Erzählen Worte, die bereits die Richtung zum Verstehen angeben: die Treppe ist wie ein Kreisel – der Prozeß dreht sich im Kreis, kommt also nicht voran; oben rutscht sie ab, das Klettern ist halsbrecherisch – das sind gefährliche Vorgänge; umzukehren fällt ihr als Alternative ein – vielleicht ist da die Richtung, wo es weitergeht.

Hätte Frau B. die Bildersprache der Seele gekonnt, so wäre ihr beim Erzählen an ihren eigenen Worten wahrscheinlich schon einiges über den Sinn des sich immer wieder einstellenden Traumes aufgegangen, und sie hätte vielleicht schnell die Traummotive mit Inhalten ihres Lebens verbinden können. Häufiges Wiederkehren desselben Traummusters will die Aufmerksamkeit des bewußten Ich auf eine bestimmte seelische Situation lenken. Sie soll berücksichtigt werden. Frau B. war in ihrem Bewußtsein sehr mit dem Traum befaßt; ihr Ich fühlte sich bedrängt von ihm. Aber ihr Ich wußte nicht, *was* es tun sollte. Das Seelenland, in das der Traum es immer wieder hineinzugehen zwang, war dem Ich fremd, es kannte dessen Lebensordnung nicht. Doch das häufige Anklopfen einer Botschaft aus jener seelischen Fremde hatte die bewußte Frau B. so in Bann gezogen, daß es nur einer kleinen Hilfsfrage bedurfte, um sie spontan eine Alternative zu ihrem «Kreiseln» finden zu lassen. Für mich war frappierend, daß sie ihre psychische Alternative mit dem zentralen biblischen Wort «Umkehr(en)» bezeichnete. Sie hätte, dem Traumbild entsprechend, z. B. auch sagen können: Hinuntergehen oder etwas ähnliches. Obwohl eine gläubige Frau, wäre Frau B. bei rationaler Überlegung wohl nicht auf die Idee gekommen, das, wozu der Traum sie nach ihrem eigenen Gefühl aufforderte, mit der biblischen Umkehr gleichzusetzen.

Tatsächlich geschieht nach meiner Erfahrung bei der Seelenreise etwas Religiöses, auch dort, wo es nicht mit einem religiösen Vokabular benannt wird. Das will auch das Motto über diesem Kapitel sagen: Himmel, das Symbol für Transzendenz, und Selbstfindung, Identität des Menschen haben miteinander zu tun. Doch will ich das, was ich unter dem Religiösen verstehe, erst später erläutern. Die Umkehr aus der äußeren Welt in das Seelenland führt nämlich nicht sogleich in die zentrale religiöse Region, sondern der Weg führt erst durch andere Gegenden hindurch. Die spirituelle Reise vollzieht sich in Etappen, die zwar nicht streng voneinander abgehoben sind wie etwa Gedankenfahrten der Logik durch das Bewußtsein, bei denen aber dennoch nicht eine übersprungen oder ausgelassen werden kann, um schneller die nächste, vermeintlich interessantere oder entferntere, deshalb gefühlsmäßig exotischer anmutende Etappe zu erreichen. Bei jungen Menschen bemerke ich zuweilen, daß sie glauben, sie hätten die Regionen seelischer Weisheit in einem kurzen Spaziergang oder durch seelische Gewaltakte erreicht, zu denen wirklich spirituelle Menschen meist ein Leben lang unterwegs sind. Solcher Irrtum blockiert in Wahrheit den Weg ins Land der Seele. Welches sind nun die Etappen, die dorthin zurückzulegen sind?

3.1 Der Weg durch die persönliche seelische Welt

Auf der ersten Wegstrecke zeigen sich Bilder des individuellen seelischen Lebens aus der Gegenwart und der persönlichen Vergangenheit. Wie erleben Menschen das konkret? Bei tiefenpsychologischer Bibelarbeit wähle ich aus der Bibel Symbole, urbildhafte Situationen und Prozesse, die die seelische Welt erschließen können. Sie finden sich auch außerhalb der Bibel; und in der christlichen Überlieferung sind solche Symbole auch hervorgegangen aus der Bilder schaffenden Fähigkeit der menschlichen Seele.

Umkehr und Gang in die Tiefe

Stellen wir uns den Weg in die seelische Innenwelt als einen Gang in eine dunkle Tiefe vor – es handelt sich dabei ja um den unbewußten, das heißt für das Bewußtsein nicht erhellten Teil der Psyche. So eignet sich z. B. das biblische Bild vom leeren Grab, das Frauen am Ostermorgen entdecken und in dem ihnen die Mitteilung von der Auferstehung des gekreuzigten Jesus gemacht wird (Markus 16,1–8 parr.), als ein besonders dichtes Symbol für die uns unbekannte seelische Tiefe. In der Geschichte vom leeren Grab präsentiert sich mit der Erzählung vom Geschick Jesu zugleich ein uraltes Menschheitssymbol – die dunkle Höhle, die sowohl seelisches Sterben wie Wiedergeborenwerden oder Auferstehen repräsentiert. Kann ein Mensch diesen dunklen Ort in sich selbst schauen bzw. erreichen, so kann sich auch bei ihm/ihr das Mysterium von Sterben und Auferstehen, von Überwinden des Vergangenen und Finden neuen Lebens ereignen. Das kann in ganz unterschiedlicher psychischer Intensität vor sich gehen.

Nach einer Imagination zum Thema des leeren Grabes erzählt ein junger Mann, Herr W., folgendes:

«Ich gehe ins Grab hinein; dann steht da der Bote, aber mit dem Rücken zu mir, mit einem langen weißen Gewand. Auf einmal dreht er sich um und sieht mich an. Da merke ich: Das bin ja ich! Und er sagt: 'Da staunste, was?' Ich fühle mich richtig gut und gehe auf ihn zu, und wir umarmen uns. Für mich war das im Grab richtig gut, ich habe mich gut gefühlt.»

Bedenke ich, welche angstbesetzten und verdrängenden Einstellungen in unserer Zivilisation bezüglich Tod und Grab verbreitet sind, dann hat der junge Mann eine umwälzende Erfahrung gemacht: er findet sich selbst in der seelischen Tiefe, die das Grab symbolisiert. Auch hier zeigt sich ein Strukturmerkmal der tiefenpsychischen Welt: Wagt es jemand, dem unbekannten Teil von sich zu begegnen, so findet bei solchen Imaginationen oft eine Umarmung mit der Gestalt statt, die den neuentdeckten Aspekt von sich ausdrückt; und Umarmung im seelischen Bild bedeutet Vereinigung, Annahme der bisher nicht berücksichtigten Seite der eigenen Person. Herr W. hat diese Vereinigung als ein freudiges Glück, ohne Beimengung irgendeines Schmerzes, erlebt – beim Erzählen lachte und strahlte sein Gesicht. Eine Glückserfahrung ist solch eine Begegnung mit sich selbst oft, doch in der Regel eine durch Schmerz hindurch, schließt sie doch auch die Erfahrung ein, daß dieser Teil des eigenen Lebens bisher unbekannt oder verlorengegangen, im Grunde tot war. Trauer darüber ist angemessen, und sie wird in dem Augenblick möglich, in dem ein Mensch sich von diesem unbeachteten und nicht ins Leben aufgenommenen Teil seiner selbst nicht (mehr) abwendet. Durch Zuwendung verwandelt sich dann die Trauer in Freude über die gewonnene neue Lebenskraft.

Bei Herrn W. trug das andere Ich, das sich ihm «im Grab» zu erkennen gab, nicht die konkreten Züge von bestimmten Inhalten seines Lebens. Häufig aber ist das so. Die Imagination von Herrn U. zum leeren Grab ist dafür ein Beispiel:

Er steht in einer Leichenhalle. In einer Zelle ist sein kürzlich verstorbener Freund aufgebahrt. Er sieht den Leichnam. «Ich habe zum erstenmal gemerkt, wie sinnlos es ist, einen Leichnam zu salben», sagt er dazu. Dann ist ein befreundeter älterer Pfarrer da, der Herrn U. trösten will und zu ihm sagt: «Dein Freund ist auferstanden.» Er: «Aber sein Leichnam liegt doch hier.» Der Pfarrer: «Das hat nichts zu bedeuten, er ist auferstanden.»

Auf den ersten Blick wirkt das Bildmaterial dieser Imagination eher christlich traditionell, als sei die Geschichte von der Auferstehung Jesu mit den Eindrücken eines persönlichen Widerfahrnisses nacherzählt, mit dem einen Unterschied, daß bei Herrn U. der Leichnam des Gestorbenen noch vorhanden ist, sich aber als bedeutungslos erweist, ein Inhalt der Botschaft aus dem Grab, der in der Bibel mit dem Gegenteil, dem Fehlen des Leichnams, ausgedrückt ist. Das Verhältnis von objektiv Überliefertem und subjektivem Erleben stellt sich bei Herrn U. aber als genau umgekehrt heraus: Die Imagination zum Grab Jesu ist ihm zur Hilfe geworden, die Trauer und wohl auch den Schrecken über den plötzlichen Tod des Freundes, der noch ein junger Mensch war wie er selbst, zu fühlen und ein Stück weit zu verarbeiten. Bis dahin war er, wie er berichtet, innerlich eher erstarrt über das unbegreifliche Geschehen. Der Versuch, mit Hilfe eines allgemeinen Symbols seine seelische Welt zu betreten, führte ihn keineswegs in das Zentrum des objektiven christlichen Bildes;

vielmehr wurde er veranlaßt, zuerst Halt zu machen bei einem Bild seines persönlichen Lebens. Er hatte sich zu Beginn sogar intensiv bemüht, das leere Grab zu sehen, aber es drängte sich ihm der aufgebahrte tote Freund auf.

Spiegelung

Hier zeigt sich, wie «vernünftig» das Unbewußte sich gegenüber unserem bewußten Denken und Wollen verhält. Allgemeine Wahrheiten, wie z. B. Glaubensinhalte, können nämlich nicht erkannt werden, wenn zuvor nicht die persönliche seelische Wahrheit oder Wirklichkeit angeschaut und akzeptiert ist. Was im Schatten unseres bewußten Lebens liegt, ist gewissermaßen das Eingangstor in die tieferen Regionen der seelischen Welt. Eines der Grundgesetze der spirituellen Reise lautet: Um in die Weite der Seelenlandschaft zu gelangen, muß das schmale Tor der Selbsterkenntnis durchschritten werden. In Religionen, Mythen, Märchen, Dichtungen taucht dieses offenbar uralte Menschheitswissen immer wieder auf. Und moderne Psychotherapeuten verfahren nach demselben Grundsatz, wenn sie seelische Heilung und Stabilisierung des Selbstgefühls binden an das Verarbeiten liegengelassener Lebensprobleme. Und welche Bedeutung hatte es, wenn in der Antike über dem Tor zum griechischen Orakel von Delphi, zu dem die Menschen pilgerten, um das Wort der Gottheit zu hören, stand: «Erkenne dich selbst»? Offensichtlich wurde die Selbsterkenntnis als Weg zur Gotteserfahrung verstanden. Vielleicht wurde sogar in der tieferen Selbsterkenntnis als solcher die Offenbarung des Göttlichen gesehen.
In seinem modernen Märchen «Die unendliche Geschichte» bildet Michael Ende dasselbe psychische Grundgesetz nach

in dem Kapitel: «Die drei magischen Tore». Das mittlere, das «Zauber Spiegel Tor», kommt hier in Betracht. Der Gnom, Professor Engywuck, der die Geheimnisse der Tore einmal ganz zu erforschen hofft, was ihm natürlich nie gelingen wird, hat über das mittlere herausgebracht, daß es «sowohl offen als auch geschlossen», oder auch «weder geschlossen noch offen» ist. Und weiter:

«Es handelt sich dabei um einen großen Spiegel oder so was, obwohl die Sache weder aus Glas noch aus Metall besteht. ... Wenn man davorsteht, dann sieht man sich selbst – aber eben nicht wie in einem gewöhnlichen Spiegel, versteht sich. Man sieht nicht sein Äußeres, sondern man sieht sein wahres inneres Wesen, so wie es in Wirklichkeit beschaffen ist. Wer da durch will, der muß... in sich selbst hineingehen.» (S. 94–95)

Das «Zauber Spiegel Tor» ist eine Durchgangsbedingung zur «Kindlichen Kaiserin», in der das Land Phantásien, das Seelenland, symbolisch zusammengefaßt ist. Es ist nicht leicht, durch dieses Tor hindurchzugehen. Der Professor sagt:

«Habe erlebt, daß gerade solche Besucher, die sich für besonders untadelig hielten, schreiend vor dem Ungeheuer geflohen sind, das ihnen in dem Spiegel entgegengrinste. ... Andere ... haben offenbar noch viel Schrecklicheres gesehen, hatten aber den Mut, trotzdem durchzugehen. Für manche war es auch weniger erschreckend, aber Überwindung kostete es jeden. Man kann darüber nichts sagen, was für alle Geltung hätte. Ist für jeden anders.» (S. 95)

Umgehen läßt sich das Tor der Selbst-Konfrontation nicht, auch das weiß der kleine Professor. Wer es versucht, findet dahinter – nichts. Träume, Imaginationen der vorhin geschilderten Art und vor allem spirituelle Traditionen verschiedener Richtungen sagen, daß seelisch-geistiges Wachsen nicht möglich ist, wenn die vernachlässigten, meist nicht geliebten Seiten der eigenen Persönlichkeit nicht angenommen werden. Daß sich in Michael Endes Märchen beim Umgehen des Spiegels nichts zeigt, könnte in tiefenpsychologischem, evtl. auch in philosophischem Verständnis das Nichts, das Gefühl der Leere und/oder Sinnlosigkeit sein. Sinnerfahrung gewährt die Seele gewissermaßen nur, wenn das Tor der Selbsterfahrung durchschritten wird, wenn jemand lernt, sich selbst nicht nur mit den Kopfaugen zu sehen – das heißt in der Weise, wie jemand gern sein und gesehen werden möchte – sondern auch mit dem Auge im Bauch, das auch die dunklen Stellen erkennt.

Das unbekannte Ich finden

Manchmal zeigt sich bei solch einem Blick in den Seelenspiegel ein ganzes Lebenspanorama, über das die Betroffenen meist sehr überrascht sind. «Ich habe ganz viele Orte, Städte und ähnliches gesehen, an denen ich einmal war; aber es waren gar nicht die wichtigen; ich hatte das schon ganz vergessen», sagt eine Frau nach einer Imaginationsübung. Im Bewußtsein hatte sie ein ganz anderes Bild von den für sie wichtigen Orten ihres Lebens, als die Psyche sie sich eingeprägt hatte. Sie lebte bewußt nur in einem Teil dessen, was in ihrem Leben bedeutsam geworden war; das heißt: psychisch vollzog sich dieses Leben fragmentarisch. Die unbewußte Seele zeigt ihr nun, daß sie ganz werden kann, wenn sie die vergessenen Teile einbezieht. Vergessene Teile des (inneren) Lebens lagern im Unbewußten eines jeden Menschen. Da es überwiegend die sind, die als unangenehm empfunden werden und die beim Zurückholen in die Erinnerung Schmerzen bereiten, wird der Blick in den Spiegel oft von vornherein gefürchtet und deshalb gemieden. Wer es jedoch wagt, dennoch hineinzuschauen, kann zu einer anderen Erfahrung vorstoßen.

Selbst Menschen, die ungeübt sind im Schauen der inneren Bilder, finden von selbst heraus, wie sie den Schrecken, den der Professor in der «Unendlichen Geschichte» bei Menschen vor dem «Zauber Spiegel Tor» beobachtet hat, überwinden können. Einen Mann überfällt bei einer Imagination zum leeren Grab ein Schrecken gegenüber seinen inneren Bildern. Seinen Bericht darüber schließt er so: «Es kam dann nichts mehr, es war zu Ende. Aber ich habe gemerkt, wenn ich den Schrecken auf mich nehme, dann verschwindet er.» Ein anderer Teilnehmer sieht im Grab den Boten, aber nur als einen riesigen Kopf mit mächtigen Kiefern – «wie ein Neandertaler». Der Schrecken, den er schon vorher gefühlt hatte, wird jetzt gewaltig – er sieht: es ist sein eigener Kopf. Aber er schaut den Schädel weiter an. Und da nimmt er langsam normale Maße an, wird sein wirklicher Kopf. Der Schrecken ist vorbei. Beide Fälle bestätigen an realen Menschen, was der Dichter im Märchen fabuliert: der mit innerer Selbsterkenntnis verbundene Schrecken verliert seine Macht, wenn er ausgehalten wird, wenn der Mensch ihm standhält. Das zweite Beispiel erklärt in gewisser Weise auch, wie das möglich ist: Der Neandertaler-Schädel verwandelt sich in den wirklichen Kopf des Mannes. Daraus kann ich schliessen: Schrecken verbreitet das, was in meiner Seele *auch* lebt, was ich aber nicht kenne. Mein Bewußtsein erlebt es als ein Stück urtümliche, mein Ich überwältigende Natur. Indem ich es anschaue, es kennenlerne, wird es menschliche Natur. Das als nicht menschlich erlebte Fremde in mir selbst wird so humanisiert und kann dann von meinem Bewußtsein aufgenommen werden, ja bereichert dieses.

Lebensphasen

Die Selbstbegegnung ist bei der spirituellen Reise zwar für alle die gleiche Einlaßbedingung in die seelische Welt. Aber inhaltlich sehen solche Begegnungen so unterschiedlich aus, wie Persönlichkeit, Leben und Schicksal der Menschen verschieden sind. Als einen generell geltenden Unterschied betrachte ich den, der an die Entwicklungsphasen der einzelnen Lebensalter gebunden ist. Erfahrungen, die ich bislang zu diesem Punkt sammeln konnte, lassen vermuten, daß es für die Lebensalter charakteristische Unterschiede bei den Bildaussagen der seelischen Selbstwahrnehmung gibt. Für die Imagination mit einer Gruppe von Studierenden wählte ich das biblische Gleichnis vom Sämann, in dem Jesus sagt, der ausgestreute Same falle teils auf den Weg, teils auf steinigen Grund, teils unter Dornen und auch auf fruchtbaren Boden; dementsprechend gehe er gar nicht, wenig oder reich auf (Markus 4,3–8, parr.). Ich wählte es mit der Überlegung, daß für die Entwicklung junger Menschen sich entfalten, fruchtbar werden und die jeweiligen Bedingungen für solche Prozesse ein Schwerpunkt-Thema sind. Für die Übung fasse ich das Gleichnis in den Satz zusammen: «Ich bin der Same, der ausgestreut wird.»

Beim Erzählen nach der Übung gibt es wunderbare Bilder von Entfaltungen etwa einer Blume oder eines embryonalen Wesens, aber auch von den Widerständen, die sich dabei einstellten. Manche von den jungen Leuten sagen, sie hätten nicht gern Same sein wollen; das sei etwas, wobei sie nicht aktiv sein könnten. Mehrere wollten lieber Sämann sein. Eine Studentin sagt: «Ich möchte lieber eigene Ideen ausstreuen, als gesät werden.» Diese Äußerungen beleuchten eine Schwierigkeit jugendlicher Seelenreise. Da die Menschenseele von ihrem Ursprung her ein Stück Natur ist und es in ihren unbewußten Teilen auch geblieben ist – nur der bewußte Teil hebt sich von der Natur ab –, gilt für sie auch das Naturgesetz des Wachsens und Reifens und nicht das zivilisatorische des Machens. Bei der psychischen Entwicklung handelt es sich daher um eine andere Art von Aktivität als der in unserer Kultur und damit auch unserem Erziehungssystem favorisierten der Leistung. Beide Entwicklungsaspekte – das Wachsen und das bewußte Handeln – miteinander zu integrieren, dürfte für junge Menschen, die in der Ausweitung ihres Lebens nach außen begriffen sind, schwer sein.

Wie unterschiedlich seelische Selbstbegegnung auf Grund des Lebensalters sein kann, habe ich bei derselben Übung erfahren. Nach der Entspannung will ich mir selbst den Imaginationssatz noch einmal sagen, und sage: «Ich bin der Acker, auf den der Same gestreut wird.» Erst als ich ihn ein zweitesmal sage, wird mir der Satz richtig bewußt; die Veränderung kam ganz von selbst. Und ich sah auch einen Acker, in den ein Korn gesät wurde. Als ich es in der Gruppe erzähle, fragt eine Studentin spontan: «Kann diese Veränderung nicht mit Ihrem Alter zusammenhängen?» Ich glaube, daß dies zutrifft. Mit dem veränderten Satz stimmte ich innerlich sofort überein, ich spürte: es ist *mein* Satz. Ich empfand mich dabei auch keineswegs inaktiv; aber anders als die Studierenden erlebte ich das Aktivsein in meiner Imagination stärker als Rezeptivität, als Neugier, was aus dem Korn hervorsprießen wird, als waches Wartenkönnen. Es war ein Erleben, das ich aus anderen Zusammenhängen kenne, das ich jungen Menschen aber nur schwer oder gar nicht vermitteln kann, weil sie sich solche Erlebens-Elemente meist nicht als Aktivität vorstellen können. Da ich ähnliche Unterschiede schon öfter in Gruppen feststellen konnte, glaube ich sagen zu können, daß die Art innerer, seelischer Erfahrungen altersbezogen ist, daß somit die Erfahrung *eines* Lebensalters nicht an der eines andern gemessen werden kann.

Selbstbegegnung und Urbilder

Oft werde ich gefragt, was denn der Sinn einer tiefenpsychologischen Arbeit mit der Bibel sei, was dabei herauskomme. Ich habe den Eindruck gewonnen, daß hinter solchen und ähnlichen Fragen die unbewußte Einstellung steckt: Ich will zuerst genau wissen, was da geschieht und welche Ergebnisse es gibt; dann mache ich – vielleicht – einen Versuch. Dies geht nun bei der spirituellen Reise gerade nicht. Was sich ereignet, sich möglicherweise verändert, läßt sich nur durch Weitergehen, durch eigene Erfahrung herausbringen. Wer es trotz seiner inneren, häufig als rationale Kritik getarnten Widerstände schafft, sich auf eine Selbst-Konfrontation einzulassen, kann Erstaunliches mit sich erleben. Die Barrieren vor der Selbsterkenntnis lassen sich leichter abbauen, wenn der Eintritt in die seelische Welt nicht direkt, sondern mit Hilfe eines schon gestalteten Urbildes erfolgt, und das Dynamische des Selbsterfahrungs-Prozesses kann unterstützt werden beim Agieren mit und innerhalb einer Gruppe. Beides geschieht bei Interaktionsübungen mit biblischen Texten – möglich ist es auch mit Urbildern anderer Herkunft.

An einem Beispiel sei der Schritt durch das «Zauber Spiegel Tor» und was sich dahinter zeigen kann, verdeutlicht. In einer Gruppe, die mehrere Tage zusammen arbeitet, machen wir eine Interaktionsübung zur Geschichte von der Ehebrecherin, die von Pharisäern und Schriftgelehrten zu Jesus geschleppt, von dem ein Urteil über die auf frischer Tat Ertappte gefordert wird (Johannes 8,1–11). Herr T. verhält sich dieser Arbeit wie auch der Frauenproblematik im Christentum gegenüber, die mehrmals zur Sprache kommt, von Anfang an skeptisch-ironisch und ruft den Eindruck hervor, als versuche er durch Witzemachen und ähnliches sich vor einer Selbstbegegnung zu schützen. Nach langem Hin und Her entscheidet er sich plötzlich dafür, die Rolle der Ehebrecherin zu übernehmen. Bei der Interaktion, einer frei gestalteten Art von Bibliodrama, engagiert sich Herr T. ungemein stark, und noch bei der Nachbesprechung redet er aus intensiv erlebten Gefühlen heraus. Von da an verändert sich sein Verhalten auffallend: er ist viel stiller, wirkt in sich gekehrt, nachdenklich, und sein Witzeln ist völlig verschwunden. Aus seinen Bemerkungen ist zu erkennen, daß er durch die Identifizierung mit der Gestalt der Ehebrecherin Wichtiges über sich selbst erfahren hat, was er bis dahin wohl nicht von sich wußte.

Ein Aspekt der Übung, der ausführlich besprochen wird, fällt auf: Beim Agieren wird die Frau im Handumdrehen von den Pharisäern, die nur von Männern gespielt werden, zur Hure gemacht; und die Darsteller/innen der Frau schaffen es nicht, dies zu korrigieren, gehen vielmehr sogar darauf ein, auch Herr T., der im übrigen die Ehebrecherin/Hure nicht passiv wie im Evangelium, sondern aggressiv anklagend wiedergibt. Als ihm die Verwandlung in die Prostituierte im nachhinein richtig bewußt wird, scheint ihm etwas darüber aufzugehen, wie durch eigene innere Einstellung und eigenes Verhalten andere Menschen festgelegt, in ihrer Identität eingeengt, ja pervertiert werden (können), wie die Gruppe das mit der Ehebrecherin zum Teil gemacht, zum Teil hatte geschehen lassen. Im Nachvollzug hatten sich in der Gruppe ähnliche Erfahrungsmuster eingestellt, wie sie in der biblischen Erzählung überliefert sind – die pharisäische Projektion der negativen Einstellung zum Weiblichen auf die Ehebrecherin, das dadurch bewirkte selbstzerstörerische Bewußtsein der Frau (zum ganzen Text siehe in meinem Buch «Sei, der du werden sollst», 2.3). Es fehlte allerdings das befreiende Handeln Jesu – diese Erfahrung konnten die Jesus-Darsteller/innen nicht vermitteln.

Wie Herr T. sowohl durch sein Verhalten bei der Interaktion als auch durch das, was ihm dabei widerfahren war, offensichtlich verborgene eigene Züge entdeckt hatte, so war es der Gruppe insgesamt ergangen. Der Gang durch das «Zauber Spiegel Tor» kam tatsächlich einer Umkehr in das eigene, zu einem guten Teil unbekannte Seelenland gleich. Sich selbst mit anderen Augen, mit dem Auge im Bauch sehen können, das ereignet sich bei meiner tiefenpsychologischen Arbeit oft. Ich betrachte dies als eine Chance, sich selbst zu verändern auf ganzheitlicheres seelisches Leben hin.

Mensch ohne Schatten

Hier ist es angebracht zu fragen, was einem Menschen eigentlich fehlt, wenn er/sie nicht durch das «Zauber Spiegel Tor» der Selbstbegegnung geht, wenn das unbewußte Land der Seele unbekannt bleibt. Und andersherum gefragt: Bringt die Seelenreise etwas ein, was zum Leben als Mensch gehört, oder ist sie ein entbehrlicher Luxus? Theoretisch läßt sich diese Frage – wie oben dargelegt – nicht beantworten. Ich bleibe daher im Bilde. In einer Gruppe, in der die aktive Imagination bzw. das katathyme Bilderleben gelernt wird, erzählt Frau C. folgende Phantasiereise: Sie kommt in ein fremdes, eigenartiges Land, eine kahle Landschaft, ein paar Hütten. Es begegnen ihr ebenso merkwürdige Menschen – sie sind zweidimensional, flach. Eine Weile bleibt sie in dem Land und lebt mit den Menschen dort. Sie schläft auf einer Pritsche, es gibt nur einfaches und wenig Essen; aber es gefällt ihr. Nach einer Weile hat sie allerdings genug davon, es wird ihr langweilig, und sie macht sich auf den Heimweg. Das Bild enthält ein weitverbreitetes Wissen über seelisches Leben: das vom Menschen ohne Schatten. Der vom materiellen Körper geworfene Schatten ist offenbar aus sich heraus ein Symbol für seelische Tiefe, sonst gäbe es in Märchen, Literatur und Lyrik nicht so viele Schatten-Texte. Meist sind es

Geschichten vom verlorenen, verkauften, verselbständigten Schatten. Immer wird der Schatten als etwas angesehen, was dem Menschen nicht fehlen darf, weil ihm sonst etwas wesentlich Menschliches fehlt. Als was ist er psychisch zu betrachten?

Der Schatten ist die dritte Dimension, die seelisches Volumen gibt, die das bewußte Ich rundet und in der Tiefe verankert. Frau C.s Bild von den zweidimensionalen Menschen läßt sich, unabhängig von ihrem Lebenskontext, auf zweifache Weise verstehen; es könnten Menschen ohne Schatten, oder es könnten verselbständigte Schatten sein. Im Grunde ist die eine Deutung jeweils die Kehrseite der anderen; denn Menschen ohne Schatten, das bedeutet psychologisch, daß ihr bewußtes Leben keine Verbindung zum Unbewußten hat, daß sie ihr tägliches Leben gewissermaßen von der seelischen Tiefe abgekoppelt haben, daß sie ihre Rückseite nicht kennen; und das verselbständigt den Schattenteil ihrer Person, so daß er vom bewußten Ich nicht mehr beeinflußt werden kann. Menschen ohne Schatten weichen vor dem «Zauber Spiegel Tor» zurück oder umgehen es und tragen die hinter dem umgangenen Tor liegende Leere in sich. Sowohl der Mensch ohne Schatten wie auch der verselbständigte Schatten führen ein karges, ein armseliges Leben; das drückt die Imagination von Frau C. treffend aus. Dennoch kann das einfache, das flache seelische Leben eine Weile als gut empfunden werden, wenn das Ich und sein Schatten sich gegenseitig nicht behelligen. Doch auf die Dauer wird solch ein Leben langweilig. Da es flach ist, fehlt es ihm an seelischer Substanz; es ereignet sich nichts, was das Leben erfüllt oder voranbringt. So ist es verständlich, wenn Robert Walser über Adalbert von Chamissos Peter Schlemihl, der seinen Schatten verkauft hat, sagt, er habe «sein Köstlichstes» weggegeben, und: «Besser als im Leben siegen und ein Genie sein ist ein ehrlicher Schatten» (Texte von Walser und Chamisso in: «Der Schatten», hg. von Hanne Kulessa).

Wer sich also mit einem psychisch flachen, an der seelischen Oberfläche dahinplätschernden Leben begnügen mag, kann vielleicht seinen Schatten unbeachtet lassen. Doch bin ich nicht sicher, daß dies ein Leben lang geht, zwingt doch meist das Leben selbst einen Menschen dazu, sich seiner dunklen Seite zuzuwenden, sei es durch andere Menschen, sei es durch Erlebnisse, die an die Grenzen dessen führen, was durch das Ich machbar ist. In der Grenzsituation hilft es nicht mehr, den Schatten zu verleugnen; er wird gebieterisch und vielleicht unheilvoll erzwingen, daß er zur Kenntnis genommen wird. Jung verwendet für das Schattenproblem einmal einen drastischen, doch anschaulichen Vergleich: «Eine bloße Unterdrückung des Schattens ist ebensowenig ein Heilmittel, wie Enthauptung gegen Kopfschmerzen.» (Grundwerk C. G. Jung, Band 4, S. 79.) Wie ein Mensch wegen Kopfschmerzen ja nicht gleich seinen Kopf verlieren will, so sollte er sich auch nicht seiner Schattenseele entledigen – seine Seele verkaufen, sagen Märchen –, wenn sie ihm Schmerzen bereitet.

Den Schatten annehmen

Umkehren vom Kopf zum Bauch und erkunden, was hinter der beleuchteten Fassade des Ich sich abspielt, kann das Gefühl starken Lebendigseins hervorrufen, auch oder gerade, wenn es als tiefer Schmerz oder als Trauer gefühlt wird. Was auf der Schattenseite unseres bewußten Ich geschieht, ist in der Regel das, was wir projizieren, was wir anderen Menschen, den Verhältnissen, Ereignissen usw. anheften. Wenn wir uns unserem Schatten direkt zuwenden und ihn als einen Teil von uns anzunehmen lernen, befreien wir damit zugleich die Welt draußen zu dem, was sie aus sich ist, ohne durch unsere Projektionen verzerrt zu werden. Das Annehmen des Schattens kann daher auch als ein Erlösungsvorgang bezeichnet werden. Im Zusammenhang mit einem Traum eines Klienten, in dem dieser im «Hause der Selbstbesinnung» lebt und sich auf diese Weise seinem Schatten zukehrt, beurteilt Jung die Rücknahme der Schattenprojektion so: «Solch ein Mensch weiß, daß, was immer in der Welt verkehrt ist, auch in ihm selber ist, und wenn er nur lernt, mit seinem eigenen Schatten fertig zu werden, dann hat er etwas Wirkliches für die Welt getan.» (Grundwerk C. G. Jung, Band 4, S. 86.) Was ich im zweiten Kapitel über die Projektion und ihre Zurücknahme gesagt habe, ist hier zu erinnern, vor allem dies, daß die Annahme des Schattens schmerzhaft ist und Angst machen kann. Den Schatten ins Leben integrieren, bedeutet zu leiden. Doch hat dieses Leiden befreiende Kraft. Darin vor allem sehe ich den Gewinn, sich selbst im «Zauber Spiegel Tor» gegenüber zu treten.

Die Zuwendung zum Schatten führt, wenn sie kontinuierlich geübt wird, an eine Schwelle, die aus den Bildern des individuellen Lebens hinüberleitet in die Bilder des seelischen Menschheiterbes, in die Urbilder des kollektiven Unbewußten, wie Jung sie nennt. Im Urbild ausgedrückt, ist es der Übergang aus dem persönlichen Schatten in die mythische Unterwelt; in den europäischen Mythologien ist das bekannteste Symbol dafür die Hadesfahrt. Was den Griechen ihr Hades war, ist im Alten Testament die Scheol, bei den Germanen die Hel. Die Unterwelt gibt es in den Religionen und Mythen wohl aller Völker; auch im Christentum noch gibt es den Glaubenssatz: Christus ist «abgestiegen in das Reich des Todes» (Apostolisches Glaubensbekenntnis). Die älteste Kunde, die wir vom Anfang der Menschheit bisher erhalten haben, sind Höhlen, die begangen wurden und kultischen Zwecken dienten, auch dies Unterwelten. In den späteren

Mythologien wurde in der Unterwelt der Ort gesehen, an dem die Toten sich aufhalten, wo sie ihr Schatten-Dasein führen. Frau C.s Imagination vom Land der zweidimensionalen Menschen kann ohne weiteres als eine moderne Form der mythischen Unterwelt gelten. Was aber hat der Hades mit der spirituellen Reise zu tun?

3.2 Der Weg in die Ganzheit

Ich knüpfe an die uralte Menschheitsvorstellung an vom Leben der Toten in der Unterwelt. Nach meiner Meinung können wir heute, obwohl uns die Bestattungsformen und -riten alter Völker und vorgeschichtlicher Gruppen bekannt sind, nicht bestimmt sagen, in welchem Ausmaß die Menschen die Welt der Toten für real gehalten haben. Vermutlich ist für das Realitätsbewußtsein von der Unterwelt eine Entwicklung anzunehmen, die der seelischen Entwicklung folgte. Da für die Unterwelt jedoch, wie für alle mythisch-religiösen Urbilder, angenommen werden muß, daß sie symbolischer Ausdruck einer unanschaulichen Wirklichkeit ist, ist eine realistische Auffassung von der Totenwelt als Projektion eines seelischen Sachverhalts zu interpretieren. Es gehört zum Wesen des homo sapiens, daß er seine Toten rituell bestattet; das allein schon zeigt, daß die menschliche Spezies von ihrem Erscheinen in der Evolution an sich mit ihren Toten seelisch verbunden fühlte. Daß Menschen durch den Tod nicht einfach verschwinden, gilt auch noch in aufgeklärten Zeiten wie der heutigen. Menschen, mit denen wir eine seelische Verbindung haben, gehen uns auch nach ihrem Tod nicht verloren, sie bleiben gewissermaßen für immer Bestandteil unserer seelischen Welt. Das gilt übrigens auch für Menschen, mit denen wir durch Gefühle der Abneigung, der

Feindschaft oder des Hasses verbunden waren. Jede/Jeder kann das bei sich feststellen, daß Menschen, die irgendwie einmal eine Rolle in unserem Leben gespielt haben, irgendwo einen Platz in unserer Er-Innerung, in unserem psychischen Innen behalten. Kein Mensch ist seelisch auszulöschen. Und wo vielleicht bewußt versucht wird, dies zu tun, beweist gerade der Versuch, daß er/sie im Gedächtnis von jemandem lebt. Ein Psychoanalytiker sagte einmal zu mir: «Die Eltern sterben nie.» Der Satz läßt sich auf andere Menschen erweitern. Aber für die Eltern, zu denen wir die erste und stärkste Bindung hatten, trifft er besonders zu.

Die Unterwelt als Menschheitsschatten

Aus Psychoanalyse und Entwicklungspsychologie wissen wir, daß wir in den ersten Lebensjahren durch die ersten Bezugspersonen psychische Prägungen für das ganze Leben erhalten haben und daß diese über das Leben dieser Bezugspersonen selbst hinaus wirken. Der Ahnenkult archaischer Menschen scheint mir hier seine psychische Wurzel zu haben. Daß die Menschheit von Anbeginn an der Verbindung mit ihren gestorbenen Vorgänger-inne-n festgehalten hat, verweist nicht auf eine primitive Geistesart, sondern vielmehr darauf, daß sie sozusagen instinktiv anthropologisch richtig gefühlt und gehandelt hat. Es zeigt, daß Menschen stets gespürt haben: sie bilden mit allen Individuen der Gattung zusammen eine Einheit. Da dies Zusammengehören mit den Toten nicht in einer äußeren Verbindung bestehen kann, wie offensichtlich ist, kann es nur eine seelische Einheit sein. Das Einheitsfühlen erstreckt sich in erster Linie auf die, die im Leben nahegestanden haben, vor allem die, die in der Generationenfolge verwandt waren. Wie die Unterweltsmythen mitteilen, werden in die Einheit darüber hinaus aber alle Toten einbezogen: die Unterwelten sind von allen Verstorbenen bevölkert. In der katholischen Kirche gibt es ein jährliches allgemeines Totengedächtnis, den Allerseelentag (2. November). Wie in uralten Menschheitsreligionen wird an diesem Tag in Kult und Gebet die Verbindung mit den Toten bewußt gemacht. Sie basiert auf dem Glauben, daß die Lebenden etwas für die Toten zu tun vermögen, vergleichbar dem Brauch früherer Kulturen, ihre Toten mit reichen Grabbeigaben zu bestatten, damit sie im Jenseits nicht mittellos seien. Das christliche Gedächtnis für die «armen Seelen» ist allerdings zusammenzusehen mit dem Gedächtnis «aller Heiligen» (1. November), die ja auch zu den Verstorbenen gehören. Im Christentum hat sich die Unterwelt aufgespalten in drei Teile: in einen, der «oben» ist, den Himmel, den neben Gott die Vollendeten bewohnen; die beiden anderen Teile sind «unten» geblieben; ein Teil ist ein Durchgangsstadium geworden, das Fegefeuer, der Ort der Läuterung für die noch nicht Vollendeten; und die tiefste Region der Unterwelt ist zur Hölle geworden, dem Ort für die Verlorenen, für die es, konsequent, auch kein Gedächtnis gibt. Wie es zu dieser christlichen Veränderung der Unterwelt gekommen sein mag und was sie bedeuten kann, soll erst später gefragt werden.

Die Vorstellung von der Unterwelt in allen ihren Varianten ist für Menschen, die das Leben und die Welt nur mit den Kopfaugen sehen, ein besonders harter Brocken. Wenn ich aber davon ausgehe, daß auch in diesem Mythos seelisch Projiziertes steckt, kann der Zugang leichter werden. Die Unterwelt mit den Toten ist dann so etwas wie der seelische Menschheitsschatten, so wie die individuelle psychische Rückseite unser persönlicher Schatten ist. Der Mythos von der Unterwelt sagt uns dann, daß wir zu den psychischen Schichten unterhalb unseres persönlichen Schattens hin die individuellen seelischen Grenzen überschreiten in Seelisches hinein, das der Menschheit gemeinsam ist. Diese tiefsten psychischen Schichten – von Jung das kollektive Unbewußte genannt – können verstanden werden als die psychische Stammesgeschichte des Menschen, wahrscheinlich sogar bis in vormenschliche Formen der Evolution hinein, vergleichbar der materiellen Evolution, deren Merkmale der homo sapiens als Körper- und Organaspekte noch an sich trägt. Das menschliche Bewußtsein, das sich als eine besondere psychische Funktion einmal aus dem Unbewußten des Seienden herausdifferenziert hat, ist gegenüber dem kollektiv Psychischen eng, klein, schwach und kann die Ausmaße des seelischen Menschheitsschattens nicht ermessen. Insofern präsentiert sich das allgemein Seelische dem Bewußtsein als ewig und unabhängig von bewußter Beeinflussung. Die mythische Vorstellung von der Unterwelt als einem eigenständigen Reich der Toten dürfte sich auf diesen Aspekt der Autonomie dieses dem Menschengeschlecht gemeinsamen seelischen Bereichs beziehen.

Dem Bewußtsein zeigt sich dieser Bereich in Bildern des psychischen Menschheitserbes, die in allen Zeiten und Kulturen zu finden sind; mit ihrer Produktion hat die menschliche Seelentätigkeit offenbar im urgeschichtlichen Stadium begonnen. Für das Bewußtsein sind sie von archetypischer Art, das heißt sie sind etwas Ur- und Vorgeprägtes, das das Bewußtsein nicht machen und auch nicht einfach verändern kann. Das Bewußtsein kann sich ihnen schauend und erlebend zuwenden und sich so an dieses größere seelisch Ganze anschließen. Dies haben die Religionen seit jeher getan und zu ermöglichen versucht. In den Religionen ist die Unterwelt des menschheitlich Seelischen wegen ihrer Autonomie gegenüber dem Bewußtsein stets als numinos, als göttlich erfahren worden. Ursprünglich eine Göttin, später ein Gott, ist das Zentrum der Unterwelt. In Religionen, in denen die Unterwelt einen wichtigen Platz hatte, wurde das Jenseits somit unten, in der Tiefe gefunden, nicht im Himmel.

Wie Unterwelt heute erlebt wird

Was bedeutet nun das kollektiv Psychische für die spirituelle Reise? Wenn es eine Menschheitsrealität ist, dann muß es auch heute wie zu früheren Zeiten erfahren werden können. So möchte ich das bisher analysierte kollektive Symbol der Unterwelt nun an Beispielen konkreter Unterweltsbilder heutiger Menschen prüfen. Nach meiner Erfahrung ist der Übergang vom persönlichen zum kollektiven seelischen Schattenbereich gleitend, nicht abrupt. Bilder beider Bereiche können miteinander verschmelzen und lassen auf diese Weise die große Bedeutung des autonomen seelischen Bereichs für die individuelle Entwicklung erleben. Ein eindringliches Beispiel dafür findet sich in den bei Peter Orban protokollierten Phantasiereisen («Die Reise des Helden», S. 117–120). Die Studentin D. erzählt von einer Reise in die Tiefen der Seele, bei der sie ihrem Tod begegnet. Der Tod ist eine Frau mit dunklen, riesigen «hammerhaften» Augen. Wörtlich sagt die Studentin:

«Ein Pendant zu mir; sie ist dunkel und ich bin hell. Sie war mir mehr als bekannt, vielleicht könnte ich sagen, 'intim bekannt' ... Ich hatte Schuldgefühle, ich war erschrocken, denn ich erkannte in dem Blick unendliches Leid ... Mir wurde bewußt, daß ich sie liebe und daß sie mich liebt. Mir wurde bewußt, daß ich sie unheimlich gequält haben mußte, daß ich ihr fast unerträgliches Leid zugefügt haben muß, das sie geduldig ertragen hat, weil sie mich liebt, weil sie meine Gefährtin auf Lebenszeit, meine Freundin ist, die ... immer unsichtbar an meiner Seite sein wird. Ich war tief getroffen ...
Ich habe mich an viele Situationen erinnert, in denen ich sie 'vergewaltigt' hatte, d. h. wenn das Leben mir unerträglich schien, ... dann wollte ich sterben. Der Tod war immer so nahe, mein Rettungsring gewesen. Im übertragenen Sinne heißt das, ich hatte sie sehr oft gerufen, daß sie mich 'umbringen' solle, und in dem Moment war mir klar, daß sie die Zeit selbst weiß, und wenn die Zeit da ist, kommt sie von selbst, um sich mit mir zu vereinigen, und ich hatte versucht, sie unzählige Male zu vergewaltigen.

Ihre Augen waren wie ein Buch, in dem ich meine Grausamkeit lesen konnte. Sie war mein Spiegel ...
Wir gaben uns die Hände und ich schwor, ihr nicht mehr wehzutun ... Ich war unheimlich glücklich.»

Sie tanzt noch mit der Frau auf eine nicht irdische, leichte Weise; dann verabschieden sie sich, am Horizont stehend und in einem überwältigenden Anblick «das Hammerhafte» ansehend. Diese eindrucksvolle Unterweltsfahrt ist bei P. Orban kein Einzelfall; und ich selbst kenne aus meiner Arbeit ähnliche Beispiele. Die Unterweltserlebnisse der jungen Frau sind in verschiedener Hinsicht exemplarisch. Die seelische Unterwelt wird für sie zum «Zauber Spiegel Tor», das sie mit der abgelehnten Seite von sich selbst konfrontiert. Sie teilt auch etwas vom Inhalt dieser Seite mit; es scheint Flucht vor dem Leben bis zur Selbsttötungs-Neigung, vielleicht eine depressive Einstellung zu sein. Um das Verhängnisvolle dieses Lebensaspekts von sich zu erkennen, braucht sie keine innere Diskussion, kein Abwägen von ja, aber. Es genügt der Blick auf die Person, in der ihr die Vergewaltigung ihrer selbst verdichtet gegenübertritt, und sie gewinnt eine durchgreifende Selbsterkenntnis. Dieses augenblickshafte Sich-Erkennen, verbunden mit einer tiefen emotionalen Ergriffenheit, halte ich für ein wichtiges Zeichen der Echtheit einer solchen inneren Erfahrung. Ich erinnere an Herrn W., der im leeren Grab auch sich selbst mit dem gleichen Erlebnismuster begegnet ist (siehe S. 64). Die Studentin D. erlebt auch den Schrecken solcher Selbstbegegnung und die ihrem Verhalten angemessenen Schuldgefühle sowie Reue. Doch alles wirkt aufgehoben und überwunden in der großen Liebe, die sie sogleich mit ihrem Schatten-Ich verbindet. Eine echte tiefe Selbsterkenntnis besteht niemals nur in bloßem Zur-Kenntnis-Nehmen, sondern ist immer Annahme seiner/ihrer selbst, Versöhnung mit sich. An vielen Beispielen solcher Selbstbegegnungen habe ich gelernt, daß hier der Ursprungsort von Liebe ist, nicht in der Begegnung mit anderen Menschen. Solange die innere Selbstannahme, wie die Studentin D. sie von sich schildert, nicht begonnen hat, wird die Liebe zwischen Menschen voller seelischer Projektionen sein, wird Mißverständnisse, Enttäuschungen, gegenseitiges Vergewaltigen, allerdings auch Faszination und Ergriffensein bewirken.

Neben der Liebe entspringt der wahren Selbsterkenntnis auch die autonome Ethik – die Studentin D. verpflichtet sich, ohne irgendwie dazu aufgefordert zu sein, völlig aus eigener spontaner Einsicht heraus, ihrer Schattengefährtin gegenüber, ihr Leben zu ändern. Sie hat das in ihr Herz geschriebene Gesetz gefunden; wenn sie ihm weiter folgt, wird sie kein von Menschen gemachtes Gesetz mehr brauchen.

Unterwelt, Tod und Transzendenzerfahrung

Die Selbstbegegnung der Studentin D. erweckt als solche bereits den Eindruck, daß sie an die Grenze zum menschheitlichen Schattenreich, ja über die Schwelle hinausführt; am Ende der Blick über den Horizont hinaus bringt das deutlich ins Bild, auch der Ausdruck «das Hammerhafte» scheint Ähnliches zu beinhalten. Doch auch schon der Anfang macht das klar: Die Studentin D. begegnet ihrem Tod – richtiger: ihrer Tödin. Die Todesfigur in dieser tiefen Seelenschicht ist nicht nur in diesem Fall, sondern anscheinend immer gleichen Geschlechts wie das bewußte Ich. Die Tödin ist zwar die bisher nicht geliebte dunkle Seite ihres Ichs; aber sie ist ganz offensichtlich größer als dieses Ich; denn durch ihr bloßes Erscheinen veranlaßt sie das Ich dazu, sich zu wandeln. Insofern verkörpert die Tödin der Studentin D. zugleich den allgemeinen Todesaspekt; in der Tödin des individuellen Ich ist auch der Tod als Verwandler allen Lebens gegenwärtig.

So repräsentiert diese innere Gefährtin die Unterwelt des Mythos als Welt des Todes in der individuellen Seele. Das ist ein Gedanke, der vielleicht schwer eingeht; denn im modernen Bewußtsein von uns Menschen der westlichen Zivilisation, einschließlich des Christentums, wird der Tod als etwas ganz und gar Negatives angesehen und erlebt. Die exemplarische Erfahrung der Studentin D. zeigt aber, daß in den seelischen Tiefen, in denen wir als individuelle Menschen angeschlossen sind an das Ganze der Menschheit, ja wohl noch darüber hinaus an das Ganze des Seienden, daß sich dort der Tod als eine Wandlungsmacht zum Leben erweist. Die Studentin D. hat in der Begegnung mit dem Tod ihre Wahrheit entdeckt und die Kraft gefunden, diese auch zu leben. Indem sie die Todesgestalt in sich annimmt, sich mit ihr verbindet, gewinnt sie deren bleibende Begleitung und die Möglichkeit, von der größeren Kraft, die jene besitzt, zu leben. Ihre seelische Todesbegegnung kann als ein wirkliches Sterben einer bisherigen Form ihres Lebens verstanden werden. Dieses Sterben hat sie aber als Gewinn erfahren im Sinne der mit der Unterwelt verbundenen uralten Menschheitsvorstellung des «stirb und werde». Es handelt sich um eine Selbst-Findung, bei der sie ihren Schatten als den eigentlich belebenden und tragenden Teil ihrer Identität ihrem bewußten Leben integriert hat. Im Sinne des Mottos zum Kapitel weiß sie jetzt in einem umfassenderen Maße, wer sie ist. Insofern ist der Tod, dem sie begegnet ist, für sie zu einem Stück Himmel geworden.

Aufgrund vieler ähnlicher seelischer Erfahrungen wie der hier untersuchten komme ich mehr und mehr zu der Überzeugung, daß wir Menschen der westlich-industriellen Zivilisation unbedingt die seelische Unterwelt wiederfinden müssen, wenn wir selbst und unsere Lebensordnungen nicht noch fragmentarischer, zerrissener und zerstörerischer werden wollen. Den Sinn der Hadesfahrt als spiritueller Reise sehe ich darin, daß wir allmählich von dem Zwang befreit werden könnten, Tod und Verderben in der geschichtlichen und in der ökologischen Welt zu verbreiten als Folge der völligen Verleugnung der Nacht- und Todesseite, die wir *in* uns tragen. Wir könnten sie in eine mindestens ebenso gewaltige Lebensmacht verwandeln, wie wir sie als Todbringerin draußen wüten lassen, wenn wir uns ihr an ihrem seelischen Ursprung zuwenden würden. Ich vermute, daß wir auf diesem Wege auch unser Verhältnis zum physischen Sterben verändern und den Tod mehr als Tor zu einem verwandelten neuen Leben erfahren könnten, wie es die christliche Verkündigung zwar stets behauptet (hat), aber wie ich meine, kaum zu erfahren ermöglicht. Dieser Punkt wird im fünften Kapitel noch eine Rolle spielen.

Der Gang in die seelische Unterwelt als menschheitliche Todeswelt führt, wie schon erwähnt, in einen numinosen, dem individuellen Bewußtsein transzendenten Bereich. Die dort gemachten Erfahrungen bezeichne ich deshalb als religiöse, als Erfahrungen der Transzendenz. Aufschlußreich ist, daß die Studentin D. nach ihrer Todesbegegnung eine weitere Phantasiereise erlebt, die sie selbst mit zentralen religiösen Begriffen beschreibt: sie nennt sie «ein Wunder», spricht von «auferstehen», viele Menschen werden geheilt, und: «der Sinn meines Lebens hatte sich erfüllt» (Orban S. 119 f). Überschreitet ein Mensch die Schwelle in den kollektiven Menschheitsschatten hinein, so überwindet er die Enge seines individuellen Ich; es erfüllt sich etwas von den Verschmelzungs-Sehnsüchten mit einem Größeren, die wohl in allen Menschen leben, meistens vielleicht aber nur mit einem vermeintlich Größeren zu stillen versucht werden, einem Menschen, einer «großen» Liebe, einer politischen Idee, gesellschaftlichem Ansehen und anderem mehr.

Gefahr des Sturzes in die Unterwelt

Wenn es zum Menschsein gehört, sich nicht mit dem begrenzten Ich-Bewußtsein abzufinden, so muß gefragt werden, warum es eine weit verbreitete Scheu und Abwehr gibt, den Weg in die transzendente Tiefe des Unbewußten zu gehen. Nach meiner Meinung hängt dies mit den Zugangsbedingungen zusammen; denn der Aufbruch in die unbekannte seelische Unterwelt stellt die Welt des Bewußtseins enorm in Frage. Es gibt zwar verhältnismäßig leichte Wege, um in das Schattenreich zu gelangen, Wege, die in unseren Gesellschaften individuell und kollektiv vielfach gegangen werden, um das Bewußtsein, die Möglichkeiten des Ich zu erweitern. Dazu rechne ich gesellschaftlich abgelehnte Wege wie Drogensucht, Unterwerfung unter religiöse oder therapeutische Führer bzw. Bewegungen und ähnliches, aber auch gesellschaftlich legitimierte, ja sogar geförderte wie: alles realisieren, was Wissenschaft und Forschung ermöglichen ohne Rücksicht auf die Folgen, sei es die Atombombe oder die Genmanipulation, oder den in den Fortbewegungsmitteln sichtbar werdenden Geschwindigkeitsrausch und anderes mehr. Diese in unserer üblichen Wertung so verschiedenen Fälle bindet in tiefenpsychologischer Betrachtung ein gemeinsamer Mangel zusammen: sie lassen Menschen direkt – wie bei der Drogensucht – oder in projizierter Form – wie in der Wissenschaft – den Bildern, Visionen, Utopien der Tiefenseele verfallen, weil deren überwältigende Macht nicht mit dem steuernden Bewußtsein verbunden wird.

Daß die seelische Unterwelt, wenn sie erschlossen, aber nicht in eine Einheit mit dem Bewußtsein integriert wird, sich zerstörend auswirkt, lassen die erwähnten Beispiele leicht sehen. Sich Hals über Kopf in die Tiefen des seelischen Ozeans zu stürzen, wie das bei einer Sucht geschieht, oder so zu tun, als gäbe es diese Tiefen nicht, wie das etwa bei politischen

Zielvorstellungen oft der Fall ist, z. B. bei der Rüstungseskalation, wirkt sich gleich verhängnisvoll aus. Im ersten Fall ist die Sache offensichtlich, im zweiten dagegen wird sie mit sogenannten rationalen Argumenten bemäntelt. Sich-Ausliefern an die Tiefenmächte bringt deren Autonomie an einem Punkt an den Tag, an dem diese nur noch schwer oder gar nicht mehr dem Ganzen eines individuellen Lebens oder einer Gesellschaft eingebunden werden kann. Wo das Potential des kollektiven Menschheitsschattens aktiviert wird, aber von bewußter Lenkung abgekoppelt bleibt, wird seine Macht böse. Auch dies ist ein religiöses Phänomen, vielleicht genauer: ein Anti-Phänomen, greifbar in den Geistern und Dämonen der Religionen, dem Teufel des Christentums. Aber auch kollektiv-psychologische Erscheinungen wie Kriege, Gewaltregime, Terror sind einer solchen tiefenpsychologischen Erklärung zugänglich.

Daß mit der Autonomie unbewußter Kräfte in ganz unreligiösen Zusammenhängen auch in heutiger Gesellschaft noch gerechnet wird, war vor einiger Zeit festzustellen in einem Pressebericht über den Prozeß gegen den früheren Boxer Bubi Scholz, der seine Frau erschossen hatte. Im psychiatrischen Gutachten kam der Satz vor: Die Reaktion des Angeklagten (beim Töten) sei eine «völlig persönlichkeitsfremde Handlung» gewesen, ein «aggressiver Durchbruch infolge einer Bewußtseinstrübung». Der Gutachter zog daraus den Schluß der Schuldunfähigkeit des Angeklagten (Münstersche Zeitung 29. 1. 1985). Ähnliche Feststellungen und Schlußfolgerungen kommen in der forensischen Psychiatrie öfters vor. Mich erstaunt dabei, daß Medizin und Psychologie sich im Grunde mit der Feststellung eines solchen Phänomens oder mit vordergründigen Erklärungen begnügen, obwohl wissenschaftliche Aufklärung ihr Ziel ist. Vielleicht läßt sich ein solcher Tatbestand mit dem etablierten wissenschaftlichen Denken, das komplexe Erscheinungen in Einzelaspekte zerlegt und analysiert, auch gar nicht aufklären. Mir scheint, Affektdurchbrüche, wie einzelne Menschen sie erleiden, wären besser zu verstehen als Symptome der Gesamtsituation heutiger Gesellschaften, in denen ähnliche Affektdurchbrüche fast ständig geschehen, z. B. in einer den Bestand der Menschheit bedrohenden Politik der Weltmächte. Da Affektüberschwemmungen der Vernunft mit «Bewußtseinstrübungen» sich in der Politik über längere Zeiten hin, gewissermaßen dosiert manifestieren, kommt kaum jemand darauf, sie mit den momentanen Affektdurchbrüchen bei einzelnen Menschen zu vergleichen. Ich meine dennoch, daß Politiker oftmals genauso wenig wissen, was sie tun, wie der Boxer, als er seine Frau umbrachte. Für den individuellen wie den kollektiven Sachverhalt kann in tiefenpsychologischer Sicht gelten, daß darin eine seelische Energie zum Zuge kommt, die sowohl dem einzelnen als auch vielen bewußten Ichs zusammen weit überlegen ist. Statt zerstörend könnte sie aufbauend wirken, wenn sie als seelische Macht überhaupt zur Kenntnis genommen und dann bewußt gestaltet würde. Dem einzelnen, der dies nicht kann, mag durchaus «Schuldunfähigkeit» zugebilligt werden; ob ganze Gesellschaften von der Verantwortung für die seelische Unterwelt freigesprochen werden dürfen, wage ich zu bezweifeln.

Die Pseudo-Götter entlassen

Sich der seelischen Unterwelt auszuliefern, ist dem individuellen wie dem kollektiven Ich zwar möglich, ist vielleicht sogar eine Tendenz seines Strebens, hat es sich doch einmal aus diesem kollektiv Seelischen entwickelt. Als Passierschein in die tieferen Regionen auf der Seelenreise ist dieses Vorgehen jedoch völlig ungeeignet; es ist dem Menschen auch nicht gemäß, da einem solchen Verhalten die ethische Komponente, die Eigenverantwortung einschließt, abgeht. Was sind nun die wirklichen Zulassungsbedingungen in die Unterwelt, damit ein Einswerden des isolierten Bewußtseins mit dem seelischen Menschheitspotential, vielleicht sogar eine religiöse Erfahrung möglich wird? Ich will es wieder an einem erlebten Beispiel zeigen.

In einer Gruppe machen wir eine Interaktionsübung zu der von den Teilnehmenden selbst gewählten Geschichte von Abraham, Sara und Hagar (Genesis/1 Mose 16 und 21). Darin wird erzählt, daß die unfruchtbare Sara ihrem Mann Abraham ihre Magd Hagar gibt, damit sie ein Kind von ihm empfange, das nach damaligem Brauch auf dem Schoß der Ehefrau geboren wurde und dann juristisch als ihr Kind galt. Abraham tut, was seine Frau ihm sagt, und Hagar bringt Ismael zur Welt. Später gebiert dann auch Sara noch ein Kind, den von Gott verheißenen Sohn Isaak. Als beide Kinder heranwachsen, fürchtet Sara für die Erbfolge ihres Sohnes Isaak und verlangt deshalb von Abraham, daß er Hagar mit Ismael in die Wüste schickt. Obwohl Abraham Bedenken hat, macht er es, nachdem Gott ihm gesagt hat, er solle tun, was seine Frau ihm sagt. Hagar und ihr Sohn geraten in der Wüste in Lebensgefahr, als ihnen das Wasser ausgeht; Gott aber rettet sie, indem er Hagar zu einem Brunnen führt. In der Gruppe entwickelte sich das biblische Drama zu einem modernen Beziehungskonflikt zwischen den beiden Frauen und dem Mann. Gott, dessen Rolle Herr S. übernommen hatte, wurde von den andern in ihre Familienproblematik hineingezogen. Er selber versuchte jedoch, über dem Ganzen zu stehen. Er hielt diese Position bis zum Schluß durch und verhärtete sich immer mehr in ihr, als die andern ihn mit Anfragen an seine, Gottes Funktion in ihrem auf humane Weise nicht lösbaren Familienkonflikt bedrängten. Da er sich zunehmend autoritär äußerte, steigerte sich bei den anderen die Angst; und diese hinderte sie wiederum immer mehr, eine konstruktive Lösung für ihr Problem zu finden. Gegen Ende der Übung zog sich «Gott» fast nur noch auf den Satz zurück: «Ich habe einen Bund mit euch geschlossen, und ihr müßt mir deshalb gehorchen.» Die Übung ließ den Konflikt ungelöst, die Teilnehmer/innen fühlten sich hilflos; Herr S. war tief betroffen darüber, wie er Gott vertreten hatte.

In der biblischen Geschichte selbst hatte Gott den Konflikt gelöst. Was aber hatte sich in der Gruppe ereignet? Ich konzentriere mich auf die Erfahrung, die Herr S. gemacht hat; an ihr wird eine bedeutsame Station auf der Seelenreise erkennbar. Seine Betroffenheit rührte nach seinen eigenen Worten daher, daß er sich bei der Interaktion mit den andern mehr und mehr in eine Gottesvorstellung verrannte, aus der er eigentlich herauswollte, es aber nicht konnte; je mehr er es bewußt versuchte, um so mehr verfranste er sich mit dem autoritären, ja unmenschlichen Gott. Dabei wuchs seine Einsicht, daß dies ein Bild von Gott war, das er als ein Stück seines seelischen Lebens mit sich herumtrug, ohne es bisher wirklich gewußt zu haben. Verständlich, daß diese Einsicht einen gläubigen Christen erschüttern muß. Die Konfrontation mit einem überlieferten Gottesbild nicht im Denken, sondern in der Erfahrung hatte in der Gruppe nicht den Gott Israels oder Jesu Christi hervortreten lassen, sondern ganz persönliche Seiten an der Gottesvorstellung eines Teilnehmers; und diese hatten verwirrend und spaltend in die Beziehungen der Gruppenmitglieder hineingewirkt, hatten mit verhindert, daß sie eine Lösung für ihr menschliches Problem finden konnten.

Eine religiöse Erfahrung im Vollsinn kann diese in tiefenpsychologischer Betrachtung wohl nicht genannt werden; in der Interaktion hatte sie trennend gewirkt, wobei nicht auszuschließen ist, daß sie bei Herrn S. einen Impuls zum Ganzwerden auslöste. Für ihn öffnete die Erfahrung offensichtlich eine Tür in den numinosen Bereich. Der erschütternd erlebte harte eigene Gott kann sich nun, nachdem er ihn richtig zu Gesicht bekommen hat, wandeln zu dem Gott, der Beziehung, Einheit und Ganzsein schafft, statt diese zu zerstören. Das Erlebnis von Herrn S. ist nicht als Ausnahmefall zu werten. Manche Pseudo-Götter verstellen Menschen den Weg in die seelische Unterwelt, wo der unbekannte Gott sich ihnen offenbaren könnte. Pseudo-Götter sind nicht nur starre religiöse Einstellungen und von religiösen Institutionen verkündete einseitige Gottesvorstellungen, sondern auch moralisch verhärtete Positionen, Festgefahrensein in konventionellem Verhalten, in dem, was *man* denkt und tut, Macht und Besitz als höchster Wert und vieles andere mehr. Wo die Bereitschaft oder die Fähigkeit fehlt, solche Pseudo-Götter zu erkennen und zu entmachten und sich damit selbst in Frage zu stellen, sind die Zulassungsbedingungen zur Unterwelt nicht erfüllt, kann das individuell Psychische nicht in das allgemeingültig Seelische hinein durchschritten werden. Unsere Pseudo-Götter aus ihrer beherrschenden Stellung zu rücken, ist schwer, wird dabei doch erkennbar, daß sie ein Korsett oder Krücken für unser schwaches Ich sind. Und wer setzt sich dieser Erkenntnis schon gern aus? So ist die Weigerung vieler zu begreifen, sich den Einlaßbedingungen in die Unterwelt zu stellen; stattdessen halten sie die unbewußte Nachtseite von der bewußten Tagseite der Seele lieber streng getrennt.

Werden einer neuen Identität

Der Gang in die seelische Unterwelt kommt tatsächlich dem Sterben von Teilen unseres Lebens gleich. In dieser Hinsicht ist der Hades nicht nur die Todeswelt der physisch Gestorbenen, sondern auch von gestorbenen Inhalten unserer eigenen Existenz. So hatte ich einmal einen Traum, in dem ein großer Leichenzug eine Person zu Grabe trug, die etwas von meiner Abhängigkeit von Autoritäten verkörperte. Es war eine sehr feierliche Angelegenheit. Der Traum verdichtete sich zuletzt in den Satz: «Der Trauerzug wandert in den Orkus hinab.» Mit der toten Person, einem Teil von mir, gingen auch die Trauernden, ebenfalls ein Teil von mir, in die Unterwelt. Beides, sowohl der gestorbene seelische Inhalt als auch die Trauer darüber, verschwanden hier also in der seelischen Todeswelt. Daß Sterben von Autoritäts-Abhängigkeit eine so große feierliche Trauer hervorruft, mag verwundern; es müßte doch froh machen, da es ein Stück innerer Freiheit einbringt. Doch muß alles Seelische, das stirbt, weil es zu Ende gelebt ist, betrauert werden, ist es doch ein Teil von uns selbst. Die Freude über das Neue, das aus dem Sterben entsteht, die Freude über die Auferstehung, kann erst nach durchlebter Trauer empfunden werden. Was wir zustimmend in die seelische Unterwelt geleiten, verwandelt sich dort in einen bleibenden inneren Besitz, der uns bereichert. Quälende Lebensaspekte erfahren im Orkus eine Wandlung. Der Weg dorthin erscheint in den Urbildern oft als Grenzüberschreitung, als ein Gang oder eine Fahrt über das Wasser, wie im antiken Mythos die Toten über den Fluß Acheron in den Hades fahren müssen, oder als eine andere Form von Übergang. Oft wird auch verlangt, Abschied zu nehmen von dem, was zurückbleibt und verlassen wird. Der Gang in diese tiefen seelischen Gegenden kann wie das Betreten eines anderen Landes erscheinen und wie ein Weg ohne Rückkehr erlebt werden. Den Übergangscharakter des Weges will ich ebenfalls an einer eigenen Erfahrung verdeutlichen. Nach einer Serie von intensiv erlebten Träumen, die die Änderung einer seelischen Einstellung anzeigten, stellte sich folgender Traum ein:

«Ich gehe auf einer Landstraße nach Hause. Es ist tiefe Nacht. Ich komme an eine Brücke, die über einen breiten Kanal führt und die ich überqueren muß. Ich gehe über die Brücke. Sie ist hochgewölbt; ich muß also zuerst hinauf- und dann wieder hinuntergehen. Es herrscht absolute Finsternis; ich kann überhaupt nichts sehen und taste mich mit den Händen langsam am Brückengeländer entlang. Auf einmal merke ich, daß ich bis zu den Waden im Wasser gehe. Es ist mir alles unheimlich und auch wieder nicht. Und dann steigt das Wasser langsam. Ich brauche das Geländer, um nicht auszugleiten und ins Wasser zu fallen. Schließlich ist das Wasser bis in Brusthöhe gestiegen. Ich schätze in Gedanken ab, daß ich, bis es meinen Kopf erreicht, die Brücke hinter mir haben werde. Ich bin völlig in Wasser und Dunkelheit eingeschlossen. Nur hinter mir höre ich die Stimmen von einigen jungen Leuten, die auch mühsam über die Brücke gehen; ich kann sie aber nicht sehen. Es tut mir gut, diese menschlichen Stimmen zu hören. Schließlich bin ich am Ende der Brücke und somit am anderen Ufer angelangt.»

Ich habe den Traum so wiedergegeben, wie ich ihn unmittelbar nach dem Träumen aufgeschrieben habe. Die Worte, die einem als erste zu einem Traum einfallen, sind meistens ein Schlüssel zu seinem Verständnis. Beim Wiederlesen dieser Worte fällt mir auf, wie sehr der Traum Erzählungen von Unterweltsreisen in Mythen und Märchen gleicht. Einige Momente möchte ich hervorheben.

Ich gehe in etwas mir völlig Fremdes und Unbekanntes – das sagen nicht nur die Worte, das war auch mein Gefühl im Traum. Ich kann auch im Hinübergehen noch nicht das Geringste davon erkennen. Ich gehe hinüber, weil ich es muß. Nicht *einmal* kam mir der Gedanke, nicht hinüberzugehen oder umzukehren, als es immer gefährlicher wurde – was eine reale Möglichkeit auch im Traum gewesen wäre. Es war offensichtlich für mich der richtige Zeitpunkt, diesen Weg in das dunkle Land zu gehen. Immer wieder mache ich bei mir und andern die Erfahrung, daß, wenn es notwendig ist, einen Weg in die seelische Tiefe zu gehen, sich dazu auch die Fähigkeit einstellt. Mein Traum gibt mir auch das Motiv für den

Weg, das zugleich dessen Ziel ist: ich gehe nach Hause. Das Bild vom Zuhause oder Heim stellt sich oft ein, wenn eine neue Identität im Werden ist. Nach Hause gehen bedeutet: zu mir selbst gehen, zu meinem größeren Selbst kommen. Daß der Weg dennoch kein bequemer Spaziergang ist, lassen zwei ebenfalls mythische Elemente deutlich werden: das Wasser und das absolute Dunkel. Letzteres hatte ich in einer Imagination früher schon einmal erlebt, und ich wußte damals gleich, daß es die Hölle, also die Unterwelt ist. In der Imagination wie im Traum war das Dunkel von einem so tiefen Schwarz, wie ich es realiter noch nie gesehen habe; als Vergleich fällt mir die Schwärze des Weltalls ein. Ihrer Bedeutung nach hat die seelische Unterwelt auch eine Beziehung zum Kosmos: in ihr können die für das Ganze gültigen Erfahrungen gemacht und Einsichten gewonnen werden. Über meinen Traum hatte ich sofort die Gewißheit, daß er mich in das objektiv Seelische geführt hatte. Das Objektive oder Ganzheitliche des Seienden hat der Traum aber nur in der persönlichen Färbung meines Lebens. Anders gibt es nach meinem Dafürhalten auch keinen Zugang zu den objektiven religiösen Wahrheiten. Werden diese aus dem konkreten Leben und der seelischen Verankerung im Menschen gelöst, so wird ihre Wahrheit bedeutungslos. Der Gefahr solcher Entleerung sind alle dogmatisierten Wahrheiten ausgesetzt. Dogmatisiert verhindern objektive Wahrheiten religiöse Erfahrungen, spirituelles Leben, statt daß sie diese fördern, worin doch ihr Sinn besteht. Wirksam werden allgemeine Wahrheiten erst, wenn sie in der seelischen Tiefe gefunden werden.

Daß der Weg dorthin nicht ungefährlich ist – weshalb er vermutlich oft gemieden wird –, zeigt auch mein Traum im Bild vom ansteigenden Wasser. Wasser ist eines der ältesten Symbole der Menschheit für die Tiefen der Seele. In der alttestamentlich-christlichen Überlieferung ist einer der zentralen Glaubensinhalte, der Exodus, verbunden mit dem Durchschreiten von Wasser, dem Durchzug durchs Schilfmeer, der den Israeliten gelingt, die Ägypter aber im Wasser untergehen läßt (Exodus/2 Mose 14). Dieselbe Zwiespältigkeit empfinde ich in meinem Traum dem Wasser gegenüber. Doch reagiert mein Traum-Ich in der Gefahr weder panisch noch fatalistisch; beides wäre vor drohendem Verschlungenwerden denkbar. Mein Traum-Ich verhält sich vielmehr ganz vernünftig: es schätzt die Situation angemessen ein und kann daher abschätzen, daß es heil durch das Wasser hindurchgelangen wird. Dieser Zug wie auch die mich begleitenden neuen Kräfte – die jungen Leute – zeigen, daß ein menschliches Ich auch in der unbekannten und mächtigen seelischen Unterwelt nicht hilflos ist. Sich in dieser dunklen Seelengegend angemessen zu bewegen und sich in ihr zurechtzufinden, kann gelernt werden, erfordert allerdings andauernde Übung.

Das Licht am Ende des Tunnels

Im Land jenseits der Grenze, am anderen Ufer des Kanals oder des Flusses, lassen sich dann Erfahrungen machen, die das kleine bewußte Ich an viel größere Lebensdimensionen anschließen. Weitere Beispiele sollen zeigen, wie diese sich eröffnen, sich offenbaren. Bei einer Imagination zum Thema «Höhle» (nach 1 Könige 19: Gott offenbart sich dem Propheten Elija am Gottesberg) erlebt Herr R. eine lange Geschichte. Er geht in eine Höhle, immer weiter nach unten, und es wird sehr eng. Dabei kommt ihm der Gedanke an Geburt. Die Höhle wird immer tiefer, bekommt die Form von einem Schacht mit eisernen Treppen. Als er sich in der Mitte befindet, wird ihm angst, und er überlegt, in welche Richtung er gehen soll: geht er zurück, dann müßte er wieder durch die Enge, aber den Weg kennt er. Weiter hinunter weiß er nicht, wie es weitergeht, auch nicht, ob es dort einen Ausgang gibt. Er sagt sich Gründe dafür und dagegen, nach unten weiter oder zurück zu gehen, und sagt dann: «Ja, und dann war ich doch froh, daß ich den Mut gefunden hatte, runter zu gehen, mich abwärts zu bewegen.» Schon vor seinem Entschluß hatte er in der Tiefe ein Licht leuchten sehen und daraus geschlossen, daß dort auch eine Höhlenöffnung war. Im Weitergehen hat er das Gefühl: «Dieser Weg rückwärts – es geht nicht vorwärts.» Die Entfernung zum Lichtstrahl bleibt immer gleich, er kommt nicht näher. Herr R. findet das sehr ärgerlich, bewegt sich aber immer weiter nach unten. Er kommt an ein Wasser, dessen Kälte er körperlich spürt, das er aber dann doch mit angenehmen Gefühlen durchschwimmt. Jenseits des Wassers gelangt er durch eine Öffnung ins Freie, in eine schöne Landschaft, wo er sich sehr wohlfühlt. Hier denkt er, es sei zu Ende und will aus den Bildern aussteigen; und dann geht es doch weiter, und zwar so:

«Da war plötzlich so über dieser Landschaft ein Atompilz. So mit dem Atompilz, der zuerst mal so in Entfernung war, kam dann plötzlich auch Sturm und Feuer, also eine richtige Kleinerscheinung von so einem Atompilz. Und ich habe da also sehr viel Angst gehabt und bin losgerannt, wollte zurück zu dieser Höhle da, wo ich hergekommen bin. Habe den Eingang nicht mehr gefunden, da hatte ich noch mehr Angst, das war schon schlimm für mich. Ich habe dann noch in dem gebirgigen Gelände da so eine Mulde gefunden, und ich habe mich dann da reingelegt. Dann war wieder Ruhe, Stille. Da habe ich mich dann auch sehr wohlgefühlt und glücklich und zufrieden.»

Herr R. wirkt beim Erzählen ganz in sich gekehrt, als mache er den Weg hinunter noch einmal, und zugleich sehr bewegt. Das Erlebnis hatte ihn offensichtlich innerlich gepackt. Wer sich ein wenig in biblischer Tradition, auch in Märchen, auskennt, wird schnell allgemein menschheitliche Motive in dieser Imagination entdecken, ja sie setzt sich fast nur aus solchen zusammen: das Wasser als Übergangselement führt in ein schönes Land, fast wie in «Frau Holle», wo der Sprung in den Brunnen die Marie in ein sonniges, fruchtbares Land gelangen läßt, oder wie in Märchen, wo der Held oder die Heldin in ein Wasser hinunter muß und dort unten in ein Schloß kommt.

Der ungewisse Ausgang der Höhle und das Licht, das sich nicht erreichen läßt, erinnert stark an Franz Kafkas kurzen Text «Eisenbahnreisende». Im Sinne einer Amplifikation, einer Anreicherung individuell erlebter Urbilder mit archetypischem Material aus Mythos und Dichtung, will ich den Text hier gekürzt anfügen; er kann helfen, das Objektive oder allgemein Gültige an Herrn R.s Imagination zu verstehen.

«Wir sind ... in der Situation von Eisenbahnreisenden, die in einem langen Tunnel verunglückt sind, und zwar an einer Stelle, wo man das Licht des Anfangs nicht mehr sieht, das Licht des Endes aber nur so winzig, daß der Blick es immerfort suchen muß und immerfort verliert, wobei Anfang und Ende nicht einmal sicher sind.»

Das Licht, das sich in der dunkelsten Tiefe zeigt und zugleich entzogen bleibt, scheint mir eins der stärksten Symbole für den autonomen seelischen Bereich zu sein. Es ist bei meiner Arbeit schon öfter in verschiedenen, voneinander ganz unabhängigen Gruppen erlebt worden, immer mit einem tiefen Gefühl verbunden. Wo das Licht am Ende des Dunkels erscheint, kann aber stets auch der Ausgang aus dem Dunkel erreicht werden. Hier scheint mir Kafkas Text in einem Vorstadium stehenzubleiben. Herr R. hat dagegen den Ausgang aus der dunklen Enge gefunden, und dahinter hat er, wie ich meine, eine große Vision gehabt.

Urbilder und religiöse Erfahrung

Die Imagination vom Atompilz kommt mir vor wie eine moderne Version der biblischen Erzählung von der Offenbarung Gottes am Sinai (Exodus/2 Mose 19,14–19). Die Zeichen, unter denen Gott da erfahren wird, sind Blitz und Donner, Feuer, Rauch und Erdbeben; das Volk zittert. Und obwohl es ausdrücklich heißt: «Mose führte das Volk zur Begegnung mit Gott an den Berg», wird von Gott selbst weiter nichts gesagt. Das Erscheinen Gottes wird offensichtlich nicht in einer greifbaren Gestalt, sondern in den genannten Zeichen wahrgenommen. Der Atompilz, der Sturm und Feuer auslöst und Herrn R. in Schrecken versetzt, ist strukturell dasselbe Urbild wie das von der Gottesoffenbarung am Sinai; nur das Bildmaterial ist dem Zeitkolorit angepaßt: am Sinai Gewitter und Erdbeben, bei Herrn R. eine Atomexplosion. Strukturell gleich ist auch die Wirkung des Urbildes: das menschliche Ich fühlt sich ihm nicht gewachsen, weder das kollektive, das ist das Volk am Sinai, noch das individuelle von Herrn R.; bei ihm ist es daher wohl auch eine «Kleinerscheinung von einem Atompilz», eine große Atomexplosion könnte er gar nicht verkraften, sie würde sein Ich auseinandersprengen. Beide Male mündet das Urbild aber auch in eine große Beruhigung: am Sinai in den Bund Gottes mit Israel, was als eine Selbstfestlegung Gottes auf ein menschliches Maß verstanden werden kann, und Herr R. fühlt sich in der schützenden Mulde glücklich.

Daß die Energie, die im Atompilz symbolisiert ist, nachdem sie freigesetzt wurde, dem Menschen gegenüber autonom ist und ihn tödlich bedroht, weiß jeder heutige Mensch. Autonomie und tödliches Bedrohtsein des Menschen werden in Religionen mit der Gotteserscheinung verbunden; sie sind die Zeichen des Numinosen. Herr R. hat sein Tiefenerlebnis nicht als eine Gotteserfahrung bezeichnet; ich weiß auch nicht, ob er es so verstanden hat. Der objektiven Bildstruktur nach aber weist es die Charakteristika einer religiösen Erfahrung auf. Da wir im Christentum nicht gewohnt sind, die Gotteserfahrung mit einer seelischen Tiefenerfahrung in Zusammenhang zu sehen, bedarf es einer Deutungshilfe aus objektiv gewordenen Überlieferungen – deshalb mein Verweis auf die Sinai-Erzählung. Daß die Erfahrung von Herrn R. religiösen Charakter hat, ist an einem weiteren Merkmal zu erkennen. Den Weg durch den engen Schacht in die Tiefe hat er als eine Geburt verstanden, und jenseits der dunklen Enge öffnet sich ein neues Land, und er erlebt einen Energieausbruch in überpersönlichen Dimensionen. Die Geburt als neue oder Wiedergeburt ist ebenfalls ein uraltes Menschheitssymbol für die Leben erneuernde Macht der religiösen Erfahrung. Im Christentum wird der Eintritt ins Christsein, die Taufe, Wiedergeburt genannt. Auch dies dürfte ein seelisches Grundgesetz sein, daß das schwache menschliche Ich nur dann Anschluß an größere seelische Kräfte findet, wenn es durch den engen Geburtskanal hindurchgeht. Wie aber ist es mit der tödlichen Bedrohung durch die numinose Macht? Herr R. ist durch die Atomexplosion in seiner Seele nicht umgekommen, im Gegenteil: er hat einen neuen Glückszustand erreicht. Interessant ist, daß er zunächst zurück wollte in die Höhle, also in das alte Leben vor der neuen Geburt. Den Ort gab es aber nicht mehr. Ein Zug der Unterweltsmythen scheint hier anzuklingen: Was einmal in die Unterwelt gelangt ist, kommt nicht mehr zurück.

Ganzheitserfahrung

Herr R. übersteht die tödliche Bedrohung in dem neuen Land, in dem er sich befindet. Er hat das seelische Gesetz des (Wieder-)Geborenwerdens, nüchterner: der Seelenarbeit, erfüllt, deshalb gereicht ihm die gewaltige Tiefenenergie zum Glück. Auch dieser Aspekt an Herrn R.s Imagination ist exemplarisch. Es besteht nämlich ein Zusammenhang zwischen der Umkehr in die innere Welt sowie der ernsthaften Bemühung um das Weiterkommen auf dem Weg der Umkehr einerseits und einer Tiefenerfahrung, wie Herr R. sie gemacht hat. Über das seelische Menschheitserbe uns zuströmende religiöse Erfahrungen verlangen danach, ins bewußte Leben aufgenommen, assimiliert zu werden; nur dann erweisen sie sich als heilmachend. Eine tiefe emotionale Erschütterung, auch Ekstase, gehört zwar zu religiöser Erfahrung; fruchtbar wird die so freigesetzte Tiefenenergie aber erst, wenn das Ich sich so mit ihr verbindet, daß sie der Gestaltung eines vollständigeren, eines ganzheitlichen Lebens dienen kann. Gefühle, sogar sehr tiefreichende und daher aufwühlende, sind dafür notwendig; aber sich von ihnen wegschwemmen zu lassen und nur in ihnen zu baden, führt kaum zu vollerem Menschwerden. Wo z.B. junge Menschen sich so in die Gefühlstiefen stürzen, indem sie sich therapeutischen, spirituellen oder religiösen Bewegungen anschließen, die das fördern, kann das eher negative Folgen haben. Tiefenpsychologisch gesehen kann das beurteilt werden als Versinken im archaisch Seelischen der Menschheit, als Flucht vor der individuellen Menschwerdung ins kollektiv Seelische; anders gesprochen: die im kollektiv Seelischen sich offenbarende numinose Macht kann das individuelle Ich vernichten; in so einem Fall könnte die Gotteserfahrung psychisch tatsächlich tödlich sein. Dauerhaftes Bemühen, numinose Tiefenkräfte bewußt in die Selbst-Verwirklichung einzubeziehen, können dagegen einen Zuwachs an Kraft und Kreativität einbringen.

Ich will ein zweites Beispiel von einer religiösen Erfahrung auf der Seelenreise mit ganz anderem Bildmaterial anführen, damit deutlich wird, wie vielfältig die kollektive seelische Region sich einzelnen Menschen darbietet. Während Herr R. ein jüngerer Mann um 30 war, ist Frau E. ca. Ende 50. Ihrer beider Erfahrungen repräsentieren somit beide Geschlechter und ziemlich unterschiedliche Lebensalter. Nach einer Imagination zum leeren Grab erzählt Frau E.:

«Ich gehe in das Grab, und da wird das eine Kirche mit hohen Gewölben. Es führen Stufen in die Tiefe, die gehe ich hinunter. In der Höhle unten steht ein schwarzer Würfel aus Stein. Der Bote ist kein Engel, sondern ein alter Mann mit einem Bart und einem weißen Gewand. Er sagt: ...»

An dieser Stelle kann sie nicht weitersprechen, sie weint erschüttert. Erst in einem späteren Gespräch sagt sie, der alte Mann habe gesagt: «Lebenspendend». Ich bin überrascht, denn ihr Weinen hatte mich vermuten lassen, sie habe etwas sehr Trauriges erlebt. Doch sie sagt, sie sei nicht traurig; anscheinend kann sie gar nicht verstehen, daß ich das annehme. Mehrmals wiederholt sie: «Das ist ganz fremd, das kenne ich gar nicht.» Zu dem Stein fällt ihr die Kaaba ein, der würfelförmige Steinbau im islamischen Zentralheiligtum in Mekka. Die tiefe Erschütterung von Frau E. in Verbindung mit der Art der imaginierten Bilder zeigen eine echte religiöse Erfahrung an. Die Erschütterung rührt offenbar von dem Fremdartigen des Erlebten her, das sie aber gerade als ihr Eigenes gefunden hat. Ich meine, sie hat eine wirkliche Offenbarung des Göttlichen erlebt, ihr fremd, weil das Offenbarte weit größer und mächtiger ist, als ihr Ich fassen kann, wobei dieses Ich doch zugleich Teil des größeren Ganzen ist und dieses dem Ich Leben spendet. Diese Fremdheit ist bei einer echten religiösen Erfahrung sozusagen naturgegeben, sie ist unausweichlich; denn ein Teil des Ganzen, das menschliche Ich, kann das Ganze nie von sich aus in den Blick bekommen. Seelisch sind wir Menschen aber offenbar so strukturiert, daß das Ganze sich unserem Ich zur Erfahrung bringen kann.

Tiefenpsychologisch beurteilt ist die Offenbarung des Göttlichen oder Gottes kein einseitiges, sondern ein Beziehungsgeschehen von paradoxem Charakter. Sie ist nicht so zu denken, als würde dem Menschen von außen ein Wissen über Göttliches in die Seele gelegt, vielmehr so, daß das Ich sich als einem überwältigend Größeren zugeordnet erfährt. Offenbarung kann deshalb auch nicht distanziert zur Kenntnis genommen werden etwa im Sinne eines dogmatischen Satzes, den ich aufnehme, wobei alles bleibt, wie es war. Echte Offenbarungs-Erfahrung schafft vielmehr eine neue Perspektive: das Ich wird aus der Mittelpunkt-Stellung gerückt, die es im menschlichen Bewußtsein normalerweise hat, und zugleich erfährt es sich als erfüllt vom Ganzen, als dessen Teil es sich doch sieht. Das Ich erfährt sich als gering – da es sich gegenüber dem Ganzen als fragmentarisch sehen muß –, und zugleich als ungemein erhöht – da es sich in das Ganze hinein erweitert sieht. Eine solche Erfahrung – über sich hinausgehoben zu werden im gleichzeitigen Gefühl der eigenen Geringfügigkeit – kann das bewußte Ich nicht von sich aus herbeiführen; es kann sie nur empfangen. So wird echte religiöse Erfahrung, die grundsätzlich offenbarend ist, vom Ich stets als fremdartig erfahren.

Das Symbol der Höhle

Bei Frau E. scheint mir jedoch auch ein nicht notwendiges Moment von Fremdheit gegeben zu sein. Ihre religiöse Erfahrung ist nicht in vertraute Gottesbilder abendländisch-christlicher Tradition gekleidet. Obwohl sie Christin ist, erscheint ihr nicht Christus in ihrer Höhlenkirche. Vielmehr stellen sich Kulturen und Religionen übergreifende Menschheitssymbole für das Religiöse ein: die Höhle unter der Kirche, der schwarze würfelförmige Stein, der alte Mann, das

Wort «lebenspendend». Um diese religiöse Symbolik verstehen zu können, müßte in unserer Kultur ein ganz neues Symbollernen einsetzen, da wir durch die Intellektualisierung des Lebens längst abgeschnitten sind von den Menschheits-Urbildern der Ganzheit bzw. religiöser Offenbarung. Diese Symbolik läßt sich nicht durch verstandesmäßiges Lernen wiedergewinnen. Wie die Imagination von Frau E. zeigt, ist sie uns in der tiefsten seelischen Schicht zugänglich, wenn wir offen und bereit für solche Erfahrungen sind; und nur indem wir die religiösen Menschheitssymbole *erleben*, gestalten sie unser Leben neu. Aber Wissen um das Vorkommen und die Bedeutung dieser Urbilder kann dazu helfen, erlebte Symbole zu verstehen und sie mit unserem bewußten Leben zu verbinden.

So gibt es zu allen Einzelaspekten von Frau E.s Imagination mythisch-religiöse Parallelen. Schon der Raum, in dem sie ihre Erfahrung macht, ist charakteristisch; eigentlich könnten wir die religiöse Erfahrung doch in der Kirche erwarten, aber da findet sie nicht statt. Eine so tiefgreifende Erfahrung kann offenbar oberirdisch, wo die Kirche steht, nicht gemacht werden. Das religiöse Zentrum ist vielmehr unterirdisch. Das Bild von der Kirche mit der unterirdischen Höhle kann als ein Abbild der menschlichen Seele verstanden werden: oben hineinragend in bewußte und bekannte Fähigkeiten, nach unten sich öffnend in eine unbekannte Tiefe und Weite, aus der lebenspendende Kräfte zuströmen. Die Kirche, die für Frau E. wahrscheinlich christliche Bedeutung hat, ist hier nur der Vorraum für die Begegnung mit Göttlichem. In der Geschichte der Menschheit läßt sich an archäologischen Funden feststellen, daß die oberirdische Kirche oder der Tempel sich sogar aus der unterirdischen Höhle heraus entwickelt hat. Die Prähistorikerin und Höhlenforscherin Marie E. P. König sagt zu Ausgrabungen auf der Insel Malta aus der Zeit um 3000 bis 2000 v. Chr. oder noch älter:

«Während der Mensch die Unterwelt zunächst in der natürlichen Höhle suchte, wurde hier in Malta eine unterirdische Welt aus dem Felsen herausgehauen. Ein Tempel, wie es ihn oben über der Erde gab, den man hier aber über Treppen in der Tiefe erreichte.»
(Die Frau im Kult der Eiszeit, in: Weib und Macht, S. 141)

Heute noch steht die Geburtskirche in Bethlehem über einer Grotte, die als Geburtsort Jesu immer noch verehrt wird, obwohl nach historischem Urteil Jesus wohl kaum dort geboren sein kann. Auf der Weihnachts-Ikone der orthodoxen Kirche mit ihrer streng festgelegten Ikonographie öffnet sich unter dem neugeborenen Christuskind eine dunkle Höhle, und es selbst liegt auf einem sarkophagähnlichen Gebilde als Krippe. Auf der Oberfläche gruppieren sich um dieses Mittelpunkt-Symbol verschiedene Bilder der überlieferten Heilsgeschichte. Auch bei dieser Auffassung kommt das «Lebenspendende» in der Gestalt des Erlöserkindes aus der dunklen Tiefe – obwohl im Evangelium nur von einer Herberge als Geburtsort die Rede ist; die Neugeburt entspringt der Unterwelt des Todes.

Die Verbindung der Kirche mit einer Höhle spricht symbolisch die zentrale Wahrheit aus, daß die Geburt des neuen, des ganzheitlichen oder göttlichen Menschen im tiefsten seelischen Dunkel geschieht, am Ort göttlicher Offenbarung. Die oberirdische Kirche kann dabei sichtbare Religion oder Religiosität verkörpern, deren Funktion es ist, Menschen den Weg in die Tiefe finden zu lassen.

Abstrakte Zeichen und Personen als religiöse Symbole

In der Höhle befindet sich in der Imagination von Frau E. der schwarze Steinwürfel, dessen Schwärze wie die Höhle auf den Unterweltscharakter des kollektiv seelischen Bereichs hinweist. Es läge nahe, an einen Altar zu denken, aber diese Funktion hat der Stein bei Frau E. offensichtlich nicht; sie verbindet ihn vielmehr mit einem ähnlichen Stein, der das zentrale Symbol einer großen Religionsgemeinschaft ist, was eine kollektive Gültigkeit anzeigt. Der Stein dient nicht für irgendetwas, sondern hat seine Bedeutung in sich selbst.

Steine spielen in der Religionsgeschichte eine große Rolle, wir brauchen nur an urtümliche Steinheiligtümer zu denken, wie z. B. das sehr bekannte von Stonehenge in England. Für archaische Menschen ist der Stein kein totes Ding gewesen, konnte vielmehr zum Symbol für den zentralen seelischen Wert werden. Eine ebenso zentrale Bedeutung hatte er z. B. auch bei den Alchemisten, die den «Stein der Weisen» suchten. Der Stein von Frau E. hat die Form eines Würfels, ist demnach charakterisiert durch die Zahl vier, die sowohl in den jeweils vier gleichen Seitenlängen der Oberflächenquadrate erscheint als auch die dritte, die Tiefendimension des Steins bestimmt. In der Vierzahl ist aber die Ganzheit in mathematisch-abstrakter Form repräsentiert. Als Menschen orientieren wir uns sowohl auf der Erde als auch im All nach den vier Himmelsrichtungen, wobei wir selbst jeweils im Schnitt- oder Mittelpunkt dieser visuellen Strukturierung der Welt stehen. Da wir in unserer Sicht der Außenwelt stets Seelisches manifestieren, enthält unsere Weltall-Orientierung auch unsere seelische Strukturierung. Ähnliches drückt sich aus in der uralten Vorstellung von den vier Elementen Erde, Feuer, Wasser und Luft, aus denen die Welt zusammengesetzt gedacht ist. Aus der Neandertalerzeit wurde in Ungarn eine runde Versteinerung gefunden, in die ein gleichschenkliges Kreuz eingeritzt ist (s. Skizze Nr. 1, S. 131), hier also ist die Vier mit dem Runden, dem anderen abstrakten Ganzheitssymbol, verbunden. Marie König erläutert diesen Fund als einen der ältesten Versuche der Menschheit, sich in der Welt zu orientieren, die Weltordnung zu erfassen (a.a.O., S. 115). Der Steinwürfel stellt die Vier in Potenz dar, ist daher zu deuten als das Symbol der vollständigen Vollkommenheit schlechthin; das aber ist in allen Religionen das Göttliche. Die abstrakten Symbole für das Göttliche sind wahrscheinlich älter als die Gottes*bilder*. Diese beziehen sich mehr auf den personalen Aspekt des Göttlichen, der in den Religionen sehr unterschiedlich aufgefaßt wird; die Gottesbilder symbolisieren damit auch die personale Qualität des kollektiven seelischen Bereichs, in dem sie zu Hause sind. Diese tiefste seelische Schicht ist deshalb der menschlichen Person auch assimilierbar. Die abstrakten religiösen Symbole, wie der Steinwürfel, verweisen dagegen mehr auf den überpersönlichen Charakter des Göttlichen und des kollektiv Seelischen; sie drücken, stärker noch als die uns am fremdartigsten anmutenden Gottesbilder ferner Religionen, das für unser bewußtes Ich Fremde des seelisch Ganzen aus.

Frau E. begegnet in ihrer Höhle neben dem abstrakten aber auch einem personalen Bild seelischer Ganzheit, dem alten Mann. Diese Gestalt ist als der «alte Weise» ebenfalls in Überlieferungen weit verbreitet, ist uns auch vertrauter etwa in der realen Figur eines Guru, eines Führers auf der Seelenreise. Was in der alchemistischen Formel vom «Stein der Weisen» zusammengefügt ist, steht in Frau E.s Bild nebeneinander: der Stein und der Weise. Der Stein ist dabei ein stummes, daher schwer verständliches Symbol; der «alte Weise» stellt dagegen die Beziehung zum Ich her, indem er diesem seine Weisheit in dem Wort «lebenspendend» mitteilt. Hätte Frau E. etwas von der kollektiven Urbildstruktur, dem Archetypischen ihrer Erfahrung gewußt, so wäre es ihr vielleicht möglich gewesen, die Erschütterung über das Fremdartige des Erlebten überzuführen in ein Gespräch mit dem alten Mann. Sie hätte ihm antworten, ihm auch die Fragen ihres individuellen begrenzten Ich an das Geheimnis des Ganzen und über die Beziehung des Ich zu diesem stellen können. Sie könnte das Gespräch auch später wieder aufnehmen und fortführen, so an der Weisheit des alten Mannes Anteil gewinnen und sich dem Ziel ihrer Seelenreise, dem Ganzwerden, nähern.

Die beiden Imaginationen von Frau E. und von Herrn R. sind strukturell von ähnlicher Art, obwohl sie ganz unterschiedliches Bildmaterial beinhalten. In beiden kommt nämlich eine seelische Dimension zum Vorschein, die das Psychische der individuellen Person geradezu sprengt und in allgemein Seelisches hinein öffnet. Bei Frau E. präsentiert sich diese Struktur in ganz archaischen religiösen Bildern und in der erschütternden Erfahrung des Fremden in ihr selbst. Die Imagination von Herrn R. präsentiert dieselbe Struktur in einem ganz modernen Bild, einem Atompilz, an dem ohne Erklärung die ungeheure Energie dieser kollektiv seelischen Kraft abgelesen werden kann. Daß beides Urbilder religiöser Erfahrung sind, ist für Unkundige, wie es die meisten Menschen in unserer Zivilisation sind, nicht ohne weiteres zu sehen; das muß (wieder) gelernt werden wie vieles andere auch, das uns aus alten Traditionen nicht mehr präsent ist.

In einer das Kapitel beschließenden Überlegung sollen die Urbilder von der Erfahrung der seelischen Transzendenz nun auf ihren tiefenpsychologischen Stellenwert hin zusammengefaßt werden.

3.3 Transzendenz oben oder unten – Himmel oder Unterwelt?

Für tiefenpsychologische Spiritualität liegt die Erfüllung im Bereich des kollektiv Seelischen, jenseits der Grenze, von der das Ich eingeschlossen ist. Ich habe in den bisherigen Darlegungen diesen «Ort» bzw. das Ziel der Seelenreise «unten», in der dunklen Tiefe lokalisiert, im Gegensatz zur christlichen Tradition, wo die Transzendenz des Menschen «oben», in der lichten Höhe angesiedelt ist. Die Frage drängt sich auf: will die tiefenpsychologische Betrachtung die gewohnten religiösen Kategorien auf den Kopf stellen? Soll Gott nicht mehr im Himmel, sondern in der Unterwelt gefunden werden?

Bei allen Beschreibungen der ganzheitlichen Wirklichkeit geht es natürlich nicht um eine reale Ortsbestimmung für das Religiöse. Insofern kann ich genausogut sagen: Gott ist weder im Himmel noch in der Unterwelt. Alle derartigen Lokalisierungen sind bildhafter Ausdruck für eine unanschauliche Wirklichkeit. Aus der Sicht des menschlichen Bewußtseins scheint es aber nicht gleichgültig zu sein, in welche Richtung der höchste Wert, das Göttliche gesucht wird. Da die religiösen Blickrichtungen immer in einen weltbildhaften Kontext eingebettet sind, wirkt sich der religiöse Blick nach oben heute fatal aus; denn unser neuzeitliches Weltbild läßt keinen Raum mehr für einen Gotteshimmel. Und das kann dazu führen, und hat es auf breiter Ebene längst getan, daß Menschen Transzendenz überhaupt nicht mehr erfahren und also in ihrem engen Ich sowohl als einzelne wie auch als ganze Gesellschaften eingeschlossen bleiben. «Oben» bleibt dann der menschliche Intellekt übrig und füllt mehr und mehr den Raum aus, den zuvor das Göttliche eingenommen hat. Psychologisch bedeutet das, daß das Ich, das psychisch nur ein kleiner Teil des Gesamtseelischen ist, für das Ganze genommen wird; und damit schränkt sich der seelische Erfahrungsbereich auf das vom Ich regierte Bewußtsein ein. Ganzheitserfahrungen, die tiefenpsychologisch als religiöse Erfahrungen zu beurteilen sind, werden nicht mehr gemacht bzw. nicht mehr als solche identifiziert, weil der Bezugsrahmen zu deren Verständnis verlorengegangen ist.

Die seelische Unterwelt wiedergewinnen

Wollen wir das größere Seelische, das Voraussetzung für religiöse Erfahrungen ist, wiedergewinnen, so können wir uns Rat holen bei *der* Menschheit, die der Verkopfung noch nicht verfallen war, die vorwiegend mit dem Auge im Bauch gesehen hat. An deren kulturell-religiösen Hinterlassenschaften ist zu sehen, daß sie das Göttliche in der dunklen Tiefe gefunden hat – ursprünglich, in der Zeit der Höhlenbegehungen, *nur* dort, in ausgedehnten späteren Zeiten immer *auch* dort, wie die Unterwelt-Mythen belegen. Ich will nun keineswegs dafür plädieren, seelisch in die Urzeit zurückzukehren. Wir können aber an archaischen Menschen wie am Modell lernen, daß die Verbindung zu den unbewußten seelischen Bereichen für Menschsein und Menschwerden notwendig ist. Und da wir als moderne Menschen an das archaisch Psychische immer noch angeschlossen sind, ja es in uns tragen, wie ich zu zeigen versucht habe, werden wir nicht ganzheitlich leben können, ohne uns dem seelisch Unbewußten, das vom Anfang der Menschheit an immer «unten» lokalisiert worden ist, zuzuwenden. Da wir im 20. Jahrhundert viel über das Unbewußte lernen konnten, sollten wir auch besser erkennen können, wie wichtig die Berücksichtigung des seelischen Unten für uns ist. Da wir das Oben, den Himmel, von seinen ganzheitlichen Aspekten entleert haben, können wir diese wohl nur im Unten wiederfinden. Den Himmel können wir gewinnen, wenn wir durch die Unterwelt hindurchgehen. Die Alternative «Himmel *oder* Unterwelt» ist im Grunde nur eine unseres logisch-rationalen Denkens, keine des seelischen Fühlens; im Unbewußten fallen die Paradoxe des Bewußtseins in einem sinnvollen Ganzen zusammen. Nachdem die unbewußte Welt des Menschen dem Bewußtsein erschlossen und mit Hilfe tiefenpsychologischer Wegbahnungen gezielt begehbar gemacht worden ist, wird die Transzendenz, die im früheren Weltbild am oder im Himmel gefunden wurde, mehr und mehr in der seelischen Tiefe zu suchen sein. Der «oben» leer gewordene Himmel wandert gewissermaßen nach «unten». Die Überschrift dieses Abschnitts enthält daher nur rhetorische Fragen. Der bildhaft beschriebene Vorgang läßt sich in tiefenpsychologischer Fachsprache als Auflösen von Projektionen verstehen; denn in den religiösen Himmel wurden stets Kräfte veräußert, die zutiefst der menschlichen Seele eigen sind. Wenn sie nun vom Himmel zurückkehren in die Seele, können sie dort zum Ort der Offenbarung des Göttlichen werden.

Unterwelt-Himmel und Transzendenzerfahrung

Wie läßt sich nun die Wirkung von Transzendenz-Erfahrungen im Unterwelt-Himmel zusammenfassend charakterisieren? Den ersten Aspekt will ich mit einem Wort des evangelischen Theologen Paul Tillich bezeichnen, das im religiösen Selbstverständnis heutiger Christen sozusagen Karriere gemacht hat: Religion bzw. Glaube – ich sage allgemeiner: Transzendenz-Erfahrung ist das «Ergriffensein durch das, was uns unbedingt angeht» (Der Mut zum Sein, S. 171). Die beiden Elemente dieses Satzes lassen sich in den von mir berichteten seelischen Tiefenerfahrungen wiederfinden. Transzendenz-Erfahrungen verlangen eine seelische Vorarbeit, aber sie lassen sich nicht herbeiführen, das Ich wird vielmehr von ihnen ergriffen. Das Ergriffensein kann sogar so fundamental und radikal sein, daß dabei nicht die erregten Emotionen gefühlt, sondern der seelische Urgrund, aus dem die Gefühle aufsteigen, erfahren wird. Das ist zu vergleichen mit manchen Märchengestalten, die gefühlsmäßig erregende Abenteuer erleben und doch nie eine Gefühlsregung zeigen – so die gute Tochter im Märchen «Frau Holle», die sich in dem Land jenseits des Brunnens bewegt und handelt, als sei es die gewöhnliche Welt; und der Sohn im Märchen «Die drei Sprachen» übernachtet in einem alten Turm voller wilder Hunde, in dem noch jeder umgekommen ist, der ihn betreten hat, ohne einen Funken Angst. In solchen Figuren ist eine tiefe Schicht des menschheitlich Seelischen symbolisiert. Die Transzendenz in die seelische Unterwelt können wir mit bewußtem Denken und Wollen nicht machen, wir können uns aber bereit machen, sie zu empfangen. Das, wovon ein Mensch auf solche Weise ergriffen wird, steht für ihn oder sie außerhalb jeder Diskussion, ob es richtig oder falsch, ob es irgendwelchen Normen gemäß ist oder nicht usw.; es ist unbedingt und von unmittelbarer Einsicht. Selbst Menschen, die ganz ungeübt sind im Umgang mit ihrer seelischen Welt, erleben diesen Aspekt, wenn sie eine Ganzwerdungs-Erfahrung machen – wenn auch oft nur in abgeschwächter Form. In der seelischen Tiefe gibt es offenbar eine Evidenz in die Zusammenhänge des Lebens, der Welt und des Seienden überhaupt, die unsere üblichen Fragen nach dem Sinn und ähnlichem überholt. Was das ist, «was uns unbedingt angeht», ist aber in einer begrifflichen Sprache kaum auszudrücken und noch schwerer anderen zu vermitteln. Mir erscheint es deshalb als berechtigt, hier von einem Mysterium zu sprechen, wie es insbesondere Mystiker getan haben.

Das Ich und sein größeres Selbst

Ein weiterer Aspekt ist mit dem Motto, das ich diesem Kapitel vorangestellt habe, bezeichnet: «Himmel, das ist für mich: Da weiß ich, wer ich bin.» Die ältere Frau, die dies gesagt hat, war keine Theologin und wohl auch keine Mystikerin. Aber sie hat nach meinem Urteil die zentrale Wahrheit der Seelenreise erfaßt.

Zu wissen, wer ich bin, bezeichnen wir im wissenschaftlichen, mittlerweile auch im populären Sprachgebrauch als Identität. Es ist ja eigenartig, daß die Frage «Wer bin ich?» von Menschen als so drängend empfunden wird, zumindest in westlicher Zivilisation; für Jugendliche in der Pubertät ist sie die zentrale Frage überhaupt. Woran mag es liegen, daß wir zwar ein Ich sind, uns über dessen Identität, über die Übereinstimmung mit unserem Ich, aber oft nicht sicher sind, so daß wir vielleicht sogar stärker auf das hören, was andere über uns, über unser Ich denken? Die tiefenpsychologische Antwort ist, daß unser Ich nie fertig ist, daß es sich immer weiterentwickeln muß, wenn es nicht die seelische Lebendigkeit einbüßen will. Was ein menschliches Ich ist, kann deshalb nie am gegenwärtigen Augenblick allein gemessen werden, sondern muß einbeziehen und zugleich offen lassen, was es noch werden kann. Diese Unschärfe haftet nicht nur einem andern Ich an, das ich betrachte, sondern in erster Linie der Wahrnehmung meines eigenen Ich. Ein normales, nicht erkranktes Ich-Bewußtsein erlebt sich so, daß es immer noch etwas anderes, mehr, Größeres sein kann, als es jeweils ist.

Im Blick auf die seelische Entwicklung wird das Größere nicht durch sozialen Status, Besitz, Macht und ähnliches gewonnen, vielmehr durch die Rückbindung des Ich an die Fülle der unbewußten seelischen Kräfte. Die Seelenreise ermöglicht dem Ich, sich an immer größere seelische Bereiche anzuschließen und so ein tiefer gegründetes und breiter angelegtes Fundament zu gewinnen. Die Identität wird stärker, sicherer, je mehr ein bewußtes Ich in die unbewußte Tiefe hinunterwächst. Hier gilt das Paradox, daß ein Ich, je mehr es in einer umfassenderen seelischen Größe aufgeht, um so mehr sich selbst findet. So geschieht durch Ganzheitserfahrung im Bereich des allgemein Seelischen Selbst-Findung. Das Wort «Selbst» verstehe ich so, wie Jung es in die Tiefenpsychologie eingeführt hat: als das seelische Zentrum, das uns Menschen dazu antreibt, unser Ich zu einer seelischen Ganzheit mit dem Unbewußten zu entfalten, und zugleich als diese Ganzheit selbst, die wir als geschichtlich-endliche Wesen niemals voll verwirklichen können, die aber als eine, die individuelle Seele transzendierende Größe das Urbild menschlichen Selbstwerdens ist. «Himmel» im Sinne des Mottos wäre dann ein Zustand, in dem das Ich sich als einsgeworden mit dem Ganzen, als ein Selbst geworden erfährt, in dem die Frage nach seiner Identität sich beantwortet; vielleicht wird diese Erfahrung im Sterben gemacht. Auf dem Wege dahin bleibt das Selbst jedem Ich transzendent; doch gibt es unterschiedliche Annäherungen an das Ganze, je nachdem, wo ein Mensch sich auf der Seelenreise befindet. Das Einwurzeln des Ich in die seelischen Tiefenschichten, woraus das Selbst als ganzheitlich Seelisches entsteht, kann auch als Schöpfungsvorgang beschrieben werden; es wird oft so erlebt: aus unbewußtem Chaos wird ein seelischer Kosmos, eine fruchtbare psychische Welt, in der reiches Leben sich entfaltet. Mythische Beschreibungen von der Weltentstehung oder die biblische Schöpfungsgeschichte spiegeln durchaus auch etwas von diesem seelischen Prozeß.

Die Einheit der Religionen im Unbewußten

Aus dem Werden seelischer Ganzheit ergibt sich ein dritter Aspekt. Seelische Transzendenzerfahrungen eröffnen einen Raum, in dem sich so etwas wie die Ökumene der Religionen ereignet. Es scheint so, daß religiöse Unterscheidungen, die in unserer Tageswelt – der kirchlich-gesellschaftlichen wie der des bewußten Denkens – fest verankert sind, im Bereich des kollektiv Seelischen nicht gelten bzw. aufgehoben sind. Die Imaginationen mit religiöser Bildstruktur ließen das erkennen. Wie intensiv und wirksam eine Ganzheitserfahrung war, hing nicht davon ab, ob bestimmte religiöse Bildinhalte vorkamen. Menschen, die mit einem religiösen oder kirchlichen Bekenntnis identifiziert sind, können keineswegs bewußt herbeiführen, daß sie religiöse Tiefenerfahrungen in den Bildern ihres überlieferten Glaubens machen; auch sie können nur empfangen, was sich ihnen in seelischer Tiefe autonom mitteilt. Zuweilen werden Menschen in ihren momentanen religiösen Festlegungen geradezu korrigiert.

So ergeht es Herrn P. bei einer Imagination zum leeren Grab. Ihm ist vor allem wichtig, mit dem Boten im Grab zu sprechen. Der Bote sagt zu ihm: «Fürchte dich nicht vor der Erde.» Herr P. fragt zurück, wo Jesus sei. Der Bote sagt: «Jesus Christus ist jetzt nicht wichtig. Hab keine Angst vor der Erde.» Herr P. hat das Gefühl, er stimme damit überein.

Die Botschaft, daß Jesus Christus jetzt nicht wichtig sei, kann für einen Christen überraschend, gar schockierend sein. Meistens jedoch überzeugt die Botschaft aus sich heraus, so wohl auch bei Herrn P. Was nun ist der allgemeine Sinn solcher Botschaft? Ich denke dabei an das alttestamentliche Bilderverbot: «Du sollst dir kein Bild von Gott machen» (Exodus/2 Mose 20,4). Oberflächlich gesehen scheint dieses Gebot meiner gesamten Darlegung über spirituelle Erfahrung entgegengesetzt zu sein. Da seelisches Leben sich aber in energiegeladenen Bildern vollzieht und die seelische Welt nach christlichem Glauben auch zu Gottes Schöpfung gehört, kann nicht angenommen werden, daß Gott sich selbst so fundamental widerspricht. Das Bilderverbot müßte sich daher auf den *Umgang* mit den Gottesbildern beziehen. Wenn Gott oder das Göttliche in Bildern eingefangen und ein für allemal festgemacht werden soll, dann muß das Verbot gelten. Gott ist nie mit den Bildern, auch den tiefsten Urbildern nicht, identisch; aber das Göttliche ist in ihnen zugänglich, erfahrbar. Und institutionalisierte Religionen geraten leicht in die Gefahr, nur noch bestimmte Bilder für die Präsenz Gottes gelten zu lassen. Dieser Gefahr entgeht auch das Christentum nicht. So kann eine Erfahrung wie die von Herrn P. uns darauf stoßen, daß in der menschheitlichen Seelenschicht eine Offenheit auf das die Religionen einigende Göttliche gegeben ist. In den tiefsten Seelenbereichen sind wir Menschen offenbar nicht festzulegen auf die Vorstellungen einer bestimmten Religion oder gar Konfession. Aus ihnen könnte sogar Hilfe kommen zur Überwindung der religiösen Abgrenzungen und Spaltungen, die wir im Bewußtsein oft geradezu mit Gewalt festhalten. Wenn es nicht eine gemeinsame seelische Sprache für das Religiöse in der Menschheit gäbe, wären die Versuche zu religiöser Einigung vermutlich überhaupt zum Scheitern verurteilt.

An einem selbst erlebten Beispiel will ich diesen seelischen, die Religionen einigenden Urgrund nochmals verdeutlichen. Vor vielen Jahren, als ich von den seelischen Zusammenhängen, über die ich hier schreibe, noch wenig verstand, hatte ich auf einer Reise in Ägypten einen Traum, zu dem sich mir damals sofort der Titel aufdrängte: «Die Relativierung der Religionen». Beim Wiederlesen heute stellte sich spontan – gewiß aufgrund meiner inzwischen gemachten Erfahrungen – ein anderer Titel ein: «Die Einheit der Religionen». Beide Titel gehören jedoch wie die zwei Seiten einer Medaille zusammen. Dies ist der Traum:

«Ich befinde mich in einem großen christlichen Dom. Ich habe längere Zeit im Vorraum des Doms die dort ständig eingerichtete Gebetswache gehalten. Nun gehe ich in dem riesigen Gebäude umher. Der Dom ist mit schönen Perserteppichen ausgelegt wie die islamischen Moscheen. Gestühl, wie in christlichen Kirchen üblich, gibt es nur in Seitenkapellen. Der weitläufige, hohe, von einer riesigen Kuppel – wie eine Moschee – überwölbte Zentralraum ist frei zum Umhergehen. Menschen laufen hin und her in die verschiedensten Richtungen, darunter auch (katholische) Priester. Diese tragen lange buntgestreifte, zum Teil auch bestickte, hemdartige Gewänder, eine Art folkloristische Mischung aus der Alltagskleidung der heutigen Ägypter und Gewändern aus der altägyptischen Religion, wie sie auf den Darstellungen in den Grabkammern zu sehen sind. Ich selbst trage ebenfalls ein solches Gewand. Beim Herumgehen erlebe ich noch manches, vor allem daß in einer Seitenkapelle gegessen wird.»

Theologisch gesprochen stellt der Traum einen religiösen Synkretismus dar – ein Schreckgespenst aller religiösen Institutionen, die ihre eigene Religion für absolut halten. Doch hoffe ich, die vorangegangenen Ausführungen dieses Kapitels haben klar werden lassen, daß ein Traum nicht einfach auf Phänomene der äußeren Welt bezogen werden darf, daß er vielmehr eine seelische Realität ausspricht, von der allerdings Einflüsse auf eine notwendige Veränderung der äußeren Welt ausgehen können und auch sollten. In meinem Traum nun sind in dem religiösen Gebäude wie bei den Menschen, die sich in dem Gebäude befinden, Aspekte verschiedener Religionen miteinander verbunden, ja geradezu in eine harmonische Einheit gebracht: christliche, islamisch-arabische und altägyptische. Ich erinnere mich, daß mich der Traum innerlich sehr bewegt hat, und zwar über lange Zeit hin. Er war gewiß ausgelöst durch das Erlebnis der altägyptisch, islamisch-arabischen Welt. Dieses Erlebnis hatte seine Bedeutung für mich aber nicht so sehr in sich selbst als vielmehr in der aufschließenden Funktion für eine tiefe seelische Region, in der – wie ich damals wohl zum erstenmal gespürt habe – die religiöse Zerrissenheit überwindbar oder sogar überwunden ist. An dem Traum kann auch denkerisch klar werden, daß Gott oder das Göttliche oder eben das Ganze nicht geteilt ist, wie Religionen und Konfessionen das leicht vermuten lassen könnten. In der die geschichtlichen Phänomene weit übergreifenden seelischen Zusammengehörigkeit der Menschheit könnte die Fähigkeit nicht nur für das seelische Ganzwerden des einzelnen Menschen gefunden werden, sondern auch für das Einswerden getrennter Religionen, Gesellschaften und Kulturen. Diese Art von Transzendenz wäre jedoch in einer eigenen Abhandlung über die Seelenreise der ganzen Menschheit zu entfalten.

Das folgende Kapitel greift *einen* Aspekt der gesamtmenschheitlichen seelischen Entwicklung auf, und zwar den, der mit der Frage der geschlechtlichen Prägung der seelischen Welt des Menschen zusammenhängt.

4. Weibliche Lebensmuster

«Frauen benötigen keine Wunder.
Es ist uns wunderbar, daß die Sonne aufgeht,
daß aus Blüten Früchte werden.»

Christine Brückner:
Wo hast du deine Sprache verloren, Maria?
(in: Wenn du geredet hättest, Desdemona)

Die Spiritualität, die ich hier beschreibe, scheint mir in ihrem Grundmuster, der Rückbindung unseres bewußten Lebens an das seelisch Unbewußte, für die wissenschaftlich-industrielle Zivilisation notwendig zu sein, ja immer notwendiger zu werden, zumal wenn es nicht nur um reines Überleben, sondern um eine Humanisierung unserer Lebensordnungen gehen soll. Die bisherigen Lebensordnungen sind, wie sich jetzt deutlich zeigt, an die Grenze der menschlichen Selbstvernichtung geraten; es sind Lebensordnungen, die in patriarchalen Gesellschaften entwickelt worden, daher in erster Linie Ausdruck männlicher Welt-Ansicht und männlichen Selbstverständnisses sind. Sie spiegeln insofern weitgehend auch männlich psychische Einstellungen. Die Überzüchtung rationalen Bewußtseins und die Vorherrschaft des vom Gefühl abgekoppelten Intellekts bei der Bewältigung gesellschaftlich-politischer wie individueller Lebensprobleme kann bzw. muß daher als Ergebnis männlicher Psychologie verstanden werden. Für mich ist deshalb die Suche nach einer neuen spirituellen Einstellung eins mit der Suche nach der vergessenen oder verlorengegangenen weiblichen Welt-Ansicht und dem Selbstverständnis von Frauen. Vergessen bedeutet in tiefenpsychologischer Sicht: ins Unbewußte abgesunken. Daraus folgt, daß eine Seelenreise, die in die unbewußten seelischen Regionen führt, gerade dorthin führt, wo weibliche Lebensmuster zu finden sein müßten. Tiefenpsychologische Spiritualität ist daher aus sich heraus darauf gerichtet, die verdrängte weibliche Psychologie wiederzufinden.

Ich möchte allerdings einem Mißverständnis vorbeugen. Es ist eine männliche Manipulation auch des Unbewußten möglich, da Botschaften aus dem Unbewußten immer aus bestimmten Voreinstellungen eines Bewußtseins heraus verstanden werden.

Irrläufe in die weibliche Psychologie

Ein patriarchales Bewußtsein kann daher sogar ausgesprochen weibliche Aspekte des Unbewußten in männlichem Sinn uminterpretieren. Ich bin der Meinung, daß Sigmund Freud dieser Gefahr bei seinen psychoanalytischen Annahmen in wichtigen Punkten erlegen ist; so etwa bei der ödipalen Situation des Kindes, die er vom männlichen Kind her konzipiert, dann spiegelbildlich auf das Mädchen anwendet und dahin übertreibt, daß er Frauen eine Art wesensmäßigen Penisneid anhängt. Aus männlicher Sicht zur Zeit Freuds war dies sogar einleuchtend; und viele Frauen haben dieser Psychologie wahrscheinlich entsprochen, hatten sie unter männlicher Vorherrschaft doch keine Chance, ein psychisch tragfähiges Selbstgefühl zu entwickeln, außer in Angleichung an männliche Vorstellungen von der Frau. Auch bei C. G. Jung gibt es Fehlannahmen zu weiblicher Psychologie, vor allem in seinem Anima-Animus-Konzept, bei dem er, ähnlich wie Freud, die Anima-Theorie für den Mann breit ausgearbeitet, den Animus-Aspekt für die Frau spiegelbildlich dazu entworfen und nur rudimentär entfaltet hat. Die Spiegelbildlichkeit halte ich in jedem Fall für fragwürdig; sie ist eine Annahme aus männlich psychischen Voraussetzungen.

Wie lassen sich nun aber solche und ähnliche Irrläufe in die weibliche Psychologie rückgängig machen? Wenn ich bei meinen Überlegungen zu tiefenpsychologischer Spiritualität nicht beide Geschlechter einfach über einen Leisten ziehen will, so muß ich zunächst und als Wichtigstes meine eigenen Erfahrungen als Frau befragen, und zwar solche, die nicht mehr in einem von männlicher Psychologie aufgestellten Bezugsrahmen gemacht werden; Beispiele solcher Erfahrungen sind die, von denen ich im zweiten und dritten Kapitel berichtet habe. An ihnen wird auch deutlich, daß weiblich Psychisches nicht strikt nur dem einen Geschlecht zuzuordnen ist, daß vielmehr beide Geschlechter beim Gang in die menschheitlich seelische Unterwelt weibliche Wirklichkeit erfahren.

Wenn ich Erfahrung, und noch speziell weibliche Erfahrung, als Erkenntnis-Voraussetzung wähle und diese für einen fruchtbaren Zugang zur Erforschung der unbewußten Psyche halte, so bin ich mir dabei im klaren, daß dieser Ansatz den geltenden wissenschaftlichen Erkenntnis-Voraussetzungen nicht einzuordnen ist, ja diesen widerspricht und deshalb wahrscheinlich für nicht wissenschaftlich gehalten wird. Ich tue damit jedoch etwas, was in der Wissenschaft, mindestens in den Fächern, die ich beurteilen kann, in Theologie und Tiefenpsychologie, wahrscheinlich aber in allen Disziplinen, immer vor sich gegangen ist und noch vor sich geht: daß nämlich Erkenntnis mitgefärbt wird von den geschlechtsspezifischen Erfahrungen derer, die wissenschaftliche Erkenntnis betreiben; und das sind bislang fast ausschließlich männliche Erfahrungen. Im traditionellen wissenschaftlichen Vorgehen ist diese Erkenntnis-Voraussetzung (fast) nie mitbedacht worden, so daß es zu solchen männlichen Vereinnahmungen weiblicher Psychologie kommen konnte, auf die ich bei Freud und Jung hingewiesen habe.

Eindrucksvolle und für Frauen erschütternde Belege für diesen Tatbestand geben die ca. zehn Jahre lang angestellten empirischen Untersuchungen der amerikanischen Psychologin Carol Gilligan («Die andere Stimme») über die Entwicklung ethischer Urteile bei Mädchen und Frauen. Sie weist wissenschaftlich so renommierten Entwicklungspsychologen wie Erik Erikson und Lawrence Kohlberg nach, daß deren Untersuchungen für die psycho-soziale Entwicklung von Kindern und Jugendlichen auf Interview-Vorgaben aus rein männlicher Psychologie beruhen, daß die Interviewer, wenn sie mit den vorgegebenen Fragen bei Mädchen nicht mehr weiterkamen, nicht erkannten, daß dies an der Fragestellung lag, die an der weiblichen Psychologie völlig vorbeiging, daß die Wissenschaftler die Befragungsergebnisse so deuteten, daß die eigenständige moralische Urteilsfähigkeit der Mädchen hinter der der Jungen zurückblieb. Gilligan weist ferner nach, daß Mädchen in die Untersuchungen nur in geringem Maß einbezogen und die Untersuchungsergebnisse von männlichen Befragten mit den genannten Abstrichen einfach auf weibliche Kinder und Jugendliche übertragen wurden. Daß das Untersuchungs-Arrangement ganz von männlichen Voreinstellungen bestimmt wurde, war dabei nicht zum Gegenstand wissenschaftlicher Reflexion gemacht worden.

Wenn ich Spiritualität als Anbindung des bewußten Ich an die Tiefen des unbewußt Seelischen verstehe, so muß ich auch die in der männlichen Wissenschaft üblicherweise un-

122

bewußt bleibenden geschlechtsabhängigen Voraussetzungen bewußt machen. Es gibt in der Realität ja immer nur männliche und weibliche Ichs, so daß deren jeweilige Erfahrung in die Erforschung der seelischen Tiefenbereiche unweigerlich miteinfließt. Als Frau habe ich es im Bewußtmachen dieser Voraussetzung sowohl schwerer als auch leichter. Schwerer insofern, als dieser Gesichtspunkt in männlicher Beurteilung noch immer weithin als unsachlich und das heißt als unwissenschaftlich verdächtigt und abgetan wird; leichter insofern, als ich meinen neuen Ansatz durch den Vergleich mit dem üblichen männlichen deutlicher in den Blick bekommen, ihn bewußter herausarbeiten kann.

Rückgriff auf archaische Zeugnisse

Eine andere Erkenntnis-Voraussetzung für die Suche nach dem im Unbewußten verschwundenen Weiblichen ist im Rahmen dieses Buches nur bruchstückhaft zu verwirklichen. Wie ich im dritten Kapitel dargelegt habe, sind die dem Bewußtsein fernsten Bereiche des Unbewußten in den Mythen der Menschheit gestaltet worden. Da in den bekannten Gesellschaften die patriarchale Lebensordnung seit Tausenden von Jahren herrscht, ist davon auszugehen, daß nicht männlich überformte weibliche Lebensmuster sehr tief seelisch vergraben sind. Ich müßte also Mythen vor allem archaischer Völker vergleichend betrachten auf der Spurensuche nach dem Weiblichen. Und selbst das könnte nicht genügen, weil die schriftliche Form, in der Mythen uns heute noch zugänglich sind, durchweg auch aus patriarchalen Zeiten datiert. Es wäre daher notwendig, nach Zeugnissen archäologisch-bildnerisch-sprachlicher Art aus vor- bis urgeschichtlicher Zeit zu suchen, in der die männlichen Lebensmuster noch nicht zur Herrschaft gelangt waren. Solche

Zeugnisse sind heute schon in einem Umfang zugänglich, der ursprüngliche Lebensmuster aus genuin weiblicher Psychologie erkennen läßt. Eine fundierte Auswertung von Mythen und vorgeschichtlichen Zeugnissen ist im Rahmen dieses Kapitels aber nicht annähernd möglich, sie würde eine eigene umfangreiche Untersuchung erfordern. Dennoch werden früheste Menschheitszeugnisse dieses Kapitel sehr prägen. Um authentisch weibliche Lebensmuster aufzuspüren, sehe ich keinen andern Weg, als an die Ursprünge des Bewußtseins zurückzukehren.

4.1 Weibliche Ursprünge des Bewußtseins

Weibliche Lebensmuster zu beschreiben, ist von vornherein Mißverständnissen ausgesetzt, da das Weibliche in Gesellschaften, in denen Männer bestimmen, mit ganz einseitigen Einstellungen und Verhaltensweisen von Frauen identifiziert wird, welche die Frauen an der Ausbildung sogenannter männlicher Eigenschaften hindern und damit die Überlegenheit und Herrschaft der Männer sichern. Schon das Wort «weiblich» klingt hier verdächtig, bezeichnet es doch in der deutschen Sprache schon seit langer Zeit sogenannte typisch seelisch-geistige Fähigkeiten bzw. Unfähigkeiten von Frauen wie: stark vom Gefühl bestimmt, daher im Verhalten nicht ganz zuverlässig sein, von minderer logisch-systematisierender Denkfähigkeit sein, dafür mehr begabt für die Pflege menschlicher Beziehungen, besonders in der Familie und der (Klein-)Kindererziehung, anmutig sanft und lieb, dafür in Krisensituationen psychisch weniger belastungsfähig, und was dergleichen Klischées mehr sind. Der Begriff «weiblich» deckt im landläufigen Verständnis heute bei den einen das ab, was Frauen aufgrund ihrer geschlechtlichen Bestimmung angeblich zukommt, was sie deshalb gut können sollen und wobei sie auch möglichst bleiben sollten; bei den anderen das, was Frauen an ihrer vollen menschlichen Entfaltung hindert und ihre Unterdrückung in der männlich strukturierten Gesellschaft anzeigt. In beiden Fällen bezeichnet «weiblich» Einschränkungen, gleichgültig ob sie akzeptiert oder abgelehnt werden.

Neue Bedeutung von «weiblich»

Wenn ich in einem Buch über das Ganzwerden des Menschen durch die Reise ins seelisch Unbewußte diesen Begriff dennoch beibehalte, weil ich keinen besseren finde, so soll er hier gerade nicht im Sinne von Einengungen der Entfaltungsmöglichkeiten von Frauen verwendet werden. Ich möchte ihn vielmehr verändern, indem ich ihm eine umfassendere Bedeutung gebe, ähnlich wie manche Feministinnen Worte, die Frauen bzw. das Weibliche abwerten oder außer acht lassen, bewußt aufnehmen und mit positiver oder erweiterter Bedeutung versehen. So gibt es im christlich-theologischen Bereich z. B. an Stelle des Begriffs «Exegese» = (männliche) Bibelauslegung den von Frauen geprägten der «Hexegese» = Bibelauslegung aus der Perspektive von Frauen/«Hexen»; oder eine feministisch-theologische Zeitschrift nennt sich «Schlangenbrut». «Weiblich» ist kein so spektakuläres Wort wie «Hexe» und «Schlangenbrut», aber eines, das eine intensive negative Wirkung auf Selbstverständnis und Selbstwerden von Frauen gehabt hat und indirekt auch auf das Selbstwerden von Männern; denn sogenannte weibliche Eigenschaften wurden von Männern wie die Pest gemieden, weil sie ihr sogenanntes männliches Selbstbewußtsein dadurch von vornherein in Frage gestellt sahen. Da Sprache ein bestimmtes Bewußt-

sein, eine seelische Einstellung ausdrückt, kann eine Umwertung von Begriffen, die zentral für das Selbstverständnis der Geschlechter sind, auch zu einem neuen Bewußtsein verhelfen. In diesem Sinn erscheint es mir fast als
notwendig, den Begriff «weiblich» einer sich wandelnden
Bedeutung zuzuführen.

Zunächst deckt sich für mich aus tiefenpsychologischer
Sicht weiblich nicht mit Frausein. Ich möchte – gewiß etwas
kühn – behaupten: weiblich ist eine menschliche Kategorie,
die auch das Mannsein wesentlich betrifft. Männer finden,
wenn sie sich auf den Weg in seelische Tiefen machen, in sich
auch Weibliches, das sie als neue schöpferische Möglichkeit
für ihr Menschsein als Mann erfahren und das ihr männlich-
rationales Bewußtsein aus seiner Einseitigkeit befreit. Bei
meiner tiefenpsychologischen Gruppenarbeit habe ich das
vielfältig erlebt; ich will es an einem Beispiel verdeutlichen.

Bei einer Interaktionsübung zur Geschichte von der Heilung
der gekrümmten Frau (Lukas 13,10–17) mit Religionslehrer-
inne-n entscheidet sich Herr O., ein über 60jähriger Mann,
sofort, die Rolle der gekrümmten Frau zu übernehmen. In
der Geschichte wird erzählt, daß Jesus, als er am Sabbat in
einer Synagoge lehrt, eine Frau mit verkrümmtem Rücken
sieht, sie zu sich ruft und sie, indem er ihr die Hände auflegt,
heilt. Sich aufrichtend preist die Frau Gott. Es folgt eine
Auseinandersetzung zwischen dem Synagogenvorsteher, der
die Leute tadelt, weil sie sich am Sabbat heilen lassen, wo das
verboten ist, und Jesus, der ihm und seinesgleichen durch
einen Vergleich zeigt, daß dies eine heuchlerische Einstellung ist, weil sie andere Tätigkeiten am Sabbat ohne weiteres
verrichten. Die Geschichte schließt mit der Bemerkung:
«Das ganze Volk aber freute sich über all die großen Taten,
die er vollbrachte.»

Die Übung beginnt gleich dramatisch, indem Herr O.,
krummgehend, fast schauspielerisch in die Gestalt der Frau

hineinschlüpft, herumgeht und andere berührt, während die Mitagierenden sitzenbleiben und nur miteinander reden. Herr O. als Frau stellt so unmittelbar Kontakt her, daß «Jesus», hier eine Frau, sich rasch in die Bewegung der «gekrümmten Frau» hineinziehen läßt, aufsteht, «sie» umarmt und «sie» so heilt. Herr O. lebt dann sein Gefühl als geheilte Frau so stark aus, daß die Beteiligten mitfühlen können, wie es ist, sich nach 18 Jahren Krummgehen und am Rande der Gemeinschaft leben wieder aufrichten zu können, den Buckel zu verlieren, ein aufrechter Mensch zu werden und sich dazugehörig zu fühlen. Doch mit diesem letzten Punkt ist es in der Gruppe schwierig: Die «Sabbatgemeinde» bleibt reserviert; das Halleluja-Singen der «geheilten Frau» steckt sie nicht an. Für mich am bewegendsten ist es, als Herr O. immer wieder herumgeht und bittet: «Freut euch doch mit mir, ich bin geheilt.» Niemand freut sich recht mit ihm, wie es der Bibeltext vom Volk sagt. Die Mitspielenden drücken eher aus, daß sie sich gestört fühlen durch die Gefühlsreaktionen von Herrn O. Nach Schluß der Übung sind alle, auch die große Anzahl der Zuschauenden, sehr erregt über den Ablauf, vor allem darüber, daß niemand die Freude der Geheilten geteilt hat. Herr O. selbst fühlt sich dagegen ganz mit sich übereinstimmend, wie er sagt, und es betrübt ihn nicht allzu sehr, daß die andern ihn in seinem Glück alleingelassen haben; er hat in der Gestalt der Frau eine Seite von sich lebendig werden lassen, die sonst so vielleicht nicht zum Zuge kam.

Obwohl es von den Teilnehmenden nicht ausgesprochen wurde, vermute ich, daß die intensiven Gefühle, wären sie von einer Frau ausgedrückt worden, eher angesteckt hätten. Es wirkte in der Tat ungewohnt, daß ein (älterer) Mann starke Gefühle so offen vor anderen darbot, ohne Scheu vor deren Reaktionen, und daß er darin ganz bei sich selbst war. Beispielhaft an dem Vorgang scheint mir zu sein, daß Männer sehr wohl seelische Möglichkeiten in sich entdecken und gestalten können, die als weiblich gelten, daß dies aber für manche leichter ist, wenn ihnen eine weibliche Gestalt, mit der sie sich vorübergehend identifizieren, dabei als Führerin dient. Für diese Funktion werden sogar «anrüchige» Frauengestalten gewählt, z. B. die Ehebrecherin (Johannes 8) oder die Sünderin, die Jesus die Füße salbt (Lukas 7), wie ich das schon öfter erlebt habe. Was ich als weibliche seelische Möglichkeiten von Männern bezeichne, beinhaltet zunächst das oben beschriebene auf Frauen angewandte Rollenklischee. Doch deutet gerade die Möglichkeit von Männern, sich auf «frauenspezifische» Weise selbst erfahren zu können und dies als wertvoll zu erleben, darauf hin, daß in dem gesellschaftlichen Klischee «weiblich» schöpferische seelische Möglichkeiten durchscheinen, die von der Übermalung durch männliche Abwertung befreit werden können und müssen.

Das Weibliche als seelisches Menschheitspotential

Neben der direkten spirituellen Erfahrung – als solche verstehe ich die von Herrn O. und der Gruppe – wird das Weibliche als seelisches Menschheitspotential von frühen Mythen sowie früh- und vorgeschichtlichen Funden bezeugt. Da die Abwertung des ursprünglich Weiblichen in allen patriarchalen Gesellschaften erfolgt ist, versuche ich, einen Blick auf deren Anfänge und davor zu tun, um die männliche Übermalung zu durchstoßen. Ich knüpfe dabei an meine Überlegungen im zweiten Kapitel zu menschheitlich-anthropologischen Zusammenhängen an. Bei tiefenpsychologischer Betrachtung des Menschen und seiner Entwicklung steht das seelisch Unbewußte im Mittelpunkt. In der Evolution der Menschheit prägt dieses den Anfang und ist im Vergleich zum Bewußtsein mit seinem Ich-Zentrum uralt. Und da aus der Sicht des Bewußtseins alles übrige Seiende, das ist die Natur als Ganzes – mit eventuell fließenden Übergängen bei Primaten – unbewußt ist, präsentiert sich das Unbewußte dem menschlichen Bewußtsein als ungeheuer mächtig. Möglicherweise sind die zivilisatorischen Versuche, die Natur zu beherrschen, Ausdruck eines Gefühls des Überwältigtwerdens durch unbewußt Seiendes, das sich dem menschlichen Bewußtsein am direktesten aufdrängt im eigenen seelisch Unbewußten. Am stärksten muß dieser Eindruck beim Aufdämmern des Bewußtseins gewesen sein, als die unbewußte Natur noch fast alles war. In Dimensionen der Evolution gedacht, hat sich das Verhältnis von unbewußt und bewußt Seiendem bis heute nicht grundsätzlich, sondern höchstens gradweise verändert; menschliches Bewußtsein ist nach wie vor in ungeheurem Ausmaß dem seelisch und naturhaft Unbewußten ausgeliefert. Da das moderne Bewußtsein diesen Sachverhalt fast nicht mehr zur Kenntnis nimmt, sich vielmehr vom seelisch Unbewußten ziemlich abgekoppelt hat, erlebt es die äußere Natur nicht mehr als Ausdruck des Unbewußten, sondern nur noch dinglich, nicht mehr lebendig beseelt. Wollen wir die ursprünglichen Erfahrungsmuster des menschheitlichen Bewußtseins im Blick auf die unbewußte Natur wiederfinden, so müssen wir nach deren gebliebenen Eindrücken in der unbewußten Seele und in Überresten kulturellen Ausdrucks suchen.

Einen ersten Anhalt finden wir in unserer Sprache. Die Natur bezeichnen wir als Materie und verstehen sie in wissenschaftlicher Definition als Gegensatz zu Geist oder Seele. Das lateinische Grundwort, aus dem Materie abgeleitet ist, haben wir dabei fast ganz aus dem Auge verloren: mater = Mutter. Bewußt ist uns diese Herkunft noch im Ausdruck «Mutter Natur»; der allerdings ist nicht wissenschaftsfähig; das heißt aber, bei der bewußten und systematischen Bemühung um Naturerkenntnis wird ausgeblendet, was sich im Wort «Materie» wie im Ausdruck «Mutter Natur» offenbar als Urerfahrung des menschlichen Bewußtseins erhalten hat: daß die Natur vom Menschen als weiblich wahrgenommen worden ist, daß alles, was unbewußt ist, dem Bewußtsein in weiblicher Funktion erschienen ist: gebärend, nährend, bergend, Gestorbenes wieder aufnehmend und neu hervorbringend – alles Inhalte, die sich auch heute noch mit der Vorstellung von «Mutter Natur» verbinden.

Weibliche Weltorientierung in der Urzeit

Früheste bewußte Seelentätigkeit läßt sich weiterhin erschließen aus urgeschichtlichen Relikten, die erste Orientierungen des menschlichen Bewußtseins in dem es umgebenden naturhaft-kosmischen und seelischen Unbewußten darstellen. Mit ihnen gelangen wir in zehn- bis hunderttausend Jahre in die Urgeschichte des Menschengeschlechtes zurück. Sie sind für das Verstehen der seelischen Menschheitsentwicklung deshalb wichtig, weil wir damit in Zeiten eintreten, die dem Auftauchen des menschlichen Bewußtseins in der Evolution nahekommen. Funde aus der Urzeit müßten Kunde davon geben, wie Menschen ursprünglich ihre Welt und sich selbst darinnen seelisch bewertet haben. Heute bekannte seelisch-geistige Orientierungen von Frühmenschen zeigen zwei auffallende Aspekte: Ihre Symbolik ist auf das Ganze der Welt bezogen, und sie erscheint in den Formen des weiblichen Körpers. Für die Ganzheitsorientierung erinnere ich an die in Kapitel 3.2 (S. 106) erwähnte runde Versteinerung mit dem eingeritzten gleicharmigen Kreuz aus Ungarn, das ca. 100000 Jahre alt ist (s. Skizze Nr. 1; die Funde werden auch behandelt in: Fester u. a., Weib und Macht). Daß die Welt als rund erfaßt wurde, verweist schon in dem abstrakten Symbol darauf, daß Urmenschen sie als weiblich wahrgenommen haben. Denn von frühesten Zeiten angefangen über spätere Mythen bei Völkern des ganzen Erdkreises bis in die Träume moderner Menschen ist die runde Form in vielfacher Abwandlung Symbol für Weibliches. Bei der Ur-

Abbildung 1: Mittlere Altsteinzeit, Ungarn

Wahrnehmung der runden Welt ist die Orientierung in ihr in vier Richtungen nicht beliebig; die vier Horizonte bilden sich durch den Mittelpunkt, in dem die horizontalen und vertikalen Kreuzarme sich rechtwinklig schneiden. So entsteht der «Nabel der Welt», in dem die gesamte Struktur der Welt für das anfängliche menschliche Bewußtsein zentriert ist. Die Welt, die sich dem aufdämmernden menschlichen Bewußtsein zunächst als Chaos dargeboten haben muß, *so* zu ordnen, bedeutet einen wirklichen Schöpfungsakt, vergleichbar dem Vorgang, wie er in Weltentstehungsmythen als Erschaffung der Welt durch Ordnen oder Strukturieren eines ursprünglichen Chaos beschrieben wird. Da es sich dabei um eine Orientierung des frühen Bewußtseins, einer für die Menschheit neuen psychischen Fähigkeit, handelt, bezeichnen die ursprünglichen Symbole einer geordneten Welt zugleich das Erschaffen eines seelischen Kosmos. Somit wird auch dieser durch ein weibliches, auf einen Mittelpunkt bezogenes Ganzheitssymbol ausgedrückt. Das heißt aber, daß der geistige Urakt der Menschheit ein weiblicher Schöpfungsakt ist und das Bewußtsein in seinen Anfängen sich als von weiblichem Charakter erweist. Wenn ich für die (Hypo-) These vor allem *ein* Beispiel, allerdings ein sehr altes, heranziehe, so heißt das nicht, daß es keine andern gäbe. Das Runde und das zentrierte Viereck, in der Tiefenpsychologie von Jung «Mandala» genannt, kommen vielmehr in den Kulturen der ganzen Welt vor, ineinandergebunden, aber auch jede Form für sich. Daß ihre Interpretation als weiblich nicht fehlgeht, ist an einer ganz anderen Art von Symbolen prähistorischer Welt- und Seelenorientierung zu erkennen, nämlich an den figürlichen.

Bei Funden aus der Altsteinzeit und auch jüngeren handelt es sich fast ausschließlich um weibliche Figuren, bei denen die runden Körperformen überdimensional ausgebildet und mit den abstrakten Symbolen seelisch-geistiger Orientierung verbunden sind. Marie König bietet davon eindrückliche Bild-Belege (vgl. Die Frau im Kult der Eiszeit). Ein zwar jüngeres Beispiel aus den schon erwähnten (in Kap. 3.2, S. 104f.) auf Malta ausgegrabenen Tempeln (2. Hälfte des 3. Jahrtausends v. Chr.), dafür aber eines, bei dem das gleicharmige Kreuz im Schoß einer breithüftigen weiblichen Figur eingeritzt ist (s. Skizze Nr. 2), zeigt, daß in Frühzeiten die Auffas-

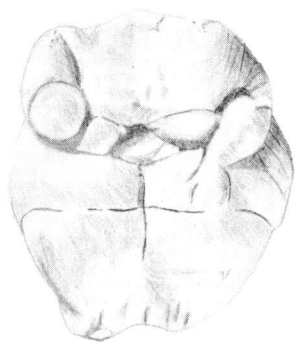

Abbildung 2: 2400–2000 v. Chr., Malta

132

sung vom Weltall und die seelische Selbstwahrnehmung als eines bewußten Wesens sowie die Fähigkeit der Frau, Leben zu gebären, zusammengehörten, ja ein und dieselbe seelisch-geistige Orientierung waren. Während die moderne Wissenschaft bei der Erforschung von Welt, Geschichte, sozialen Bezügen und menschlicher Psyche vorrangig Zusammenhängendes zergliedert (= analysiert), dann die Einzelphänomene untersucht und oftmals die Details nicht mehr in Verbindung mit dem Ganzen, zu dem sie gehören, sieht bzw. zu sehen vermag, geht das uranfänglich weibliche Erfassen des Seienden umgekehrt vor: das Ganze wird in einer Zusammenschau intuitiv und von innen heraus begriffen und die Einzelphänomene aus ihrer naturgegebenen Zuordnung zum Ganzen bzw. ihrer Einordnung ins Ganze verstanden. Daß Kindergebären und Nähren ein Schöpfungsgeschehen ist wie die kosmische Weltentstehung und beide durch seelische Bezüge miteinander verbunden sind, erscheint dem modernen, von der seelisch unbewußten Basis getrennten Bewußtsein eher als Mumpitz. Ganzheitlich fühlende Frauen kennen aber solche Zusammenhänge aus ihrer Erfahrung; und die ur- und vorgeschichtlichen Menschheitszeugnisse, die den bei weitem längsten Zeitraum der Existenz der Menschheit umfassen, belegen dasselbe Bewußtsein.

An einer erstaunlichen Zahl steinzeitlicher Statuetten läßt sich das ursprünglich weiblich-kosmische Bewußtsein in der Menschheit nachweisen. Nur eine berühmt gewordene sei herausgegriffen, die sogenannte «Venus aus Willendorf» aus der Altsteinzeit, gefunden in Niederösterreich (s. Skizze Nr. 3). Sie verkörpert einen Typ vorgeschichtlicher weiblicher Figuren, bei dem an diesem Punkt meiner Darlegung vor allem der Mittelteil, der eigentliche Körper, interessiert. Das Runde dominiert mit vorgewölbtem Bauch, breiten Hüften, ausgeprägtem Gesäß und großen hängenden Brü-

sten, in der Mitte des Bauches mit dem hohlplastisch heraus-
gearbeiteten Nabel und dem betonten Schoß-Dreieck unter
dem Bauch. Mir erscheint es bezeichnend, daß diese und
ähnliche Figuren mit «Venus» betitelt worden sind, was diese

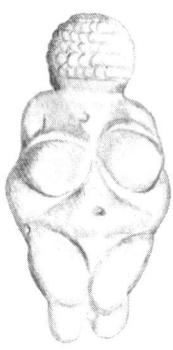

Abbildung 3: Jüngere Altsteinzeit, Niederösterreich

wahrscheinlich als erotisch-sexuelle weibliche Darstellung
charakterisieren soll(-te) – eine komplette Fehldeutung aus
modernem (männlichem?) Bewußtsein, das weibliche Kör-
permerkmale isoliert vom Ganzen weiblicher Existenz sieht.
Die Deutung der Statuette aus dem in ihr und ähnlichen Figuren selbst sich ausdrückenden urzeitlichen Bewußtsein
und Lebenszusammenhang heraus sieht in ihr dagegen die
oben beschriebene geistige Orientierung, ausgedrückt im
weiblichen Körperschema. Das heißt: Das Weltall ist als
weiblicher Leib gesehen, Bauch und Gesäß je als Halbkugel,
zusammen als die runde Welt, der Nabel am Bauch der Frau
als der Nabel der Welt (vgl. dazu: Marie König, a. a. O.,
S. 131 ff). Dieses Verständnis der urzeitlichen weiblichen
Symbole läßt für uns heute auch begreifbar werden, daß das
Göttliche am Anfang weiblich war. Bis zu den letzten vier-
bis sechstausend Jahren Geschichte garantiert(-en) die Göt-

tin(-nen) die Welt als Kosmos, als Einheit von Materie und Geist und das seelische Leben als Zusammenspiel von unbewußten und bewußten Kräften.

Auch der männliche Aspekt des Lebens und des Bewußtseins ist in dieser frühen Zeit in die weibliche Symbolik mit einbezogen. Das bezeugen sogenannte androgyne, weiblichmännliche Figuren. Bei diesen sind dem auch hier stark gewölbten Bauch und Gesäß des Mittelteils oben und unten phallusähnliche Zapfen angefügt (s. Skizze Nr. 4; auch behandelt in: Steinbart, Am Anfang war die Frau). Marie König schreibt auch dieser Art von Darstellung weltanschaulichen Charakter zu (a. a. O. 126 und ff), betrachtet sie also

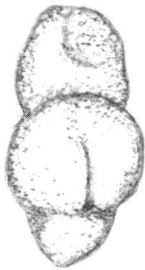

Abbildung 4: Jüngere Altsteinzeit, Italien

nicht als bisexuelle Aussage, sondern als symbolischen Ausdruck einer geistigen Idee. Tiefenpsychologisch betrachtet besagt diese, daß die grundsätzlich weibliche Welt-Ansicht auch männliches Bewußtsein umfaßt. Daß dieses dem weiblichen Bewußtsein zu- und nachgeordnet ist, geht auch wohl daraus hervor, daß androgyne wie auch rein männliche Figuren aus der Frühzeit, aus über 30000 Jahren, zwar über die Erde verstreut gefunden worden sind wie die weiblichen, aber im Vergleich in verschwindend geringer Zahl.

Symbole weiblicher Kultur und Religion

In jüngster Zeit, seit dem Beginn der sechziger Jahre, wurde die ursprünglich und über lange Zeiten hin geltende weibliche Lebensorientierung bestätigt durch die Ausgrabung der sehr alten Stadtkultur in Anatolien (Türkei). In Çatal Hüyük wurde eine ganz und gar weibliche Kultur und Religion gefunden, deren Ablagerungen in zwölf Schichten bis ins 7. Jahrtausend v. Ch. hinaufreichen, somit bis zu 9000 Jahre alt sind. In erstaunlicher Konstanz hat sich dort die weibliche Welt-Anschauung und Religion und damit das weibliche Bewußtsein in einer von Frauen bestimmten Gesellschaft über tausend Jahre erhalten. Zerstörungen durch kriegerische Einwirkungen wurden dort nicht entdeckt, wohl aber uralte Symbole weiblicher Welt-Orientierung und weiblicher Gottheit. Die Göttin ist wie in der Urzeit ebenfalls in Vorderansicht dargestellt, mit betontem Nabel, und, bei mindestens einer Darstellung, ist dieser von konzentrischen Kreisen

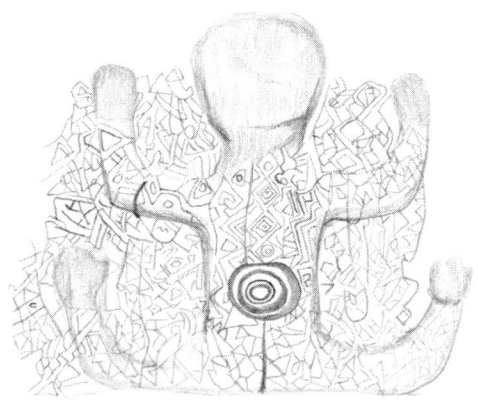

Abbildung 5: 7.–6. Jahrtausend v. Chr., Çatal Hüyük, Türkei

umgeben (s. Skizze Nr. 5). Diese Darstellung wird als «die schwangere Göttin» interpretiert (J. Mellaart, S. 88). Ich habe jedoch Zweifel an dieser Interpretation; möglicherweise stammt sie aus derselben männlichen Sicht wie die Klassifizierung der steinzeitlichen Frauenstatuetten als «Venus». Der umkreiste Nabel der Göttin könnte auch die verstärkte Zentrierung des Welt- und Seelenbildes ausdrücken; vielleicht kann darin sogar eine stilisierte spiralenförmige Umkreisung des Zentrums gesehen werden, die dann mehr den prozeßhaften Charakter der weiblich-seelischen Orientierung aussprechen würde.

Auch das kosmische Strukturierungs-Symbol des gleichschenkligen Kreuzes wurde in Çatal Hüyük zahlreich und in vielfältigen Varianten gefunden. Die Göttin wird vorherrschend in der Stellung mit zur Seite gebreiteten, nach oben abgewinkelten Armen und ebenso gespreizten Beinen dargestellt (s. Skizze Nr. 5), vom Ausgräber (James Mellaart) als Geburtshaltung interpretiert. Unter der Göttin ist oft ein Stierkopf, auch mehrere übereinander, abgebildet, woraus zu schließen ist, daß sie diesen gebiert. Der Stier ist nun, über die Erde verbreitet, *das* der weiblichen Gottheit beigegebene Zeichen für männliche Kraft. Wenn diese von der Göttin geboren wird, so ist das wie bei den noch älteren androgynen Figuren Zeichen dafür, daß Männliches als Teil der Welt wie des menschlichen Bewußtseins seinen Ursprung sowohl physisch wie psychisch im Weiblichen hat und so von diesem abhängig ist. Vielleicht sind unter den vielen in Çatal Hüyük gefundenen Horn-Symbolen aber auch Kuh-Hörner – wie sie aus dem altägyptischen Isis- und Hathorkult bekannt sind. Dann wäre das genuin weibliche Element in dieser Symbolik besonders betont. Dasselbe weibliche Weltanschauungsmodell findet sich noch in Schöpfungsmythen aus patriarchaler Zeit, in denen weibliche Gottheiten bereits entmachtet sind, deren ursprüngliche Bedeutung aber noch unter der männlichen Übermalung zu erkennen ist. So ist es in dem babylonischen Schöpfungsmythos «enuma elis» (9.–2. Jahrhundert v. Chr., ursprüngliche Fassung ca. Anfang des 2. Jahrtausends v. Chr.). Darin werden Himmel und Erde aus dem Leib der Tiamat gemacht, dem Urmeer, das als weibliche Gottheit vorgestellt ist. Der Kosmos ist damit gedacht wie das Innere eines weiblichen Körpers; ihr Schwanz, der sich als «Band des Himmels und der Erde» um diese legt, schließt den Nabel der Welt ein (Tafel 5 des Epos). Das Bewußtsein oder Lebensgefühl der Menschen mit diesem Weltbild kann kaum das der Verlorenheit im All, wird vielmehr eines des Geborgenseins im Mutterschoß der Welt gewesen sein. Und das bestätigen die wiederentdeckten prähistorischen Frauenkulturen, die ziemlich sicher friedliche Gesellschaften waren.

Der weibliche Seelengrund der Menschheit

Für eine heutige Spiritualität scheint mir diese Wiederentdeckung sehr wichtig zu sein. Sagt sie uns doch, daß die vorgeschichtliche Menschheit über lange Zeiträume hin in einer Seelenlage existierte, die nur als weiblich bezeichnet werden kann und die gekennzeichnet war vom Einssein mit der Natur, dem Kosmos, dem seelisch Unbewußten. Da sich aus tiefenpsychologischer Sicht sagen läßt, daß auch Menschen mit modernem Bewußtsein jene archaische Seelenverfassung noch in sich tragen, wenn auch in der Regel unbewußt, bedeutet die Seelenreise in die kollektiven Regionen des Unbewußten, daß dort die ursprüngliche menschheitliche Seelenlage des ganzheitlich Weiblichen wiederzugewinnen ist.

Für mich ist es immer wieder beeindruckend, wie leicht Frauen Zugang finden zu diesem weiblichen Seelengrund, wenn sie sich von den männlich-patriarchalen Bildern des Frau- und Menschseins gelöst haben. Bei manchen zeitgenössischen Schriftstellerinnen und Lyrikerinnen tritt die weiblich seelische Bewußtseinslage als die ursprünglich menschliche besonders deutlich hervor. Bei Christa Wolf in ihrer Nachdichtung des Kassandra-Mythos finde ich diese Seelenlage (s. 2. Kapitel); ebenso finde ich sie in Christine Brückners Buch «Wenn du geredet hättest, Desdemona». Wie diese Schriftstellerin die Seelenlage historischer und literarischer Frauengestalten von innen heraus erfaßt, als sei es ihre eigene, zeigt mir, daß in ihr selbst das weiblich-menschheitlich Seelische lebendig ist und sie befähigt, sich in andere Psychen mitmenschlich einzufühlen. Die so nacherlebte Gestalt der Maria, der Mutter Jesu, welche die Autorin gegen Ende der ersten christlichen Generation mit Gott über ihren Weg in und mit der Gemeinde und deren für sie und die Frauen negativen Veränderungen reden läßt, hat mir das Leitwort für dieses Kapitel gegeben: «Frauen benötigen keine Wunder. Es ist uns wunderbar, daß die Sonne aufgeht, daß aus Blüten Früchte werden.»

Es spricht für mich all das in verdichteter Kürze aus, was ich in diesem Abschnitt darzulegen versucht habe. Wunder im Sinne eines außerordentlichen oder gar die Naturgesetze aufhebenden Geschehens werden wohl nur dort gesucht und benötigt, wo die Verbindung mit der äußeren und mit der seelischen Natur verlorengegangen ist. Frauen, die ihr ursprunghaftes Einssein mit der Natur, dem Kosmos und dem seelisch Unbewußten leben, sich dessen gar bewußt sind, haben sozusagen naturgegeben eine Welt des Wunderbaren in und um sich. Wunder als Zeichen der Hoffnung auf eine bessere Welt sind vielleicht nur für Menschen wichtig, die sich nicht als eingebunden erfahren können in den großen Lebenszusammenhang alles Seienden. Dies ist allerdings der Zustand, den die männliche Lebensordnung in den patriarchalen Gesellschaften seit Jahrtausenden herbeigeführt hat. Die weiblichen Lebensmuster charakterisiert im Unterschied dazu Vertrauen in die Natur, religiös gesprochen: in die Schöpfung; denn weibliches Bewußtsein ist Bewußtsein davon, daß alles, was existiert, zusammengehört und in einem seelischen Zentrum zusammengebunden ist.

An der für Menschen vielleicht bedrängendsten Frage nach dem Verhältnis von Leben und Tod möchte ich nun den Unterschied zwischen weiblichen Lebensmustern und männlicher Lebensordnung zu erforschen versuchen. Diese Frage hat viel mit der seelischen Unterwelt zu tun, wie ich das im 3. Kapitel erörtert habe. Aus den möglichen Aspekten zum Themenkreis der weiblichen Lebensmuster wähle ich deshalb diesen aus.

4.2 Ganzheit als Einheit von Tod und Leben

Es gibt eine Redewendung für das zu behandelnde Problem, von der ich nicht weiß, woher genau sie stammt, die aber allgemein bekannt, also weit verbreitet ist: «Stirb und werde.» Sie drückt in der Weise einer Aufforderung das Lebensgesetz der Natur aus, das wir z. B. am jahreszeitlichen und kosmischen Ablauf beobachten können. Ich möchte es, in Rückbindung an die Überlegungen des vorigen Abschnitts, das Grundgesetz der weiblichen Lebensmuster nennen.

Männliche Todesängste

Ein Theologe, der einen neuen Ansatz für die Frage der Repräsentation des Weiblichen im Göttlichen, unter Einbezug mythischen Materials, versuchte, benutzte in einem Vortrag die Wendung in der Form: «Werde und stirb.» Auf meine Bemerkung hin, daß mir die Umstellung aufgefallen sei, sagte er, das habe er bewußt getan, er habe die gängige Formel verändern wollen. Bewußt also stellte der Theologe das «Stirb» ans Ende. Sollte er in diesem bewußten Vorgehen möglicherweise unbewußt das Prinzip der patriarchalen Lebensordnung mitgeliefert haben? Das Prinzip, nach dem der Tod das Ende von allem ist – ein Grundsatz, der nicht nur gedacht, sondern nach dem in patriarchalen Gesellschaften vor allem gehandelt wird mit den ausgeklügeltsten Methoden, Tod herbeizuführen. Ein Gefühl der Ausweglosigkeit vor dem Tod finde ich in ähnlicher Form in einem Aufsatz von Carl Améry, der von den tödlichen Siegen des menschlichen Bewußtseins über die Natur und dem christlichen Osterglauben handelt. Nachdem er die «uralten Feiern des Stirb und Werde» dargelegt hat, sagt er: «Was bedeutet mir der Kreislauf künftigen Lebens, wenn ich nicht daran teilnehme mit dem Einzigen, was wirklich mein ist – mit meinem Bewußtsein, meiner Identität? ... Es geht um den Sieg ... über ... die persönliche Sinnlosigkeit des Todes, der mir zugefügt wird ...» Und am Ende seines Artikels heißt es: «Es wird unendlich schwierig sein, eine Welt zu ersinnen und ein Leben zu praktizieren, in denen der Mensch etwas tun muß, was er bisher noch nie (auch in vorchristlicher Zeit nicht!) getan hat: der Natur und ihren Gesetzen frei und souverän im Sinne einer bewohnbaren Zukunft zuzustimmen.» (Die Zeit der tödlichen Siege.)

Die Behauptung des letzten Satzes, noch nie sei den Naturgesetzen aus freier Entscheidung zugestimmt worden, läßt sich aus heutiger Kenntnis der menschheitlichen Bewußtseinsentwicklung nicht aufrechterhalten. Die Frühzeit weiblichen Bewußtseins zeichnet sich gerade dadurch aus, daß die Welt-Anschauung, die Religion und das Verhalten sich im bewußten Einklang mit den Gesetzmäßigkeiten der Natur gebildet haben. Der Widerspruch, den der Autor erlebt, zwischen dem natürlichen Ablauf des Lebens und seinem einmaligen Ich-Bewußtsein, seiner Identität, ein Widerspruch, der sich in der Erfahrung eines sinnlosen Todes dieses Ich zuspitzt, drückt genau die Seelenlage des modernen Bewußtseins aus, das sich vom Unbewußten als seinem natürlichen Wurzelgrund getrennt hat. Es ist die Bewußtseinslage patriarchaler Gesellschaften, in denen der weiblich-ganzheitliche, mit der äußeren und der seelischen Natur verbunden gebliebene Ursprung des Bewußtseins verlorengegangen ist, unterdrückt oder verleugnet wird. Wohl nicht von ungefähr sprechen insbesondere Männer die Erfahrung absoluter Sinnlosigkeit des Todes aus, wenngleich wir Frauen nach jahrtausendelangem Einimpfen und Verinnerlichen der männlichen Lebens-Ansicht keineswegs von der Angst vor dem Tod verschont sind, vielmehr hohen Anteil haben an der Entwurzelung des Bewußtseins aus der Natur. Dennoch meine ich, Frauen hätten im allgemeinen eine größere Chance, ihr Bewußtsein leichter wieder im seelisch Naturhaften zu verwurzeln und Tod dann vielleicht anders zu sehen, wenn sie sich einmal auf den Weg gemacht haben.

«Stirb und werde», das weibliche Lebensmuster

Daß es mit der Sicht des Todes nicht immer so war, wie die beiden männlichen Beispiele es darstellen, läßt sich wiederum aus den Anfängen menschheitlichen Bewußtwerdens erschließen; deshalb greife ich nochmals auf die ur- und frühgeschichtlichen Funde zurück. Bei diesen nimmt neben der Orientierung in die vier Richtungen des Ganzen die Zahl drei eine hervorragende Stelle ein, und zwar wiederum sowohl in abstrakten Symbolen als auch bei den weiblichen figürlichen Darstellungen. In den Kulthöhlen der Eiszeit erscheint die

Drei in verschiedenen Formen sehr häufig; als parallel einge-
ritzte Striche, als Punkte und Linien auf Steinen, als Dreieck,
das die weibliche Vulva abbildet; daß die Drei als weibliche
Zahl verstanden wurde, zeigen Abbildungen der Vulva, in die
drei parallele Linien eingeritzt sind. Wie ist die Kombination
der Drei mit dem Mutterschoß der Frau zu erklären, und was
drückt diese Symbolik aus? Marie König (Die Frau im Kult
der Eiszeit) weist mit vielen Belegen nach, daß die Dreizahl
eine Lunarsymbolik ist, in der die drei sichtbaren Phasen des
Mondes – zunehmender, voller, abnehmender Mond – zusammengefaßt sind. Daß zwischen dem monatlichen Um-
lauf des Mondes und dem Zyklus der Frau seit alters her ein
enger Zusammenhang erlebt wurde, kann auch heute noch
verständlich sein. In der Ur- und Frühzeit wurde in dem sich
rundenden Mond der Prozeß weiblicher Fruchtbarkeit erfahren, der sich erneuernde Kosmos und die lebensspenden-
de Frau in eins gesehen.

An weiblichen Statuetten mit mondsichelartig ausgearbeite-
tem Schoßdreieck ist diese Ganzheitssicht besonders deutlich ausgedrückt (s. Skizze Nr. 6). Der Stier als Attribut der
Göttin gehört auch zu dieser Symbolik: die gebogenen Hörner versinnbilden ebenfalls die drei hellen Mondphasen; es
gibt auch Stierdarstellungen mit aufgemalten Mondsicheln
und Dreiecken, welche die Symbolik der Stierhörner geradezu interpretieren. Häufig, wie in Çatal Hüyük, sind auch nur
Stierköpfe oder die Hörner allein abgebildet, ein Zeichen dafür, daß es beim Stier nur auf die Aussage der Hörner an-
kommt. Die Göttin mit dem Mond im Zeichen des Dreiecks
und der Stierhörner war somit die Garantin der Lebenskraft,
und das auch in den Phasen abnehmenden und sterbenden
Lebens. Die drei Mondphasen haben auch zu einer dreifalti-
gen Differenzierung der Göttin geführt – aus der Altsteinzeit
gibt es eine Darstellung von drei Frauenkörpern nebeneinander über einem Stier; die Körper bestehen fast nur aus vorge-

wölbtem Bauch mit Nabel und sichelförmiger Vulva. Noch weit bis in jüngere Mythologien hinein erscheint die weibliche Gottheit in dreifacher Ausprägung: als jungfräuliche jugendliche Göttin, die die Zeit des aufsprießenden neuen Lebens, den Frühling, bestimmt, als Liebesgöttin und reife Frau, die sommerliche Fruchtbarkeit und Fülle des Lebens hervorbringt, und als alte weise Frau, als Göttin der Unter-

Abbildung 6: Jüngere Altsteinzeit, Italien

welt, die das herbstliche Sterben des Lebens begleitet, im winterlichen Tod in ihren Schoß aufnimmt und zu neuem Leben verwandelt. Trotz ihrer unterschiedlichen Benennungen und Charakteristika ist die Göttin der verschiedenen Lebensphasen stets ein und dieselbe. Tiefenpsychologisch ausgedrückt verkörpert sie das ursprüngliche weibliche Bewußtsein vom Ganz- und Einssein des Menschen mit seiner Welt in einem fortdauernden Prozeß der Entfaltung, Verwandlung und Erneuerung.

Mit dem dritten, dem Todesaspekt der Göttin, hat in den frühesten abstrakten Darstellungen ein viertes Zeichen zu

144

tun: der Pfeil; er kommt sowohl in Verbindung mit der Vulva wie mit Stierbildern vor. Da beide Symbole Teil der lunaren Welt-Anschauung sind, verweist der Pfeil offensichtlich auf die unsichtbare vierte Mondphase, den Neumond. Der Pfeil dürfte somit im steinzeitlichen Weltbild Sterben und Tod ausdrücken, die der abwesende Mond anzeigt. Doch so wie die Todesgöttin der Mythen nicht das Ende des Lebens schlechthin bedeutet, sondern dessen Umgestaltung, so wird der Tod im Symbol des verschwundenen, aber wiederkehrenden Mondes und in Einheit mit dem gebärenden Mutterschoß als Durchgangsstadium zur Wiedergeburt gekennzeichnet. Die Erfahrung von Sterben und Tod bei Menschen mit diesem Weltbild kann unmöglich eine der Sinnlosigkeit gewesen sein. Der (Todes-)Pfeil in Verbindung mit der Vulva, die Todesgöttin als ein Aspekt, nicht zusätzlich zur, sondern *an* der lebenschaffenden weiblichen Gottheit lassen vermuten, daß der Tod als ein Teil des Lebens, nicht als dessen grundsätzliche Infragestellung erfahren wurde. Die Symbolik zeugt von einem tiefen Einverständnis der Menschen mit dem natürlichen Leben-Tod-Leben-Rhythmus.

Da diese Welt-Anschauung weiblich war, dürfte die Vorstellung des «Stirb und werde» auch heute noch der weiblichen Psychologie am nächsten kommen, und die Verkehrung der Formel in «Werde und stirb», bei der der Tod das letzte Wort hat, könnte als männliche Abweichung von ihr verstanden werden. Ich erinnere hier an die Phantasiereise der Studentin D. (vgl. S. 82 ff), die ihre Begegnung mit dem Tod in der seelischen Unterwelt als eine Erfahrung von Liebe und als eine große Lebensbereicherung erlebt hat. Die Höhlen- oder Grab-Imaginationen, von denen ich aus meiner eigenen Praxis ebenfalls Beispiele gebracht habe, zeigen eine ähnliche Erfahrungsstruktur; selbst wo die (Todes-)Gestalt der seelischen Unterwelt Angst und Schrecken auslöste, konnten diese verwandelt werden in eine Erfahrung der Selbstfindung, und das heißt in eine Erfahrung von neu werdendem seelischen Leben. Durch Jahrzehntausende vor der geschichtlichen Zeit herrschte also eine Weltsicht, die Menschen sich erfahren ließ als eingebettet in die großen Rhythmen des Kosmos und der Natur, von Tod und Leben. Und wie die Relikte weiblich geprägter Kulturen zeigen, führte dies keineswegs zu kultureller und geistiger Stagnation, wie das dem sogenannten Kreislaufdenken z. B. vor- und außerchristlicher Religionen oft unterstellt wird.

Die Art der Seelenreise der frühen weiblichen Kulturen und ihrer (Tiefen-)Psychologie ist weit zutreffender als mit dem immer an den gleichen Punkt zurückkehrenden Kreis mit der Spirale charakterisiert, die eine allmähliche, Menschen und Natur schonendere Entwicklung symbolisiert, als wir sie aus geschichtlich-patriarchalischen Zeiten kennen. Das aus weiblichen Lebensmustern gefügte Weltbild und die dazugehörige Religion kann ich mir kaum anders als den Menschen, ihrem Zusammenleben und ihrer Welt zuträglich, und damit meine ich: human vorstellen. Um so bedrängender wird vor diesem Hintergrund die Beobachtung, daß diese Lebensmuster ins Gegenteil verkehrt worden sind. Wie und wodurch die ursprünglich erfahrene Einheit von Tod und Leben vermutlich zerstört (worden) ist, will ich an einem mythischen Beispiel zeigen, dem babylonischen Gilgamesch-Epos.

Gilgamesch – das patriarchale Prinzip

In der überlieferten Form stammt es aus dem 12. Jahrhundert v. Chr., hat aber Vorstufen, die bis in den Anfang des 3. Jahrtausends v. Chr. hinaufreichen. Da es aus dem vorderorientalischen Raum kommt, aus dem auf das Israel des Alten Testamentes, auf das Judentum und das Christentum manche Einflüsse ausgegangen sind, gibt dieses Epos auch für uns noch ein Exempel ab, an dem sich Grundlegendes für unsere heutige Situation erkennen läßt. Die Dichtung ist ein Heldenepos, eine Art von Literatur, wie sie ebenfalls in vielen Kulturen zu finden ist, im germanischen Raum z. B. ist sie bekannt als Heldensage. Es wird von den Taten und vom Schicksal des Helden Gilgamesch erzählt, der als König von Uruk, einem babylonischen Stadtstaat, gilt. In tiefenpsychologischer Sicht kann Gilgamesch als Symbol des männlichen Bewußtseins verstanden werden, von dem das Epos charakteristische Stadien seiner Entwicklung auf geradezu dramatische Weise erzählt. Gilgamesch vertritt gegenüber der zuvor gültigen weiblichen Welt-Anschauung und Religion die sich durchsetzende männliche. Das Epos zeigt, wie das aufgekommene Patriarchat die weibliche Weltanschauung bekämpft und mit aggressiven Mitteln außer Kraft zu setzen versucht. Die Dichtung spiegelt ein Stadium des Kampfes, wo dieser zwar noch in vollem Gange ist, aber der Sieger – der Mann und *seine* Weltordnung – sich schon klar abzeichnet. Ich greife einige Gesichtspunkte des Epos heraus, die innerlich zusammenhängen und den Umbruch in der seelischen Einstellung deutlich erkennen lassen.

Gilgamesch will eine Tat vollbringen, die ihm über den Tod hinaus einen Namen macht, indem er die auf dem Götterberg wachsende Zeder umhaut (Tafel 5 des Epos). Es kann sich dabei nur um den Lebensbaum handeln – es heißt: Er «ist reich an Erquickung». Zugleich dürfte die Zeder auch der Weltenbaum sein; denn als Wohnsitz der Götter ist der Zedernberg der Mittelpunkt der Welt. Geweiht ist der Baum der Göttin Ischtar, der babylonischen Muttergottheit; die Zeder ist offensichtlich ihr Baum. Gilgamesch zerstört die Zeder, obwohl Träume – die Form der Offenbarung in weiblichen Religionen – ihn warnen: zunächst mit seinem eigenen Untergang, dann mit einer kosmischen Katastrophe – «es regnete Tod», «was da herabfiel – es ward zu Asche». In dieser letzteren Vision hat sogar der männliche Draufgänger Gilgamesch noch eine Ahnung davon, daß das Zerstören der weiblichen Lebensordnung im Symbol des Lebensbaumes für alles Seiende eine Katastrophe bedeutet. Doch statt auf dieses innere Wissen zu hören, wird sein Wüten gegen das Weibliche, nachdem er einmal damit begonnen hat, immer brutaler.

Seine zweite «Großtat» richtet sich nicht mehr gegen ein weibliches Natursymbol, sondern gegen die Göttin selbst. Die Göttin Ischtar wählt Gilgamesch zu ihrem Geliebten und fordert ihn auf, sich ihr als ihr Gatte zu verbinden. Dahinter steht die in den weiblichen Kulturen wurzelnde Vorstellung und Praxis von der «Heiligen Hochzeit». Diese wurde im allgemeinen jährlich begangen zwischen der Priesterin als Vertreterin der Göttin in der Gestalt der «Großen Mutter» und dem König als Vertreter des Sohn-Geliebten-Gatten der Göttin. Der Ritus diente der Lebenserneuerung bei den Menschen und in der gesamten Welt. Er kann auch als die Feier der Wiedergeburt des Lebens durch die Göttin, im Rhythmus des «Stirb und werde», gedeutet werden. Stellvertretend im König leistet bei der «Heiligen Hochzeit» auch der Mann seinen Beitrag zur Erhaltung und Fortsetzung des Lebens; er erkennt so die weibliche Naturordnung an und dient ihr. Gilgamesch nun antwortet auf die Werbung der Göttin mit einer wüsten Beschimpfung, indem er sie als gewöhnliche Hure, die an der Straße sitzt und sich von jedem nehmen läßt, klassifiziert. Er zählt die «Liebhaber» der Göttin auf, allen voran Tammuz, den göttlichen Sohn-Geliebten der großen Göttin, und behauptet, daß sie alle von ihr schlecht behandelt, ja zugrundegerichtet worden seien. Gilgamesch schließt mit dem Ausruf: «Und liebst du mich, so machst du mich jenen gleich!» (Tafel 6 des Epos). Wenn auch nicht ausdrücklich gesagt, so steckt in der Herabsetzung der Göttin doch eindeutig die Weigerung des Gilgamesch, an der traditionellen weiblichen Lebenserneuerung mitzuwirken. Ja, Gilgamesch geht noch weiter und tötet den Himmelsstier und wirft Ischtar eine Keule von diesem hin, wie einem Hund ein Knochen hingeworfen wird. Der Stier ist nun aber *das* Symbol der Göttin, in dem die lunar-kosmisch-weibliche Lebensanschauung zusammengefaßt ist. In dem Stier greift Gilgamesch somit die weibliche Ordnung von Himmel und Erde an, um sie endgültig zu zerstören.

Zerstörung der weiblichen Lebensordnung

Am Verhalten und an der Schmährede des Helden fällt nun einiges auf. Als erstes, daß er der Göttin ein aggressives Verhalten ihren Partnern gegenüber zuschreibt, welches im ganzen Epos von Gilgamesch selbst praktiziert, von Ischtar aber nicht berichtet wird. Das «Männerzerstörende», vor dem Gilgamesch offensichtlich große Angst hat, erscheint in tiefenpsychologischer Sicht als Projektion männlicher Schatteninhalte auf die Frau, hier: die Göttin. Seine eigenen destruktiven Taten versteht Gilgamesch ja als Ruhmes-Denkmale über die Existenz seines individuellen Ich hinaus, in völliger Verkennung von deren tatsächlich negativer Qualität; er verkennt, daß seine Taten das Leben zerstören. So produziert sich Gilgamesch als ein Mann, der sich von seinem Schatten regieren läßt, statt ihn sich bewußt zu machen. Als weiteres fällt auf, daß Gilgamesch die Göttin sozusagen zum letzten Dreck macht, ihr ihre Würde als Frau zu nehmen versucht, indem er die weibliche Lebensfeier zur Hurerei umdeutet. Doch gerade in dieser Pervertierung scheint die Mächtigkeit der in der Göttin verkörperten weiblichen Lebensordnung durch; wäre sie nicht so mächtig und umfassend, so brauchte sie nicht so maßlos bekämpft, um überwunden zu werden. Sowohl das der Göttin zugeschriebene aggressive Verhalten als auch die ihr unterstellte sexuelle Zügellosigkeit und Minderwertigkeit lassen sich bei tiefenpsychologischer Betrachtung nicht anders denn als Männerphantasien des Gilgamesch über die Frau bzw. der männlichen Gesellschaft, die das Epos hervorgebracht hat, bezeichnen. Beide Methoden – eigenes männliches Verhalten auf Frauen zu projizieren und Frauen menschlich herabzusetzen – werden in den patriarchalen Gesellschaften insgesamt wie auch von einzelnen Männern bis heute praktiziert, um Frauen zu entwerten und zu entmachten.

In den drei- bis fünftausend Jahre alten Vorstellungen des Gilgamesch-Epos läßt sich erkennen, daß der Kampf des entstehenden Patriarchats gegen die weibliche Lebensordnung zuallererst eine religiöse Auseinandersetzung war; und das bedeutet: er war Ausdruck einer von den ursprünglich weiblichen Lebensmustern abweichenden seelischen Entwicklung speziell des männlichen Bewußtseins. Dieses hat sich – wie das altorientalische Epos nahelegt – offenbar geweigert, den ihm von der Natur und in ihr zugeteilten Platz der Unterordnung unter das weibliche Bewußtsein und des Dienstes an den ganzheitlich-weiblichen Lebensmustern weiterhin einzunehmen. Gilgamesch bezeugt so etwas wie eine männliche Emanzipation, die aber offensichtlich aus sich heraus zerstörerisch gewirkt hat, womöglich wirken mußte. Daß die männliche Bewußtseinsentwicklung am Anfang eine negative Richtung eingeschlagen haben könnte, läßt sich nicht nur an alten Zeugnissen ablesen, sondern heute auch an den zerstörerischen Auswirkungen der patriarchalen Lebensordnungen erkennen.

Warum die männliche Bewußtseinsentwicklung so gelaufen ist, scheint mir gegenwärtig (noch) nicht recht ersichtlich zu sein. Zur Beantwortung dieser Frage werden wir die vorpatriarchalen Zeugnisse der Menschheit noch viel umfassender aus weiblicher Perspektive untersuchen müssen; der männli-

150

che Interpretationsansatz kann da, wie ich meine, nicht (mehr) weiterführen. An der Interpretation des Gilgamesch-Epos läßt sich das illustrieren. Ein Mann, der sich mit den Normen, den Erkenntnissen und Verhaltensmustern patriarchaler Gesellschaften identifiziert, wird kaum zu einer Auffassung der Gilgamesch-Gestalt kommen können, wie ich sie hier biete; er würde vermutlich das Heldenhafte dieser Figur positiv auffassen – wie ja der Begriff «Held» im Sprachgebrauch schon von vornherein positiv gefärbt ist; die unglaubliche Schmähung der Göttin und in ihr des weiblichen Geschlechts würde ihm vielleicht gar nicht auffallen und anderes mehr. Auch bei der Betrachtung der Folgen der an Gilgamesch exemplarisch erscheinenden männlichen Bewußtseinsentwicklung ist der weibliche bzw. männliche Ausgangspunkt von Belang. Diese Folgen sind für den Aspekt von Spiritualität, den ich hier behandle, jetzt noch anzuschauen.

Verlust der Ganzheit und des Sinns

Gilgameschs Kampf gegen Ischtar mündet zunächst in die männliche Geste: «Ich bin der Größte». Der «Held» brüstet sich vor den Frauen des Palastes:

Wer ist der herrlichste unter den Männern?
Wer ist der gewaltigste unter den Helden?
Gilgamesch ist der herrlichste unter den Männern!
Gilgamesch ist der gewaltigste unter den Helden!
Sie, der wir des Himmelsstiers Keule hinwarfen in unserem Grimm,
Ischtar ... hat auf der Straße niemand, der ihr Herz erfreut!
(Tafel 6 des Epos)

Doch sind selbst die männlichen Götter, die Ischtar nicht beigestanden sind, mit Gilgameschs Tun nicht einverstanden. Für das Umhauen der Zeder und das Töten des Himmelsstiers muß Gilgameschs dunkelhäutiger, bepelzter Freund Engidu sterben. Engidu ist wohl zu verstehen als der persongewordene Schatten Gilgameschs, als der tierischtriebhafte, dunkle Bruder, dessen Natur an den Taten des Helden beteiligt war. Wenn dieser nun in die Unterwelt eingeht, dann verweist das auf die Trennung des bewußten männlichen Ich von seinem unbewußten seelischen Untergrund. Gilgameschs Schattenbruder entschwindet seinem Ich, so daß dieses keine seelische Ganzheit mehr darstellt. Durch die Entmachtung der Göttin und ihrer Lebensordnung ist Gilgamesch somit keineswegs der Größte geworden, sondern seine seelische Wirklichkeit ist zu einem Fragment geworden. Der allgemeinere Sinn dieses Aspektes der Heldengeschichte dürfte sein, daß die Zerstörung der weiblichen Lebensmuster durch das Patriarchat das männliche Ich-Bewußtsein aus der seelischen Ganzheit herausfallen läßt.

Daß diese Einsicht im Gilgamesch-Epos deutlich zu erkennen ist, zeigt, wie nahe zur Zeit, als das Patriarchat um die Stabilisierung seiner Herrschaft kämpfte, sogar das männliche Bewußtsein noch dem Wissen war, daß ganzheitliches, heiles Leben nur von den weiblichen Lebensmustern ausgeht. Dieses Wissen ist jedoch immer mehr unterdrückt worden. Seine Stelle hat ein Lebensgefühl eingenommen, das im Gilgamesch-Epos das Grundproblem des Helden ist – die Verzweiflung über den Tod. Nach dem Tod seines Bruders Engidu rennt Gilgamesch in panischer Todesangst in die Steppe. Er betet sogar zur Mondgöttin, die er die Größte nennt: «Laß heil mich bleiben in dieser Gefahr!» (Tafel 9 des Epos), obwohl er diese Göttin im Stiersymbol getötet hat. Dann macht er sich auf zu Utnapischtim, dem babylonischen Noah, der die Sintflut überlebt hat und dem die Götter ewiges Leben geschenkt haben, um ihn nach dem Sinn von Leben und Tod zu fragen; dasselbe tut er bei einer fernen

Meeresgöttin. Doch überall bekommt er zu hören, daß er das Leben, das er sucht – es kann nur ewiges Leben gemeint sein –, nicht finden wird; daß Leben und Tod von den Göttern zugeteiltes Schicksal sind, erhält er als Antwort voll hilfloser Unwissenheit. Und das Lebenskraut, das Gilgamesch mit Hilfe des weisen Utnapischtim schließlich gefunden hat, verliert er wieder an eine Schlange, die sich durch dieses Kraut häutet und verjüngt (Tafeln 10 und 11 des Epos). Die Schlange ist wohl das älteste Symbol für die Wiedergeburt des Lebens; da Gilgamesch die Göttin des Lebens entmächtigt hat, hat er auch keinen Anteil mehr am weiblichen Mysterium der Wiedergeburt. Die Frage nach dem Sinn des Todes bleibt am Ende des Epos unbeantwortet. Engidu, der noch einmal aus der Unterwelt – aus der Erde, wie es jetzt heißt – zurückkehren darf, bringt pessimistische Kunde von dort:

Sag ich dir die Ordnung der Erde, die ich schaute –
Du müßtest dich setzen und weinen!
(Tafel 12 des Epos)

Mir scheint, daß an der Figur des Gilgamesch eine männliche Seelenreise gestaltet ist – der Held muß auf der Suche nach dem ewigen Leben manche gefährlichen Situationen bestehen. Es ist eine Seelenreise, die in Hoffnungslosigkeit endet, im Zerspaltensein statt im Ganzwerden. Die Kunde des toten Engidu aus der Unterwelt ist als eine Botschaft aus Gilgameschs seelischem Unbewußten zu verstehen, die ihm sagt, daß er in der Situation, in die er sich gebracht hat, keine Hoffnung haben kann. Das Epos läßt den, der seine Tiefenaussage mitzulesen versteht, erkennen, daß das Todesproblem als Erfahrung der Sinnlosigkeit Ergebnis davon ist, daß sich das männliche Bewußtsein aus den weiblichen Lebensmustern herausgerissen hat und damit von seinen eigenen seelischen Wurzeln abgeschnitten ist. Da das Epos eine wichtige Etappe in der Beseitigung weiblicher Kultur und Religion durch das Patriarchat spiegelt, kann mit einigem Recht vermutet werden, daß im Patriarchat an die Stelle des Geborgenseins im natürlichen Lebensgesetz von Sterben und Wiedergeborenwerden die Angst vor dem Tod getreten ist.

Tod als Zerstörer des Lebens

Wenn ich die Spiritualität des Gilgamesch-Epos als eine Station in der altorientalischen Religionsgeschichte betrachte, dann erweist sich das Alte Testament als ein Entwicklungsstadium, in dem mit dem endgültigen Untergang der Göttin auch der Tod definitiv eine negative Größe geworden ist: die Welt der Toten hat im Alten Testament nichts mehr mit Gott zu tun, es besteht keine Verbindung zwischen der Unterwelt und Gott. Stellvertretend für diese areglöse Sicht des Todes sei eine Psalmstelle angeführt: «Ist doch im Tode niemand, der Deiner (= Gottes) gedächte, und wer singt Deinen Preis in der Unterwelt?» (Ps 6,6) Hier ist die Einheit von Tod und Leben in weiblicher Religion völlig abhanden gekommen; die Toten sind aus der göttlichen Ganzheit ausgenommen. Damit ist aber auch die seelische Unterwelt geschlossen; denn in ihr wurde die Einheit von Leben und Tod als göttliche Macht erfahren. Die Trennung von (seelischer) Unterwelt und Gott ist ein wichtiges Zeichen für den Sieg des Patriarchats über die weibliche Lebensordnung. Im Alten Testament hat das männliche Bewußtsein diesen Sieg ziemlich perfekt errungen.
Der Sieg des männlichen Bewußtseins über das weibliche läßt sich tiefenpsychologisch auch so beschreiben, daß die weiblichen Urbilder vom Zusammengehören alles Seienden umgedeutet werden in Vorstellungen des Isoliert- und Ge-

trenntseins. An zwei entgegengesetzten Gegenwartsbeispielen möchte ich dies, den Abschnitt zusammenfassend, erläutern. Bei der im 3. Kapitel berichteten Imagination zum Gleichnis vom Sämann (s. S. 70) erlebte ein Student die Dornen, von denen der Same erstickt wird, als Stacheldraht, den zu überwinden er sich mühte, was ihm aber nicht gelang. Sicher ist dies eine Beispiel nicht für männliche Urbilder repräsentativ, aber vielleicht doch ein Symptom. Stacheldraht möchte ich fast für ein modernes Todessymbol halten. Es ruft Bilder hervor von KZs, Gefangenenlagern, Frontlinien in Kriegen, Abwehr von Demonstranten, aber auch Einfassungen von Grundstücken, Fabriken und Häusern. Wie unterschiedlich die Verwendungssituationen auch sein mögen – Abgrenzungen, bis hin zu tödlichen, sind ihnen gemeinsam. Stacheldraht als Symbol steht für Zerstören oder/und Verhindern von Einswerden und spiegelt eine Lebenseinstellung, in welcher der Tod das Leben kleinkriegt. Interessanterweise ist es kein natürliches Symbol, sondern eines aus technischer Fabrikation, spricht somit eine Spiritualität des Machens oder Verfertigens aus im Unterschied zu der des Werdens und Wachsens. Der Tod, der nicht als Verwandler, sondern als Zerstörer des Lebens erfahren wird, könnte der Vater solcher Spiritualität sein.

Weibliches Vertrauen ins Leben

Das andere Beispiel ist ein literarisches, ein Gedicht von Rose Ausländer:

Aber ich weiß

War ich ein Falter
vor meiner Geburt

ein Baum oder
ein Stern

Ich habe es vergessen

Aber ich weiß
daß ich war
und sein werde

Augenblicke
aus Ewigkeit

Eine völlig andersgeartete Spiritualität als die des Stachel-
draht-Symbols, die für mich in moderner Sprache dasselbe
sagt wie die urgeschichtlichen Symbole weiblicher Weltanschauung. Ein tiefes, unzerstörbares Vertrauen ins Leben
spricht das Gedicht aus; und es atmet ein Bewußtsein, in dem
das Ich sich als ein Teil von allem Seienden fühlt, sich eingebunden weiß in die kosmische (Stern), pflanzliche (Baum)
und geistige (Falter) Welt, auch wenn ihm dieses Wissen ak-
tuell nicht greifbar ist. Es ruht, tiefenpsychologisch gesprochen, in der unbewußten Tiefe der Seele und schenkt Momente von Unsterblichkeits-Gewißheit, «Augenblicke aus
Ewigkeit». Für mich ist dies ein Gedicht des «Stirb und werde», des weiblichen Lebensprinzips. Es enthält das Wunderbare, von dem das Motto zu diesem Kapitel aus Christine
Brückners Werk spricht; das Wunderbare nicht als etwas
Spektakuläres, sondern als das Selbstverständliche, weil es
mit dem Leben identisch ist. Die Wirklichkeit, wie die beiden
Dichterinnen sie poetisch sagen, wieder fühlen zu lernen, betrachte ich als spirituelle Aufgabe, wenn das Humane am
Menschsein uns nicht ganz verlorengehen soll. Das Kapitel
über die weiblichen Lebensmuster hat das Ziel, die notwendige Umkehr zu diesem Fühlen einsichtig zu machen.

Was für Frauen und Männer in unserer Zivilisation diese spirituelle Umkehr beinhaltet, soll noch überlegt werden.

4.3 Seelenreise als Umkehr zu den weiblichen Lebensmustern

Von der Voraussetzung ausgehend, daß am Morgen des menschlichen Bewußtseins das Psychische, die Natur und der Kosmos als von weiblichem Charakter erlebt wurden und diese die Menschwerdung prägende Wirklichkeit in unserer seelischen Unterwelt noch gegenwärtig ist, läßt sich die Abspaltung des Bewußtseins von seinem Urgrund und die psychische Isolierung des Ich aufheben oder heilen durch Zurückkehren zu den anfänglichen weiblichen Lebensmustern; das gilt für Frauen wie für Männer. Ich meine damit nicht die Rückkehr zu weiblichen Gesellschaftsformen archaischer Zeit, sondern die Rückkehr zu den weiblichen Seelenbildern, zu den weiblichen Urbildern der Menschwerdung. Geschieht solche Rückkehr ernsthaft und gewinnt sie Einfluß auf gesellschaftlich wirksame Vorstellungen, so werden sich auch die einseitig männlichen gesellschaftlich-politischen Lebensordnungen zu ändern beginnen.

Es mag Leser-inne-n verwegen erscheinen, von der seelischen Umkehr politische Änderungen zu erwarten; doch dürfte dieser wahrscheinlich weit verbreitete Zweifel auch herrühren aus dem Seelenverlust der westlichen Zivilisation. Wo auf breiter Basis seelische Tiefenerfahrungen nicht (mehr) gemacht werden bzw. nicht als real, zumindest nicht als relevant gelten, kann auch nicht mehr gewußt werden, welche schöpferischen Kräfte für eine humane Entwicklung dort zu gewinnen sind. Es käme also darauf an, daß Menschen damit anfangen, die weiblich-seelische Welt zu suchen, gewissermaßen noch ohne erlebt zu haben, welcher Reichtum dort zu finden ist. Sich auf den Weg zu machen, ist für beide Geschlechter gleich wichtig und notwendig; doch der Zugang zur Welt seelisch-weiblicher Lebensmuster ist für Frauen und Männer verschieden. Dies gilt nach den hier gemachten Voraussetzungen grundsätzlich, aber noch verstärkt bei den heutigen kulturellen Gegebenheiten. Ich betrachte die Umkehr zu den weiblichen Lebensquellen daher für Männer und Frauen nacheinander.

Umkehr beim Mann

Auf der Seelenreise zu menschlicher Ganzheit haben Männer ziemlich sicher eine höhere Abwehr zu überwinden als Frauen; denn in den jahrtausendelang währenden patriarchalen Gesellschaften hat das männliche Geschlecht sich daran gewöhnt, sich als die erste und ursprüngliche Ausprägung des Menschseins zu verstehen und das weibliche Geschlecht als das sekundäre, vom männlichen abgeleitete Menschsein. Der Sachverhalt ändert sich auch nicht dadurch, daß es einzelne Männer gibt, und vermutlich immer gegeben hat, die das anders sehen und empfinden; denn ausschlaggebend sind die kollektiven Einstellungs- und Verhaltensmuster. Erschwerend kommt für Männer hinzu, daß sie zu *dem* Teil der Menschheit gehören, der, als Geschlecht, nicht als einzelne, sich grundsätzlich in der Überlegenheitsposition befindet. Hier trifft zu, was auch für andere gesellschaftlich-politische Situationen gilt, die nicht in erster Linie durch den Geschlechtsunterschied charakterisiert sind, sondern z. B. durch Machtbesitz: in Machtpositionen befindliche, besitzende Gruppen haben aus sich heraus eigentlich kein Motiv, ihren Weg in eine andere Richtung zu nehmen; sie erleben ja gerade ihre Werte, sprich: Privilegien als menschlich maßgebend. Für die Seelenreise von Männern in patriarchalen Gesellschaften folgt daraus: nachdem «männliche Werte» über so lange Zeiträume verinnerlicht und als Maßstab für Menschsein schlechthin gehandhabt worden sind, wird es für Männer sehr schwer sein, für eine Umkehr der Bewertung männlich-weiblich überhaupt Impulse zu finden.

In welche seelischen Tiefen solche Verinnerlichungen reichen, läßt sich am Beispiel der biblischen Erzählung von der Erschaffung der Eva aus der Rippe des Adam (Genesis/1 Mose 2,21–23) ersehen. Es ist ja eine Geschichte, die weit über die jüdisch-christlichen Glaubensgemeinschaften hinaus bekannt (geworden) ist und wohl auch Wirkung gehabt hat. Wo haben Männer jemals gesehen, daß in der Vorstellung, die Frau sei aus dem Mann gemacht, ein kompletter Unsinn steckt, bei dem die Realität ganz ausgeblendet ist – es ist ja noch nie eine Frau aus einem Mann hervorgegangen, aber jeder Mann geht aus einer Frau hervor. Ich selbst, als Frau und Theologin, bin diesem Un-Sinn in jahrzehntelanger theologischer Arbeit nicht auf die Spur gekommen, bis sich in mir selbst ein Gespür für mein *weibliches* Bewußtsein entwickelt hatte. An mir selbst konnte und kann ich somit erleben, wie nicht nur Männer, sondern auch Frauen durch die herrschenden männlich-psychischen Einstellungen auf der Seelenreise zu den wirklichkeitsgerechten weiblichen Lebensmustern behindert werden. Was aber würde es für Männer bedeuten, wenn sie es doch für wert hielten, sich auf diese Reise zu machen? Drei Wegstrecken hebe ich hervor, die mir für die Seelenreise von Männern in patriarchaler Zivilisation als besonders wichtig erscheinen.

Neue Art zu hören und zu sehen

Für Männer wird es als erstes nicht möglich sein, ganzheitlich Mensch zu werden ohne eine Umwertung der seelisch verankerten männlichen Wertvorstellungen. Als bloßer Denkakt vollzogen, nützt diese freilich wenig, ja dadurch kann die wirkliche Umkehr sogar verhindert werden. Seelisch einwurzelndes Umwerten kann nur durch verarbeitete Erfahrung geschehen, weil nur Erfahrung Männer vom Wert weiblicher Lebensmuster überzeugen kann. Eine Tür zum Eintreten ins seelisch Weibliche wird für Männer die Erfahrung von Frauen mit der Unterdrückungsgeschichte des Weiblichen in männlichen Lebensordnungen sein können, wohl sogar sein müssen. Dazu müßten Männer eine neue Art des Hörens und Sehens lernen.

Ein kleines Beispiel kann das verdeutlichen. Bei einer theologischen Tagung zur Frauenthematik wird in einem Referat ein Überblick geboten über die Benachteiligungen, Entwertungen, Unterdrückungen, ja Beseitigungen von Frauen in der Geschichte aller christlichen Kirchen. Eine der ersten Wortmeldungen eines Theologen in der Diskussion bezieht sich auf die Hexenverfolgungen und lautet sinngemäß so: Es gehe auf keinen Fall an, die Hexenverfolgungen auf die Geschlechterfeindschaft der (Kirchen-)Männer gegen die Frauen zurückzuführen; es seien ja auch Männer in diesen Verfolgungen umgebracht worden. Eine solche Reaktion ist in meiner und vieler Frauen Erfahrung kein Ausnahmefall. Was geschieht dabei eigentlich? Zunächst wird gar nicht hingesehen auf das, was Frauen und den durch sie verkörperten weiblichen Lebensmustern tatsächlich von Männern angetan worden ist. Beim Thema «Hexen» läßt sich der Zusammenhang zwischen Frauen und weiblichen Lebensmustern verhältnismäßig leicht erkennen; denn «Hexen» waren oft heilkundige, weise Frauen, die Wissen um die elementaren

Lebensvorgänge hatten, um Empfängnis und Geburt, um Krankheit und Heilung, um Sterben und Tod; sie wurden häufig gerade deswegen zu Hexen erklärt. Die Hexenverfolgungen sind daher eines der zahllosen Beispiele in der Geschichte männlich beherrschter Gesellschaften, in diesem Fall Kirchen, wie weibliche Lebensmuster ausgerottet wurden. Dieser Sachverhalt verändert sich nicht dadurch, daß in den Hexenverfolgungen auch Männer umgebracht wurden; daran zeigt sich vielmehr, wie sehr die Zerstörung des Weiblichen auf die Männer selbst zurückschlägt, zerstören sie damit doch ihre eigene physische wie psychische Ausgangsbasis als Menschen.

Wenn Männer nun, wie in dem angeführten Beispiel, die Ergebnisse männlicher Verwüstung des Weiblichen nicht anschauen – können oder wollen –, so bagatellisieren oder leugnen sie damit eine Wirklichkeit, an der sie selbst seelisch teilhaben; denn einer in der Außenwelt geleugneten Realität entspricht, tiefenpsychologisch betrachtet, eine verdrängte oder unterdrückte seelische Wirklichkeit: das Weibliche in der männlichen Seele. Das Nicht-Hinhören von Männern auf die Erfahrung von Frauen mit der Diskriminierung ihres Geschlechts erweist sich daher als ein Aspekt an der männlichen Projektion des seelisch abgespaltenen Weiblichen auf Frauen, die sich stets negativ auswirkt. Auch bei diesem Phänomen gibt es eine seelische Verbundenheit in menschheitlicher Dimension, das heißt: die Abspaltung des weiblichen Lebensprinzips in der männlichen Psyche ist ein Kulturphänomen in allen patriarchalen Gesellschaften, von dem alle Männer mehr oder weniger betroffen sind. Auch wenn sie als einzelne sich an der Unterdrückung von Frauen nicht beteiligen, sind sie dennoch den patriarchalen Erziehungsmustern und Institutionen ausgesetzt, in denen die Abwertung und Entmachtung des Weiblichen konserviert und fortgepflanzt wird; und an den Auswirkungen jahrtausendelanger seelischer Verdrängung der weiblichen Lebensmuster tragen auch sie. Konkret auf mein Beispiel hin gesprochen: An den seelischen Folgen der historischen Hexenverbrennungen tragen auch *die* Männer mit, die sich an «Hexenverfolgungen» nicht beteiligen. Auf der männlichen Seelenreise zum menschlichen Ganzwerden bedarf es darum der seelisch erlebten Aufwertung des Weiblichen.

Spirituelle Demut

Um eine solche Erfahrung in Gang zu bringen, werden Männer nicht ohne Demut auskommen. Das ist eine seelische Einstellung, die in männlich bestimmten Gesellschaften im allgemeinen als Frauensache angesehen wird. Im christlichen Umfeld sprechen allerdings auch Männer, Amtsinhaber insbesondere, von der Demut als einer von ihnen selbst geforderten Haltung. In diesem Bereich wird Demut meist mit der Vorstellung verbunden von sich kleinmachen, für die anderen dasein und selbst zurücktreten, sich selbst nicht wichtig nehmen, sich selbst gar nicht beachten, was heißt: sich selbst nicht anschauen. Diese Spielart von Demut meine ich nicht; sie hat zudem den Nachteil, daß gerade Männer, die gern von ihr sprechen, sie oft nicht üben. Die spirituelle Demut, die ich für die Seelenreise von Männern für notwendig erachte, läßt sich als Zur-Kenntnis-Nehmen der Wirklichkeit umschreiben. Und tiefenpsychologisch heißt das, Projektionen zurückzunehmen. Frauen und weibliche Lebensmuster können unter männlicher Lebensordnung nur dann wirklich und dauerhaft befreit werden, wenn zugleich das eingekerkerte Weibliche in der männlichen Seele erlöst wird. Das wird möglich, indem das psychisch Weibliche als das ursprunghaft und umfassend Menschliche an die erste Stelle gerückt wird, das psychisch Männliche sich als vom

Weiblichen «geboren» und diesem zugeordnet akzeptiert. Das verlangt von Männern auf der Seelenreise gewiß das Herabsteigen von einem Sockel, auf den das männliche Geschlecht in der patriarchalen Menschheitsgeschichte sich gestellt hat; ohne Einüben in Demut scheint mir das nicht möglich zu sein. Demut gehört traditionell zu den Forderungen christlicher Spiritualität. Ich meine, sie wird in den hier dargelegten Zusammenhängen anthropologisch einsichtig.

Mut, den Ich-Panzer abzulegen

Das Beispiel des Theologen, der die Vernichtung von wahrscheinlich Millionen von Frauen in der Zeit der Hexenverfolgungen als nicht geschlechtsbedingt verharmloste, zeigt stellvertretend an, wie schwer es für Männer ist, sich ihrer geschlechtsspezifischen Selbsterkenntnis zu stellen, durch das «Zauber-Spiegel-Tor» zu gehen und dabei die Entzauberung männlicher Überlegenheit zu erfahren. Dazu gehört nicht nur Demut, sondern auch Mut. Mut benötigen Männer, wenn sie es wagen, sich einer Desillusionierung des männlichen Ich auszusetzen. Da dieses sich von seiner seelisch weiblichen Basis getrennt hat und in patriarchalen Kulturen sich als männlich-rational-technologisches Bewußtsein immer weiter von seinem tragenden seelischen Grund entfernt hat, fehlt dem männlichen Ich weithin die gewachsene, seelisch fundierte Sicherheit. In patriarchalen Gesellschaften scheint mir das männliche Ich-Bewußtsein in hohem Maße durch äußere Stützen aufgebaut zu sein: durch Macht in verschiedenen Spielarten – ökonomische, politische, einflußreiche Positionen, meßbare Leistung wie in der Wirtschaft und im Sport, durch rücksichtsloses Bekämpfen und Ausschalten von Konkurrenten, die sich als gleich stark oder gar stärker erweisen könnten, durch ein Normengefüge, das das Leben zustellt und anderes mehr. Diese Diagnose läßt sich für das gesellschaftlich-politische Leben stellen, wo sich gewissermaßen ein männliches Kollektiv-Ich darstellt, wie auch bei vielen einzelnen Männern. Mir drängt sich für das männliche Ich-Bewußtsein der Vergleich mit dem Riesen Goliat im Alten Testament auf (vgl. 1 Samuel 17), der mit seiner totalen Panzerung und Bewaffnung ungeheuer bedrohlich wirkt und der auch tödliche Wirkung haben kann bzw. hat, der aber andererseits auch ungeheuer verletzbar und selbst an irgendeiner Stelle tödlich zu treffen ist. Mythische oder sagenhafte Überlieferungen wie die von Goliat in israelitisch-jüdischer Tradition oder die von Siegfried in der germanischen Nibelungen-Überlieferung, von dem Helden, der sich eine zweite Haut aus Drachenblut als Panzer zugelegt hat und dennoch an einer Stelle verwundbar bleibt, deuten auf männliche Imaginationen des Inhalts hin, daß das Ich unangreifbar und unverwundbar sein möge. Mir kommt die gegenwärtige Weltpolitik manchmal so vor, als wäre sie der gigantische Versuch, diese illusionäre männliche Vorstellung in die Realität umzusetzen. Sagenhafte Gestalten wie Goliat und Siegfried könnten da warnen, denn an ihnen ist ein realistischer Aspekt erhalten geblieben; die Panzerung nützt ihnen am Ende nichts, sie bleiben tödlich verletzbar. Was läßt sich im tiefenpsychologischen Menschenverständnis dem männlichen Ich anstelle der Panzerung von außen als wirklich tragfähige Ich-Stabilisierung anbieten?

Zunächst, so meine ich, ist es die Aufforderung, die äußeren Stützen fahren zu lassen, bzw. realistischer, sie allmählich abzubauen. Dazu braucht es den erwähnten Mut. Ich als Frau denke, es braucht dazu größeren Mut als für jede der gewaltigen zerstörerischen «Nibelungentaten». Denn zunächst wird ein männliches Ich, das seine Panzerung beiseitelegt, sich als noch verletzbarer erleben, als es das sowieso schon ist. Größere seelische Verletzbarkeit auszuhalten, kann aber gerade die Wandlung des Ich zu ganzheitlichem Menschwerden einleiten. Das männliche Ich, das sich nicht mehr durch einen Panzer und Waffen gegen andere Ichs glaubt behaupten zu müssen, lernt auch, sich selbst in seiner Verletzlichkeit zu fühlen; denn ein Ich-Panzer schirmt auch gegen die eigenen Gefühle ab. Ein seine Verletzlichkeit fühlendes und diese bejahendes Ich hat die Chance, in seelische Tiefen hinunterzuwachsen, durch Rückbinden an den weiblichen Lebensursprung seelische Wurzeln zu bilden und so allmählich gewachsene und wachsende, statt gemachte Sicherheit zu erlangen. Das Verwurzeln in der seelischen Unterwelt bedeutet für das Ich keinen Verlust an Bewußtsein, wie das einem mit Rationalität gepanzerten Ich erscheinen mag, sondern vielmehr einen Zuwachs. Den Ich-Panzer ablegen sowie Verletzlichkeit zulassen und fühlen ist in sich ein Prozeß des Bewußtwerdens, freilich nicht als intellektuelle Erkenntnis, sondern als Anteil-Gewinnen an kollektiv-seelischer Einsicht. Diese Art von Bewußtwerden hat weniger mit Wissen als vielmehr mit Weisheit zu tun. Ein männliches Ich, das sich Inhalte des menschheitlich Seelischen aneignet, kann auf die Länge der Seelenreise eine Stärke von innen heraus erfahren, die einen Ich-Panzer von selbst überflüssig werden läßt.

Ein Vergleich mit körperlicher Stärke kann den psychischen Vorgang veranschaulichen. Bekannt sind Muskelprotze, die sich mit body-building eine eindrucksvolle männliche Statur zulegen und sicher viel Kraft besitzen; diese Kraft aber ist antrainiert und macht auf mich immer den Eindruck von etwas Unnatürlichem. Ein Beispiel von natürlicher Kraft konnte dagegen im Frühjahr 1985 in einer deutschen Fernsehsendung beobachtet werden. Darin wurde Karlfried Graf Dürckheim, der bekannte Meditationsmeister, der westliche und östliche Spiritualität miteinander verbindet, interviewt. Bei einer Demonstration gelang es dem ca. 40 Jahre jüngeren

Interviewer nicht, den frei ausgestreckten Arm des weit über 80 Jahre alten Graf Dürckheim auch nur einen Millimeter zu bewegen, und zwar deswegen nicht, weil der Arm von Hara-Kraft durchströmt war, wie der Interviewte erklärte; das bedeutet: er hatte seinen Körper in dessen Schwerpunkt im Unterbauch zentriert, und das verlieh ihm eine Standfestigkeit und Kraft, die dem Körperbau und der Muskulatur nicht anzusehen war, die vom Körperzentrum aus wirkte. Als das seelische Hara für das männliche Ich möchte ich die weibliche Lebenskraft bezeichnen, die bei Männern in patriarchalen Gesellschaften seelisch sehr tief vergraben ist. Vielleicht braucht das männliche Ich dort auch gar nicht neu Wurzeln zu fassen; da es aus den weiblichen Lebensquellen physisch und psychisch hervorgegangen ist, kann es erhalten gebliebene Wurzeln dort in der seelischen Tiefe vielleicht wiederfinden.

Seelische Neugeburt

Mut, so denke ich mir, hört auf, für die männliche Seelenreise notwendig zu sein, je mehr seelische Unterwelts-Erfahrungen das Ich macht – ich erinnere hier an die im 3. Kapitel berichteten Imaginationen zum Thema «Grab» und «Höhle»; gerade Männer erzählen im Zusammenhang mit solchen Seelenfahrten von Schrecken und Angst, die sie in den Seelenhöhlen oder engen Durchgängen befallen, die sie aber überwinden können, wenn sie durchhalten. Der Gedanke von Herrn R. (Imagination vom Atompilz) an Geburt drückt vermutlich etwas Exemplarisches für die Seelenreise des männlichen Ich aus: diese hat den Charakter eines Weges in den seelischen Uterus; dort kann das Ich neu geboren werden zu einem ganzheitlichen Menschen. Das männliche Ich wird, wenn es den seelischen (Wieder-)Geburtsvorgang – der sich über längere Zeit hinziehen kann – durchsteht, zu einer Erfahrung und sogar Selbstbefindlichkeit gelangen können, die der gleicht, wie sie die Menschheit am Morgen ihres Bewußtseins offenbar gehabt hat, wo sie sich in der Welt wie im Bauch der Göttin befand, der Erfahrung vom Enthaltensein im Ganzen des Seienden, beteiligt an den weiblichen Rhythmen des «Stirb und werde», bei denen das Werden das Sterben stets überrundet. Die seelischen Höhlenbilder vermitteln diese Zuversicht; ich habe noch nicht erlebt, daß jemand sich bei der Höhlen-Imagination als begraben erlebt hat. Allerdings ist das Werden nicht ohne seelisch verwandelndes Sterben zu haben; und das scheint für das männliche Ich, das sich gegenüber dem seelisch Weiblichen so sehr abgrenzt und sich von diesem unabhängig wähnt, schwer zu sein. Nochmals: Mut gehört dazu. Doch ich meine: Männer können auf ihrer Seelenreise mehr gewinnen als verlieren, nämlich anstelle eines fragmentarischen ein ganzes Menschsein.

Umkehr bei der Frau

Wie sieht nun die Seelenreise von Frauen zu den weiblichen Lebensquellen aus? Seit Frauen unter patriarchalen Lebensordnungen leben und diese zum Teil, wenn nicht gar weitgehend, verinnerlicht haben, ist manches von dem, was für die ganzheitliche Entwicklung des männlichen Ich gilt, auch auf sie anzuwenden. Das weibliche Ich (in diesem Fall bedeutet weiblich dasselbe wie das Ich von Frauen, denn es gibt immer nur das Ich von Frauen oder/und von Männern) trägt in patriarchalen Gesellschaften kollektiv sowohl männliche Projektionen, und hat diese auch als eigene Ich-Merkmale übernommen, als auch Züge des männlichen Ich, vor allem da, wo die Emanzipation von Frauen in Gang gekommen ist. So möchte ich Schritte beschreiben, die ich für die Seelenreise von Frauen aus tiefenpsychologischer Sicht für unumgänglich erachte.

Bewußtwerden der Entfremdung

Der Weg zu dem in den langen Anfangsetappen der Menschheitsgeschichte gelebten und in der Göttin verkörperten ganzheitlichen Menschsein beginnt mit Bewußtwerden. Dessen Inhalt ist zunächst das entfremdete Leben der Frau im Patriarchat. Und dieser Anfang ist bereits schwer, verlangt doch Bewußtwerden, eine Distanz zu dessen Inhalt einzunehmen. Psychologisch gesprochen müssen Frauen dabei ihre Identifizierung mit der patriarchalen Lebensordnung mindestens nach und nach aufgeben; dabei geht auch seelische und sogar soziale Sicherheit verloren, die durch das Identischsein mit den männlichen Lebensmustern gewährt wurde. Wie schwer dieser erste Schritt zu gehen ist, läßt sich sehen an der Beteuerung so mancher Frau angesichts der gegenwärtigen Frauenbewegung, *sie* sei nicht eingeschränkt in ihren Entfaltungsmöglichkeiten oder: sie fände es richtig, daß Frauen mehr als Männer an das häusliche Leben gebunden seien und auf Selbstverwirklichung verzichteten, weil das für die Kinder und die Familie besser sei. Solche Worte entsprechen gewiß dem subjektiven Gefühl dieser Frauen. Doch vor dem Hintergrund des sich auf breiter Basis verändernden Bewußtseins von Frauen bezüglich ihrer Situation ist dieses Gefühl als Ausdruck eines *patriarchal*-weiblichen Bewußtseins zu charakterisieren, das im unbewußten Identischsein von Frauen mit dem besteht, was von Männern als Wesen und Aufgabe der Frau festgelegt worden ist. Im patriarchal-weiblichen Bewußtsein drückt sich eine weibliche Ich-Identität aus, die weitgehend durch die Projektion männlicher Vorstellungen auf Frauen zustandegekommen ist. Es ist eine abgeleitete oder geliehene, keine authentische Identität; und eine solche entfremdende Identität bestimmt weitgehend das Schicksal von Frauen in patriarchalen Gesellschaften.

Es hat viele Jahrhunderte in der Geschichte patriarchaler Gesellschaften und Institutionen, wie z. B. der christlichen Kirchen, gegeben, in denen Frauen kaum in der Lage waren, sich diese Situation bewußt zu machen und ihre authentische Identität als Frauen zu suchen. Wo aber, wie gegenwärtig, ein neues Frauen-Bewußtsein möglich geworden und entstanden ist, ist jede Frau gefragt, ob sie durch Beharren im patriarchalen Bewußtsein ihre eigene Entfremdung unbewußt festhalten und zur Entfremdung der Frauen weiterhin beitragen will. Da Unbewußtbleiben stets entwicklungshemmend wirkt, daher ein Hindernis auf der Seelenreise darstellt, ist es unerläßlich, daß Frauen sich ihrer sozialen wie psychischen Beeinträchtigungen im Patriarchat bewußt werden, obwohl dies schmerzt und das Harmoniegefühl mit der gegebenen Lebensordnung auflöst.

Aus dem männlichen Schatten treten

Bewußtwerden wird, wie von selbst, eine geschärfte Wahrnehmung von und ein empfindlicheres Gefühl für männliche Überformungen weiblichen Lebens hervorbringen. Oft höre ich von Frauen in diesem Stadium: «In vielen Situationen fällt es mir wie Schuppen von den Augen, und ich begreife gar nicht, daß ich das früher alles für selbstverständlich gehalten habe.» Bewußtwerden ist so viel wie mit dem Auge im Bauch zu sehen beginnen. Da immer mehr und deutlicher gesehen wird, drängt das Wahrnehmen zu verändertem und veränderndem Verhalten. Für das Selbstwerden von Frauen scheint mir dieser Schritt besonders wichtig zu sein; denn sie müssen hier etwas tun, was unweigerlich auf Widerstand stößt: Sie müssen die weiblichen Klischees zurückweisen, die das Leben für Männer, und auch für Frauen, so bequem machen. Psychologisch gesprochen müssen sie ihre Rolle als Projektionsträgerinnen von Männern aufkündigen. Dies zu tun bedeutet nichts weniger, als eingefahrene Verhaltensweisen von Männern aufzudecken, die Frauen übersehen, abwerten, sie abhängig machen oder erscheinen lassen, sie ungerechtfertigt kritisieren, ihnen nicht wirklich zuhören usw., und dadurch Männer besonders herausstellen, aufwerten, überlegen machen oder erscheinen lassen, sie kritiklos als richtig handelnd hinstellen, sie redend besonders zur Geltung bringen usw. Die beliebig zu vermehrenden Beispiele und ihr jeweiliges Gegenstück erweisen, daß Frauen im Patriarchat dazu dienen, sich den männlichen Schatten anhängen zu lassen. Sind Frauen nicht mehr bereit, diesen auf sich sitzen zu lassen, verweigern sie also den Projektionsempfang, dann tun sie damit nicht nur ihrer eigenen psychischen Befreiung einen Dienst, sondern auch für die von Männern. Denn Projektionen funktionieren nicht mehr, wenn die, die Projektionen aufnehmen, das Spiel nicht mehr mitmachen. Da beginnt dann auch die Chance für die Projizierenden, ein abgespaltenes Stück von sich zu erkennen und zu integrieren.

Allerdings können Frauen beim gegenwärtigen gesellschaftlichen Bewußtseinsstand erst noch wenig damit rechnen, daß diese Chance von Männern ergriffen wird. Eher müssen sie sich einstellen auf Reaktionen wie die folgende, auch bei Männern, die der Frauenfrage gegenüber aufgeschlossen sind: «Ist das die Art von Frauen?» sagt ein Mann zu einer Frau, nachdem bei einer beruflichen Aufgabenverteilung (andere) Frauen überlegt hatten, welche von ihnen am besten mit einem bestimmten Mann zusammenarbeiten könne. «Ist das die Art von Frauen?» schließt unausgesprochen die Behauptung ein, Männern gehe es bei der Verfolgung von sachlichen Zielen nicht um solche persönlichen Aspekte. Allein das Pauschalurteil über Frauen – die Äußerung sieht nur formal wie eine Frage aus, gemeint ist sie eher als Feststellung – widerlegt die verbreitete Selbsteinschätzung von Männern, sie verhielten sich in beruflichen Arbeits- und Entscheidungsprozessen sachlich. Und das Urteil nimmt schon gar nicht das als normal geltende Konkurrenzverhalten im beruflichen und öffentlichen Leben zur Kenntnis, bei dem auch persönliche Zwecke durch Ausschalten anderer Menschen durchgesetzt werden – ein (sachliches?) Verhaltensmuster, das ich für eine Erfindung des Patriarchats halte. «Ist das die Art von Frauen?» entpuppt sich als Vorurteil, entstanden auf der Rückseite männlicher Selbsteinschätzung, als männlicher Schatten an Frauen aufgehängt. Das Beispiel erscheint mir als eine subtile Form von Widerstand gegen das Bewußtwerden von Frauen und den daraus folgenden Versuch, die menschlichen Beziehungen zu entschatten, indem sie z. B. offen die persönlichen Aspekte an sachlichen Problemen aussprechen und sie in Lösungsversuche einbeziehen, statt sie zu verdrängen und unbewußt auszuleben.

Mut, nicht Demut

Daß ihre Versuche der Selbst-Entwicklung positiv aufgenommen werden, können Frauen also noch kaum erwarten; zu viel an herrschenden Selbstverständlichkeiten wird dadurch in Frage gestellt. Welche Fähigkeit brauchen Frauen daher auf diesem Abschnitt ihrer Seelenreise in der gegenwärtigen Situation am meisten? Vor allem brauchen sie den Mut, aufzustehen und dem Widerstand gegen ihr Aufgerichtetsein standzuhalten. Dazu müssen sie die ihnen in der männlichen Gesellschaft verordnete Demut ablegen. Bei

Frauen haben beide «Tugenden» einen anderen Stellenwert als bei Männern. Die traditionelle Demut, oder einfacher, Bescheidenheit von Frauen ist das Gegenstück zur Selbstüberschätzung des männlichen Geschlechts und stützt diese. Demut bei Frauen ist daher nicht realitätsgerecht, und sie ermöglicht Männern das Projizieren auf Frauen. Vollständigem Menschwerden, zu dem Frauen wie Männer unterwegs sind bzw. sein sollten, entspricht dagegen der Mut von Frauen, sich aus der patriarchalen Verkrümmung zu erheben und sich zu der Würde und Autonomie zu bekennen, die dem weiblichen Geschlecht in der Evolution vorgegeben sind, die ihm in der langen vorpatriarchalen Menschheitsgeschichte zu eigen waren und die Frauen in den seelischen Tiefenregionen wiederfinden können. Männer brauchen Mut, um das überzogene, egozentrische Ich-Bewußtsein zu normalisieren; Frauen brauchen Mut, um ein von männlichen Vorgaben unabhängiges Ich-Bewußtsein zu entwickeln.

Einer eigenständigen Ich-Bildung von Frauen bedarf es gegenwärtig noch immer sehr. Das könnte wie ein Widerspruch zum ganzheitlichen Menschwerden klingen. Ich meine damit aber nicht die Isolierung des Ich vom Gesamt-Seelischen, die nach wie vor das Leitbild für die Entwicklung des Mannes abgibt. Vielmehr denke ich an das Wachsen eines stabilen weiblichen Ich-Gefühls aus den seelischen Wurzeln heraus, ein Gefühl, das Frauen unabhängig macht von den von Männern ersonnenen Vorbildern für weibliche Identität. In erster Linie nach dem schauen, was andere von ihr erwarten, immer lieb und nett sein, keinen Ärger und Zorn äußern, die Schwächen der Männer auffangen und die patriarchale Härte des Lebens ausgleichen oder bemänteln, kann bzw. darf nicht länger das Leitbild für das Ich der Frau sein. An Stelle dessen wird die Suche nach genuin weiblicher Individualität treten, für die es, wie ich meine, noch kaum Vorbilder gibt, auch nicht in den Erziehungsvorstellungen für Mädchen, z. B. in der Schule. Ein eigenes Gesicht haben, oder wie es im Motto zum dritten Kapitel steht: «wissen, wer ich bin», ist ein wichtiges Zwischenziel für Frauen auf der Seelenreise.

In gesellschaftlicher Sicht heißt der Prozeß, der dieser psychischen Entwicklung parallel läuft, Emanzipation, Befreiung der Frauen aus der Herrschaft der Männer. Unter dieses Stichwort fallen alle Bestrebungen, Frauen in *den* Bereichen gleiche Rechte und gleichen Einfluß zu verschaffen, in denen die Entscheidungen für die gesellschaftlichen Lebensordnungen fallen. Da die Spielregeln, durch die Einfluß zu erlangen ist, bislang von Männern gemacht worden sind, geraten Frauen, die den Emanzipationsprozeß voranbringen, leicht in ein Dilemma, das manch eine nicht einmal erkennt: Sie geraten in Gefahr, beim «Marsch durch die Institutionen» – der Ausdruck mit dem militärischen Anklang spiegelt schon männliches Lebensgefühl – die patriarchal vorgebahnten Wege zu nehmen; Wege, auf denen immer wieder Menschen auf der Strecke bleiben, auf denen der Kampf um vorenthaltene Rechte wieder neues Unrecht hervorbringt, Wege, auf denen der Machtbesitz wichtigstes Ziel ist und anderes mehr. Psychologisch gesprochen bringt emanzipatorisches Vorgehen Frauen in die Gefahr, sich bei ihrer neuen Identitätssuche an das männliche Bewußtsein anzugleichen. Das Ergebnis emanzipatorischer Angleichung wäre tiefenpsychologisch als männliches Frauen-Bewußtsein zu bezeichnen, ein Bewußtsein, mit dem Frauen sich der patriarchalen Psychologie von Männern anpassen.

Ganzheitliches Ich-Werden

Dies kann kaum ein erstrebenswertes Ziel für die Seelenreise von Frauen sein. Es ist auch nicht das, was ich unter der eigenständigen Ich-Bildung von Frauen verstehe. Denn ein bloß emanzipatorisches Ich-Bewußtsein schafft bei Frauen auch eine Trennung zwischen Ich-Position, Intellekt, rational-technischem Denken auf der einen und den schöpferischen, auf das Ganze ausgerichteten Kräften des Unbewußten auf der anderen Seite, mit allen negativen Folgen eines solchen unintegrierten seelischen Zustandes. Die Emanzipation der Frauen würde auf diese Weise die Verirrungen der männlichen Psychologie auf das weibliche Geschlecht ausdehnen. Und für wen könnte das gut sein? Wie das Dilemma der gegenwärtigen Situation von Frauen sich konstruktiv lösen läßt, ist schwer zu sagen; denn ohne emanzipatorischen Druck scheinen die «Herren» der Gesellschaft zu Veränderungen nicht bereit zu sein. Dennoch müßten Frauen einen anderen, ihnen eigenen Weg gehen, um ihre Rechte in Anspruch zu nehmen und zugleich eine nicht spaltende, vielmehr verbindende und ganzheitliche Spiritualität zu leben. Ohne intensive Seelenarbeit, das heißt ohne die Suche nach dem ursprünglich Weiblichen als ihrem seelischen Eigentum, halte ich es nicht für möglich, daß Frauen eine weibliche Spiritualität entwickeln, bei der das Ich in umfassendere seelische Dimensionen eingebettet wird.

Wie nah Frauen diese Möglichkeit jedoch liegt, wenn sie sich nicht nur gesellschaftlich emanzipieren, sondern auch ihre seelische Innenwelt befreien, will ich an einem Beispiel verdeutlichen. Nach einer Imaginationsübung zur Geschichte von der Geburt Jesu (Lukas 2,6–7), bei der wir den Weg zur Herberge gehen und dort Kontakt mit Mutter und Kind aufnehmen, erzählt Frau F.:

«Zu Anfang war das so, daß ich die Erdoberfläche, ihre Krümmung, deutlich wahrnehmen konnte. So groß und so weit war das. Und dann war ich auf einem Waldstück. Der Boden bestand aus Moos und abgefallenen Nadeln, so ganz weich.

Ja, und plötzlich war ich die Mutter und habe das Kind zur Welt gebracht. Und dann hatte ich das Kind im Arm und wußte erst mal nicht, was ich damit anfangen sollte. Es war noch so ganz voll Blut, wie Kinder direkt nach der Geburt sind. Und dann habe ich das abgewischt, hatte aber nichts weiter, wo ich das Kind reinwickeln konnte. Und hatte dann das Kind im Arm, und das war ganz warm. Und irgendetwas mußte ich damit machen. Ich habe es dann in meine Kleider mit eingewickelt und merkte plötzlich: Ich bin auch das Kind, nicht nur die Mutter, sondern gleichzeitig auch noch das Kind. Und das war ein unheimlich tolles Gefühl. Und dann wollte ich dem ganz viel von mir geben, damit diese Einheit erhalten bleibt oder damit sich das Kind wohlfühlt. Und ich habe dann nur noch gespürt, so im Sitzen, im Atem gespürt: Ich bin.

Dann haben sich plötzlich Raum und Zeit aufgehoben, auch so direkt für meine Wahrnehmung. Es war einfach kein Raum mehr da. Plötzlich bin ich über die Felder gewirbelt, also, so richtig getanzt vor Freude. Und das Kind war nicht mehr da. Aber ich hatte das Gefühl, die Grashalme, die Ähren und die Wolken und so, das ist alles ich. Ich bin also nur so rumgewirbelt und hatte fast das Gefühl, die ganze Erde – wo ich ganz deutlich die Erdkrümmung wahrgenommen habe wie am Anfang – das wirbelt mit, das freut sich alles mit, das tanzt mit. Und dann plötzlich ist eine Atombombe gefallen, das auch noch.»

Zwischenfrage: «Ist das alles zerstört worden?»

«Nein, komischerweise nicht. Ich habe den Atompilz gesehen, und es hat trotzdem nichts geändert. Das macht überhaupt nichts aus, mir nicht und ...» (Erzählung bricht hier ab)

Bei dieser Imagination geht es wiederum nicht darum, deren Aussage für das persönliche Leben von Frau F. herauszufinden, sondern die darin sich zeigenden kollektiven Bildstrukturen zu erkennen. Unter diesem Gesichtspunkt bietet die Imagination Ansätze zu einem Leitbild für weibliche Ich-Entwicklung. Der Form nach – mit dem ähnlichen Anfang und Schluß sowie dem betonten Mittelteil – wirkt diese symbolische Erfahrung abgerundet. Ein Prozeß bahnt sich an in der Wahrnehmung der Erdkrümmung, die nur von einem übergeordneten Standort aus möglich ist – so wie in der physikalischen Welt die Erdkrümmung von Weltraumfahrern, also von einer kosmischen Position aus, wahrgenommen

werden kann. Im seelischen Bereich verweist das Bild auf den
Weg zu einem «höheren», das heißt umfassenderen Bewußtwerden, das am Anfang vorwegnehmend angedeutet ist, in
der mittleren Symbolik durch einen psychischen Prozeß ver-
wirklicht wird und am Ende sich in einem naturhaft-
kosmischen Ganzheitserleben – da sein, mit allem eins sein,
in einer universalen Bewegung die Endlichkeit überwinden –
sowie einem psychischen Energieausbruch – Atomexplosion, die nicht zerstört (vgl. den Atompilz von Herrn R.,
S. 97) – manifestiert.
Die eigentliche seelische Arbeit zeigt der mittlere Teil mit
dem Bild von der Geburt des Kindes, ein Bild, das in den
Mythen der Menschheit verbreitet ist als die Göttin mit dem
Kind, ein archetypisches Symbol für die seelische Wiedergeburt, für ein neues Bewußtwerden. Die realistischen Aspekte
an Frau F.s Bild von der Geburt – das Blut muß abgewischt,
das Kind muß versorgt und gepflegt werden – zeigen, daß das
Neuwerden des Bewußtseins wirkliche Anstrengung und
kontinuierliches Bemühen abverlangt. Daß es sich bei der
Imagination nicht um das Reproduzieren der patriarchalen
Mutterrolle für die Frau handelt, geht aus dem Einswerden
von Frau F. mit dem Kind hervor; sie selbst ist beides: der
psychische Uterus, der das neue Bewußtsein hervorbringt,
und dieses Bewußtsein selbst. Nachdem sie dies gefühlt hat,
braucht das Kind nicht mehr im Bild präsent zu sein; es ist in
der kosmischen Erfahrung des Einsseins mit enthalten.
Ich finde in der Symbolik dieser Imagination Strukturen des
authentisch weiblichen Bewußtseins, wie ich es aus vorgeschichtlichen Funden und Mythen in diesem Kapitel zu re-
konstruieren versucht habe. Nach meiner Vorstellung und
Erfahrung können und sollten Frauen auf ihrer spirituellen
Reise versuchen, dieses weibliche Bewußtsein als ihr Selbstbewußtsein zu entdecken und in dieses hineinzuwachsen. Es
gehört dazu, daß das Ich als (nur) eine psychische Funktion

in das Gesamt-Seelische eingebunden bleibt oder wird; daß das weibliche Ich sich als Teil des seelischen Uterus erfährt, aus dem das Menschheitsbewußtsein geboren ist. Es gehört dazu, daß das weibliche Ich an die seelische Unterwelt angeschlossen bleibt, das heißt, sich den Zugang zu den weiblichen Urbildern des Lebens erschließt und offenhält. So könnte eine weibliche Ich-Entwicklung als ganzheitlich-menschliche geschehen. Dies könnte auch ein Beitrag zu einer Religion und Spiritualität werden, bei der Menschen fühlen, daß diese sie unbedingt angeht.

Weibliche Religion

Wenn ich das seelische Werden der Menschheit betrachte, soweit es bei gegenwärtigem Wissensstand zu erkennen ist, so fällt mir am meisten auf, daß das Bewußtwerden des Menschengeschlechts mit Religion beginnt, daß diese Religion in ihren Anfängen und über lange Zeiträume hinweg weiblich ist und daß in archaischen Religionen Träume und Visionen, seelische Urbilder also, von hohem Offenbarungsgehalt gewesen sind. Weibliches Ich-Werden in dem hier dargelegten Sinn mündet für mich in solch ein ganzheitlich spirituelles Leben, in Religion. An unterschiedlicher religiös weiblicher Symbolik läßt sich das Nicht-Patriarchale weiblicher Spiritualität zeigen; zunächst an einem Beispiel für ein patriarchal-religiös überformtes Lebensgefühl in einem mittelalterlichen Hymnus auf Maria, die Mutter Gottes, dem «Salve Regina»:

Sei gegrüßt, o Königin, Mutter der Barmherzigkeit,
unser Leben, unsre Wonne und unsre Hoffnung, sei gegrüßt!
Zu dir rufen wir verbannte Kinder Evas.
Zu dir seufzen wir trauernd und weinend in diesem Tal der Tränen.

Wohlan denn, unsere Fürsprecherin, wende deine barmherzigen Augen
uns zu.
Und nach diesem Elend (lateinisch = Verbannung, Exil) zeige uns Jesus,
die gesegnete Frucht deines Leibes.
O gütige, o milde, o süße Jungfrau Maria.
(11. Jahrhundert)

Außer den Anrufungen voll überschwenglicher Preisung zu
Beginn und am Schluß, die an vor- und außerchristliche Ver-
ehrungen der Göttin erinnert, ruft der Hymnus aus einem
tiefen menschlichen Verlorenheitsbewußtsein heraus die ret-
tende Macht der «großen Mutter» Maria an. So gern und oft
ich diesen Hymnus in meinem Leben gesungen habe, empfinde ich aus meinem heutigen Bewußtsein heraus eine fatale
Nähe der in ihm ausgesprochenen seelischen Verfassung
zu der Todesverzweiflung des Gilgamesch, somit zu einer
männlich-psychischen Einstellung und Religion.
Religiösen Ausdruck von Spiritualität in weiblichem Bewußtsein stelle ich mir etwa in der Form vor, wie ein Hymnus
ihn enthält, der eine Reaktion ist auf eine kirchliche Trau-
ung, die in kaum zu überbietender Banalität und seelischer
Dürre vollzogen wurde, bei der von den Lebensquellen, mit
denen eine sakramental verstandene Ehe in Berührung bringen sollte, nichts zu spüren war:

Jubelt der Tochter Morgen,
    sie läßt die Sonne strahlen.
Grüßet die Jungfrau Frühling,
    sie küßt das Leben wach.
Preiset die Mutter Erde,
    Gott läßt sie fruchtbar werden.
Singt mit den strömenden Wassern,
    sie spenden uns Leben.
Empfanget die Schwester Nacht,
    sie schenkt uns ihre Träume.
Ehret die Herrin des Todes,
    sie nimmt uns auf in ihren Schoß.

Hofft auf die Mutter des Lebens,
  sie läßt uns wiedergeboren werden.
Freut euch der weiblichen Mächte,
  durch sie werden wir heil.

Vielleicht läßt sich der Hymnus auch gesungen vorstellen mit einem Halleluja, das traditionell Auferstehungserfahrung und neues Leben ausdrückt. Frauen könnten selbst seelisch heil, ganz werden, wenn sie auf ihrer Seelenreise ihr Ich-Bewußtsein in das Einheitsfühlen mit den weiblichen Lebensmächten integrieren könnten. Ich meine damit nicht – wie einigen feministischen Bestrebungen öfter vorgeworfen wird –, Frauen sollten die alten Muster weiblicher Religionen einfach wiederbeleben; tiefenpsychologisch beurteilt wäre das nur eine «Wiederkehr des Verdrängten» (S. Freud) auf damaliger Bewußtseinsstufe; und zu der können wir im Ernst nicht wieder zurückkehren. Doch ohne die *psychische* Integration der abgespaltenen ursprunghaft weiblichen Lebensmächte wird es, ebenfalls tiefenpsychologisch beurteilt, eine Weiterentwicklung zu einem umfassenderen, ganzheitlichen Bewußtsein und als Folge davon zu einer Humanisierung unserer Lebensordnungen nicht kommen können. So betrachtet erscheint mir das Wiederfinden und Fortentwickeln weiblicher Lebensmuster für die individuelle wie die kollektive Menschwerdung unerläßlich.

Im folgenden sollen nun die bisherigen Überlegungen auf ein Beispiel religiös-spiritueller Überlieferung, auf das christliche, angewandt werden. Es geht um die Frage, ob bzw. mit welchen Inhalten das Christentum das spirituelle Sehen mit dem Auge im Bauch ermöglicht oder es fördern kann, oder ob es dieses vielleicht behindert. Daß die Frage im Rahmen dieses Buches nur an wenigen Punkten untersucht werden kann, liegt auf der Hand. Es geht um einige grundlegende Aspekte.

5. Das christliche Paradigma

*«Was nützt es dem Menschen,
wenn er die ganze Welt gewinnt
und seine Seele verliert?»*

Markus 8,36 und Parallelen bei Matthäus
und Lukas

Das griechische Wort «Psyche», das in dem als Motto gewählten Jesuswort im Urtext steht, wird in neueren Überset-
zungen durchweg mit «Leben» wiedergegeben; und in Kom-
mentaren wird des öfteren lang und breit auseinanderge-
setzt, warum es bei dem Wort nicht um die Seele gehen könne, sondern das Verlieren oder Einbüßen des Lebens gemeint
sei. Die Anstrengungen, das Wort «Psyche» aus der Stelle
wegzuerklären, können den Eindruck erwecken, als würde es
von Theologen als eine Zumutung empfunden, wenn Jesus
seelischer Wirklichkeit eine Bedeutung beigemessen hätte,
wie dieses und vergleichbare Bibelworte es anzuzeigen scheinen. Bei manchen Autoren klingt die Sorge an, die Übersetzung mit «Seele» könne den griechischen Leib-Seele-
Dualismus ins Evangelium tragen. Und obwohl in wissenschaftlichen Untersuchungen des öfteren auf die komplexe
Bedeutung des griechischen Wortes «Psyche» als Leben,
Seele, Person, speziell bei seinem Vorkommen im Neuen Testament, hingewiesen wird (z. B. im Theologischen Wörterbuch zum Neuen Testament), wird die Bibelstelle meist ein-
strängig erklärt als physisches oder vor Gott gelebtes Leben.

Dabei weist der zweite Aspekt aus sich auf eine seelische Qualität hin; denn Leben vor Gott hat es gewiß mit innerer Einstellung und daraus hervorgehendem Verhalten zu tun. In tiefenpsychologischer Betrachtung ergibt das Jesuswort einen guten Sinn, wenn dem Gewinnen der (äußeren) Welt das Verlieren der Seele als des Ganzheitsaspekts der menschlichen Person gegenübergestellt wird. In der deutschen Sprache kennen wir die Wendung: «sich in der Welt, in den Dingen verlieren»; in ihr ist das Gespür dafür bewahrt, daß ein Mensch, der in den Dingen und Ereignissen der Welt aufgeht, sich verzettelt und einen Selbstverlust erleidet. Lukas hat das Jesuswort anscheinend in diesem Sinne verstanden, denn er hat den zweiten Teil verändert: «... dabei aber sich selbst verliert» (Lukas 9,25). Ich meine, er hat den psychologischen Sachverhalt noch deutlicher ausgedrückt.

Psychisches in den Worten Jesu

In der Verkündigung Jesu und in der Überlieferung von ihm spielen Aspekte seelischer Einstellung und Entwicklung sehr wohl eine Rolle, worauf das Leitwort dieses Kapitels wie manche anderen Worte in den Evangelien hinweisen, vom Verhalten und Tun Jesu zunächst ganz abgesehen. Nur an einige solche Worte, die so etwas wie ein psychologisches Urwissen verraten, sei erinnert:

«Achte darauf, daß in dir nicht Finsternis statt Licht ist» (Lukas 11,35) = «Wenn das Licht in dir Finsternis ist, wie groß muß dann die Finsternis sein» (Mattäus 6,23).

Das Wort ist im Kontext auf den Körper bezogen, der durch ein gesundes Auge hell ist, macht aber eine gleichnishafte Aussage, die eigentlich nur auf das seelische Innere des Menschen bezogen werden kann. Das Bild von Licht und Finsternis drückt gut den Gegensatz von bewußt und unbewußt aus. Gegen die pharisäische Einstellung, nach der strenges Befolgen der kultischen Reinheitsgesetze, z. B. beim Essen, das Heil bewirkt, richtet Jesus folgendes Wort:

«Nichts, was von außen in den Menschen hineinkommt, kann ihn unrein machen, sondern was aus dem Menschen herauskommt, das macht ihn unrein …
Denn von innen, aus dem Herzen der Menschen, kommen die bösen Gedanken, Unzucht, Diebstahl, Mord, Ehebruch, Habgier, Bosheit, Hinterlist, Ausschweifung, Neid, Lästerung, Hochmut und Unvernunft.» (Markus 7,15.21–22; par: Mattäus 15,11.17–20)

Das Wort hört sich an wie eine drastische Beschreibung der Schattenproblematik, wo im Unbewußten das krasse Gegenteil von dem wirksam ist, was in einer äußeren Fassade bewußt vorgezeigt wird. Mit dem projizierten Schatten hat das Wort zu tun:

«Warum siehst du den Splitter im Auge deines Bruders, aber den Balken in deinem Auge bemerkst du nicht? Wie kannst du zu deinem Bruder sagen: Laß mich den Splitter aus deinem Auge herausziehen – und dabei steckt in deinem Auge ein Balken? Du Heuchler! Zieh zuerst den Balken aus deinem Auge, dann kannst du versuchen, den Splitter aus dem Auge deines Bruders herauszuziehen.»
(Mattäus 7,3–5; par: Lukas 6,41–42)

Die Reihe der Worte ließe sich vermehren, die verdeutlichen, daß Jesus einen tiefen Zusammenhang gesehen hat zwischen dem Tun und der psychischen Verfassung von Menschen, daß er das seelische Gespaltensein als ein grundlegendes menschliches Problem erkannt hat.

Zwiespältige Auslegungsgeschichte

Die psychischen Aspekte in der Überlieferung von Jesus haben aber in der Auslegungs- und Wirkungsgeschichte des Evangeliums ein zwiespältiges Schicksal erfahren. Seelisches ist in der christlichen Glaubensgeschichte zum einen mißbraucht worden zu einer falschen Individualisierung der Botschaft Jesu, etwa im Sinne der Parole «Rette deine Seele», unter die eine frühere katholisch-pastorale Einrichtung, die sogenannte Volksmission, oft gestellt wurde. Ich erinnere mich an ein Gedenkkreuz in meiner Heimatkirche, das auf dem Querbalken als Inschrift besagtes Motto trug und auf dem Längsbalken die Daten der in regelmäßigen Abständen abgehaltenen Volksmissionen. «Rette deine Seele» suggeriert, christlichem Glauben gehe es darum, vor allem sich selbst aus der bösen Welt zu retten, und dies noch in einem engen moralistischen Sinn gemeint. Diese Art massenhaft-spiritueller Ausrichtung von Christen ist mit dem Jesuswort über diesem Kapitel gewiß nicht zu vereinbaren, denn Jesu Botschaft hat nicht die Abkehr von der Welt, sondern deren Umgestaltung zum Ziel. «Rette deine Seele» und ähnliche Parolen können sich auch nicht auf tiefenpsychologische Einsichten in die psychische Entwicklung von Menschen berufen; denn eine unverwechselbare seelische Identität herausbilden und sich zu einem ganzheitlichen Selbst entwickeln ist ja mit «Rette deine Seele» gerade nicht gemeint.

Zum andern hat in der Geschichte der Christenheit eine Seelenverneinung stattgefunden, für welche die zu Anfang beschriebene exegetische Akrobatik um den griechischen Ausdruck «Psyche» als Signal gelten kann. In einem Buch über tiefenpsychologische Spiritualität stellt sich somit die Frage, ob die christliche Tradition sich mit so etwas wie Seelenreise oder dem Sehen mit dem Auge im Bauch überhaupt zusammenbringen läßt, bzw. ob es nicht vergessene, das heißt verdrängte seelische Aspekte der christlichen Botschaft gibt, die für eine heute mögliche Spiritualität wiederzuentdecken wären. Die Frage kann im gegebenen Rahmen nicht ausführlich erörtert werden. Es kann hier nur darum gehen, an einigen Punkten zu prüfen, ob eine tiefenpsychologisch-spirituelle Sehweise auch am christlichen Beispiel zu verwirklichen ist.

5.1 Die Abspaltung der seelischen Unterwelt und des Weiblichen

Ich nehme hier die Anfangsüberlegungen des ersten Kapitels zur Praxis christlicher Spiritualität, wie ich sie aus katholischer Tradition kenne, wieder auf. An einer spirituellen Praxis, die erst in den letzten ca. zwanzig Jahren außer Übung gekommen ist, der persönlichen Beichte, läßt sich wie an einem Symptom eine grundlegende seelische Einstellung im Christentum erkennen.

Beispiel Beichte

Zwar aus der Elite-Spiritualität der Klöster hervorgegangen, ist die regelmäßige Beichte, neben dem Gebet, zu einer wichtigen geistlichen Übung des ganzen Kirchenvolkes geworden. Um so erstaunlicher ist das relativ rasche Schwinden dieser Übung im Zusammenhang mit dem II. Vatikanischen Konzil. Ich vermute, daß das Konzil nur eine Auslösefunktion zum Gewahrwerden eines seelischen Prozesses hatte, der unbewußt schon abgelaufen war. Was für psychische Zusammenhänge lassen sich an der Beichte und ihrem raschen Schwinden erkennen?

Beim Versuch einer Antwort spreche ich aus jahrzehntelanger persönlicher und aus religionspädagogischer Erfahrung. Die Art des Beichtvollzugs war und ist rituell. Der/die Beichtende hat bestimmte äußere (Sündenbekenntnis, Bußleistung) und innere Bedingungen (Gewissenserforschung, Reue) zu absolvieren, um Absolution = Lossprechung zu erhalten. Mir scheint diese Form zu der Art von Ritus zu gehören, die ich im zweiten Kapitel beschrieben habe (S. 49 ff). Tiefenpsychologisch bedeutet das: Die innere Wirkung der Beichte beruhte auf einem unbewußt ablaufenden Geschehen, das, weil unbewußt, auch Elemente der Projektion enthielt. Das Beichtkind wurde von Schuld(-gefühlen) und damit verbundener (Lebens-)Angst befreit und so davor bewahrt, von den unbewußt bleibenden seelischen Mächten überwältigt zu werden. Auf den Priester als Autorität mit höherer geistlicher Macht konnten dabei Aspekte des Selbst des Beichtenden projiziert werden, die dadurch jedoch von einer bewußten Verbindung zum Ich abgeschnitten blieben. So führte der rituelle Projektionsvorgang als solcher die Gefahr herauf, die psychische Weiterentwicklung zu blockieren. Wo diese durch einen seelischen Impuls gefordert, aber nicht durch Projektionsrücknahme geleistet werden kann oder wird, entstehen Schuld- und Angstgefühle, die wiederum ein Bedürfnis nach Absolution durch eine Autorität hervorrufen. Die Beichte bot in dieser Richtung eine seelische Entlastung, und diese konnte im Rahmen eines rituell verstandenen Glaubensvollzuges als Gefühl der Befreiung erlebt werden.

Auf der bewußten Seite des Beichtritus lief etwas anderes, jedoch Komplementäres ab. Hier standen die Beichtenden unter dem aus theologischer Lehre verinnerlichten Ideal, das Böse zu besiegen und vollkommen zu werden, was in populärem Verständnis meist hieß: nicht mehr zu sündigen. Da dieses Ideal von keinem Menschen erreicht werden kann, war der Brauch, in regelmäßigem Rhythmus, z. B. alle vier Wochen, zu beichten, sinnvoll; denn immer wieder kamen dieselben Sünden vor. Tiefenpsychologisch zeigt der Sachverhalt, daß der psychische Entlastungsvorgang sich auf einem jeweils gleichen oder kaum veränderten seelischen Niveau vollzog, das heißt, daß das Unbewußte durch den Ritus beherrscht, aber nicht integriert wurde. Zu Zeiten, in denen der religiöse Bereich nicht unter einem Bewußtwerdungsdruck steht, kann das genügen. Sobald aber Impulse zu einem umfassenderen Bewußtwerden entstehen und sich verstärken, trägt ein ritueller Vollzug weithin nicht mehr; er kann dann die unbewußt vollzogene Entlastung nicht mehr leisten. Hier scheint mir der tiefenpsychologische Grund für das Schwinden der Beichtpraxis zu liegen. Intuitiv wurden solche Zusammenhänge in der kirchlichen Pastoral anscheinend auch erfaßt und in die neue Beichtform des Gesprächs, nicht mehr im Beichtstuhl, sondern sich gegenübersitzend wie unter Partnern, umgesetzt. Damit wurde ein Grundelement psychotherapeutischer Verfahren in einen religiösen Ritus aufgenommen, Verfahren, welche psychische Heilung oder Reifung zum Ziel haben.

Abspaltung des Bösen

Was soll an dem Beispiel der katholischen Beichtpraxis für christliche Spiritualität erkennbar werden? Grundsätzlich zeigt sich in der Geschichte des Christentums ein Auseinanderdriften der bewußten und der unbewußten seelischen Welt. Die Beichte war ihrer rituellen Struktur nach geradezu darauf ausgerichtet, Menschen in einem weitgehend unbewußten seelischen Entwicklungsstadium zu fixieren; und dies war wiederum eine pastorale Auswirkung kirchlicher Dogmatik und Morallehre. In beiden ist die Vorstellung zur

Herrschaft gelangt, das Christentum sei die Religion, die nur dem Hellen und Guten zugeordnet sei, die deshalb alles Dunkle und Böse überwinden müsse. In tiefenpsychologischer Sicht kann dies nur als Verleugnung der dunklen, unbewußten Seite des Menschen und der (unbewußten) Natur gewertet werden. Hier erinnere ich an alles, was ich im dritten Kapitel ausgeführt habe: der individuelle und kollektive Schatten wird (ethisch) böse, wenn er abgespalten wird. Im Christentum ist z. B. aus den Dämonen, die sowohl bedrohende als auch hilfreiche seelische Kräfte symbolisieren, der nur böse Teufel mit seinem Anhang geworden. Aber auch dessen Abschaffung ist aus tiefenpsychologischer Sicht nicht der angemessene Weg, da hierbei eine große seelische Kraft ganz aus dem Blickfeld gerückt wird. Das negative Symbol des Teufels ist eine seelische Macht, die, statt bekämpft und abgelehnt, in menschliche Verantwortung genommen werden müßte, damit sie sich in eine aufbauende psychische Kraft wandeln kann. Im Christentum sind, so weit ich sehen kann, fast ausschließlich Vorstellungen und Praktiken zum Abspalten des Dunklen und Bösen entwickelt worden, keine zu dessen Integration; das bedeutet, der gesamte unbewußt-seelische Bereich ist negativ gewertet worden. Das wiederum verhinderte, daß Menschen sich zu einem das Unbewußte assimilierenden, vollständigen Menschsein entwickeln konnten. Ein wahrscheinlich noch unklares Gefühl für diese Situation hat sich anscheinend bei vielen Menschen ausgebreitet und dazu geführt, daß ihnen das von den kirchlichen Institutionen angebotene Christentum gleichgültig geworden ist. Wo dagegen innerhalb des christlichen Glaubens eine Entwicklung zu reiferem, zu eigenverantwortlichem Menschwerden eingesetzt hat, wie z. B. in Lateinamerika, da gewinnt Christsein neue Anziehungskraft.

Diskriminierte Offenbarung in Träumen und Visionen

In tiefenpsychologischen Vorstellungen von der Seelenreise ausgedrückt, ist im Christentum das Band zu den religiösen Urbildern immer schwächer geworden und sogar ganz abgerissen, wie z. B. in der verkopften westlichen Theologie. So hat sich im Christentum das eindimensionale Sehen mit den Kopfaugen etabliert und das eigentlich religiöse, das vieldimensionale Sehen mit dem Auge im Bauch verdrängt. Bezeichnend dafür ist die Ablehnung von Träumen und Visionen als Offenbarungsmittlern sowie das Mißverstehen der Symbolsprache biblischer Überlieferung. Im Alten Testament kommen Gotteserfahrungen in Träumen und Visionen noch öfter vor; doch auch hier ist der Prozeß der religiösen Bild- und Symbolverdrängung schon voll im Gange, und die Abwertung vorpatriarchaler Offenbarungsweisen ist deutlich zu erkennen. So erfolgt der Bundesschluß Gottes mit Abraham (Genesis/1 Mose 15,1. 7–12. 17–18) in einem «Gesicht», das Abraham im «Tiefschlaf» erlebt; das deutet auf Abrahams Hinuntertauchen ins tiefe Unbewußte. Dort wird ihm eine gewaltige Gottesbegegnung zuteil, die in Bildern eines uralten Opferritus mit Zerteilen und Verbrennen geschlachteter Tiere erzählt wird. Der Vorgang wirkt wie ein elementarer Energieausbruch, tiefenpsychologisch vergleichbar den bei Imaginationen erlebten seelischen Atomexplosionen, von denen ich im dritten und vierten Kapitel berichtet habe. Die Geschichte von Abrahams visionärer Gottesoffenbarung wird im Alten Testament völlig ernst, ohne Kritik oder Widerspruch dargestellt. Sowohl in mündlicher als auch in schriftlicher Überlieferung scheint diese Form von Gottesoffenbarung als tiefenseelisches Geschehen für legitim gegolten zu haben.

Eine andere seelische Einstellung ist dagegen zu erkennen in

Jakobs Traum von der Himmelsleiter (Genesis/1 Mose 28, 10–22), in welchem dem späteren Vater Israels eine Gotteserfahrung geschenkt wird, als er auf der Flucht vor seinem dunklen Bruder Esau ist. Zwar wird auch hier die Offenbarung Gottes im Traum für real genommen; doch Jakob hört nicht voll Hingabe auf die göttliche Traumbotschaft, sondern zieht sie in die Machenschaften seiner bewußten Tageswelt hinein mit seinem nach Marktgesetzen klingenden «Angebot» an Gott: «Wenn Gott mit mir ist und mich beschützt, dann soll er mein Gott sein.» Die seelische Welt der religiösen Urbilder wird hier nicht (mehr) wirklich verstanden, vielmehr für Ego(-istische) Zwecke entfremdet. Es ist anzunehmen, daß diese Einstellung des Jakob von gläubigen Israeliten gedeckt wurde, die dem Überlieferungsstück diese Färbung gegeben haben.

Noch widersprüchlicher werden die Offenbarungen, die Mose empfangen hat, bewertet. Seine Gottesbegegnungen am brennenden Dornbusch (Exodus/2 Mose 3) und am Sinai (Exodus/2 Mose 19;24;34) werden in einer Weise erzählt, die auf ein inneres Sehen schließen läßt, auf das Schauen religiöser Urbilder. Es sind die grundlegenden Gotteserfahrungen, auf denen Israels religiöses Selbstverständnis vom Bund zwischen Jahwe und dem Volk beruht. Daraus läßt sich folgern, daß der israelitische Glaube Ursprungserfahrungen kannte, die aus den Tiefen der seelischen Bilderwelt herrührten, somit psychisch ganzmachende Impulse waren.

Doch wird in den überlieferten Moseerzählungen dieses Phänomen relativiert, ja sogar diskriminiert. In der Geschichte vom Aufstand Mirjams und Aarons gegen Mose (Numeri/4 Mose 12) werden beide von Gott zurechtgewiesen, weil sie darauf bestanden hatten, daß Gott nicht nur mit Mose, sondern auch mit ihnen gesprochen habe. Die zurechtweisende Belehrung lautet: «Wenn es bei euch einen

Propheten gibt, so gebe ich mich ihm in Visionen zu erkennen und rede mit ihm im Traum. Anders bei meinem Knecht Mose ... Mit ihm rede ich von Mund zu Mund, von Gesicht zu Gesicht, nicht in Rätseln. Er darf die Gestalt des Herrn sehen.» Hier wird die Gottesoffenbarung durch die seelischen Bilder zwar nicht außer Kraft gesetzt, aber abgewertet als eine «bloß» prophetische zugunsten einer andern, nur Mose vorbehaltenen, dessen Vorrangstellung gegenüber anderen Führenden damit offensichtlich befestigt werden soll. Es wird jedoch nicht klar, worin genau der Unterschied von Moses Gotteserfahrungen besteht; denn erstens haben die von ihm erzählten Offenbarungen, wie schon erwähnt, Urbildstruktur; und zweitens wird sowohl die Traumoffenbarung als auch die Offenbarung an Mose als Sprechen Gottes mit den Offenbarungsempfängern bezeichnet. Wenn Gottes Sprechen mit Mose als Reden von Mund zu Mund, von Gesicht zu Gesicht und nicht in Rätseln – was heißen dürfte: nicht interpretationsbedürftig – charakterisiert wird, so erscheint das fast wie eine übertreibende Beteuerung. Denn wie ist das Reden gedacht, wenn Gott dabei nicht in einer sicht- und greifbaren Gestalt, grob materialisiert vorgestellt werden soll? Diese Annahme legt der Text zwar mit dem Satz nahe, daß Mose «die Gestalt Jahwes sehen darf»; diesem widersprechen aber die überlieferten Offenbarungen an Mose, für die es charakteristisch ist, daß so etwas wie eine zu sehende Gestalt Gottes immer entzogen bleibt. Auch das Reden Gottes mit Mose läßt sich kaum anders denken als mit tiefen seelischen Erfahrungen verbunden. Die angeführte Stelle zeigt nach meinem Urteil vielmehr, wie religiöse Urbilder durch Diskriminieren zu Machtzwecken mißbraucht wurden.

Verdrängen des Weiblichen

Das wird durch ein weiteres Erzählelement bekräftigt. In dem Text von Mirjams und Aarons Erhebung gegen Mose wird nur Mirjam mit Aussatz bestraft, und sie wird sieben Tage lang aus dem Lager ausgesperrt. Dies und das an Mose gerichtete Wort Gottes: «Wenn ihr Vater ihr ins Gesicht gespuckt hätte, müßte sie sich dann nicht sieben Tage lang schämen?», das als Vergleich gemeint ist, zeigen, in welch entwürdigender Weise mit Mirjam, unter Berufung auf Gott, umgegangen wird. Aus dem Befund läßt sich schließen, daß Mirjam hier als *die* Gegenkraft zu Mose verstanden wird und daß sie als führende Frau des Volkes zurückgedrängt werden soll; dem dienen sowohl ihre entehrende Bestrafung als auch die Minderbewertung des Traums als Offenbarungsmittler. Mirjam muß nach heutigen Erkenntnissen als eine der großen und einflußreichen Frauengestalten im Alten Testament gesehen werden, deren Bedeutung schon im Alten Testament selbst überdeckt und in der christlichen Auslegungsgeschichte nahezu ganz beseitigt worden ist. So erweist sich diese alttestamentliche Geschichte geradezu als exemplarisch dafür, daß die Verdrängung des Unbewußten, der Traumseele, aus der die religiösen Urbilder stammen, und der Kampf gegen Frauen und das Weibliche in der patriarchalen Religion des Alten Testamentes eins sind. Das ist insofern nicht verwunderlich, als das Weibliche ja das ganzheitlich Psychische und somit das ursprünglich Religiöse verkörpert.

Das Verdrängen des Weiblichen und des Seelischen kann im Alten Testament an vielen Stellen beobachtet werden. Das läßt mich fragen, ob nicht auch das Bilderverbot des Dekalogs (2. Gebot) – der in der jüdisch-christlichen Tradition eine zentrale Stelle einnimmt – denselben Abspaltungsvorgang widerspiegelt. Das Gebot lautet: «Du sollst dir kein

Gottesbild machen und keine Darstellung von irgendetwas am Himmel droben, auf der Erde unten, im Wasser unter der Erde» (Exodus/2 Mose 20,4; auch Deuteronomium/5 Mose 5,8). Dann folgen Drohungen für den Fall der Übertretung des Gebotes mit der Begründung, daß Gott ein eifersüchtiger Gott ist. Das Bilderverbot bezieht sich auf Abbildungen von Gott aus dem Bereich der irdischen Natur, des unterirdischen Wassers und des astralen Kosmos. Dies alles ist aber in vorpatriarchalen weiblichen Religionen der Bereich der Göttin und ist in ihr als dem Symbol der Ganzheit zusammengefaßt. So kann mit einigem Recht vermutet werden, daß das alttestamentliche Bilderverbot ebenfalls das Weibliche und das Psychische auszuschalten versucht; das Wasser unter der Erde ist keine Größe der materiellen Welt, es versinnbildet offensichtlich die seelische Unterwelt. Wird das Bilderverbot so verstanden, dann ist auch die Eifersucht des Gottes Israels zu verstehen: sie kann als gegen die Göttin gerichtet gelten, deren Bild in der Natur, im Sternenhimmel, im unterirdisch Seelischen gefunden wurde. Welche Macht sie über die Menschen in Israel noch zu Zeiten der endgültigen Formulierung des Dekalogs gehabt haben muß, wird an der angedrohten, geradezu fanatischen göttlichen Verfolgung der Vergehen gegen das Abbildungsverbot bis in mehrere Generationen hinein erkennbar.

Während im Alten Testament die seelisch-weibliche Unterschicht der Überlieferung für die, die zu sehen vermögen, noch allenthalben durchschimmert, scheint sie im Neuen Testament fast gar nicht mehr auffindbar zu sein. Der Kampf gegen das weiblich Göttliche jedenfalls ist abgeschlossen. Doch können einflußreiche, im Lauf der Tradition unterdrückte und beseitigte Frauengestalten auch hier ausgegraben werden. Der Aspekt der seelischen Urbilder hängt allerdings nicht nur an den Frauen; nach ihm ist vor allem in der gesamten Jesustradition zu fahnden. Suchen wir jedoch nach Träumen und Visionen als Offenbarungsmittlern, so sind sie in den Evangelien nur noch rudimentär bei Mattäus zu finden: in seiner Kindheitsgeschichte (Kap. 1 und 2), wo Josef durch offenbarende Träume in seinem Handeln gegenüber Maria und dem Kind geleitet wird, und – interessanterweise – bei einer Frau, der des Pilatus, die ihrem Mann auf dem Richterstuhl sagen läßt, im Traum sei ihr die Unschuld Jesu bewußt geworden (Mattäus 27,19), eine Erfahrung, die – wiederum aufschlußreich – keinerlei Wirkung (mehr) hat. In der Apostelgeschichte des Lukas gibt es dagegen eine sehr wirkungsvolle Traum- oder visionäre Offenbarung an Petrus (10,9–16), in der dieser, der Judenchrist, zum Essen unreiner Tiere aufgefordert wird – ein Symbol zur Öffnung der noch in abgrenzendem jüdischen Gesetzesdenken befangenen jungen Kirche für alle Menschen. Hier kommt auch neutestamentlich die ganzheitsstiftende, universale Kraft der religiösen Urbilder zum Tragen (vgl. meine Interpretation in: Sei der du werden sollst, 4.4). Aufs Ganze gesehen spielen im Neuen Testament Träume und Visionen als Offenbarungsmittler jedoch keine Rolle mehr. In nach-neutestamentlicher, vor allem in westlicher Theologie, und hier vor allem in der reformatorischen, ist an deren Stelle die Offenbarung im Wort getreten, die zu einer Art rationalistischer Religion sowie Theologie geführt hat; an diesen ist das Auseinanderdriften von intellektuellem Ich-Bewußtsein und unbewußter seelischer Welt abzulesen. Mit Hilfe des mythischen Bildes von der Unterwelt soll nun nochmals nach dem Seelenverlust im Christentum gefragt werden.

Verteufeln der Unterwelt

Vor einigen Jahren erschien ein Buch, das für die hier bedachte Problematik geradezu aufregend ist, von dem amerikanischen Psychotherapeuten James Hillman, der die Traumdeutung C. G. Jungs weiterentwickelt. Er benutzt zum Verdeutlichen seiner eigenen Traumauffassung die griechische Hades-Mythologie; denn er ist der Auffassung, daß die Mythologie die Psychologie der Antike war. Der englische Originaltitel «The Dream and the Underworld» (Der Traum und die Unterwelt) formuliert das thesenartig: Das im Traum sich manifestierende seelisch Unbewußte ist in den antiken Unterweltsmythen gestaltet worden. Der Titel der deutschen Übersetzung ist dagegen programmatisch für die fundamentale Christentumskritik Hillmans: «Am Anfang war das Bild» – eine direkte Entgegensetzung zum Anfang des Johannesevangeliums: «Am Anfang war das Wort» (griechisch: der Logos). Der Autor betrachtet christliches Denken als ein Hindernis, sich der Bilderwelt der Seele mit ihrer Todessymbolik anzunähern. Das christliche Mysterium habe mit der Botschaft von der Auferstehung Christi zum Ziel, «den Tod außer Kraft zu setzen»; und der stellvertretende Abstieg Christi in die Unterwelt solle die Christen selbst vor dem Abstieg in die Unterwelt bewahren. Das ewige Leben liege im Christentum nicht in der Unterwelt, sondern in deren Zerstörung. Da in der Unterwelt die seelische Welt des Unbewußten symbolisiert sei, bedeute die kämpferische Überwindung der Unterwelt und mit ihr des Todes, daß im Christentum «die Welt der Psyche» verlorengegangen sei.

Die Thesen Hillmans lassen sich kaum bestreiten; sein Buch kann Christen die Augen öffnen für die psychischen Defizite im Christentum, seinen Kirchen und Theologien. Daß die Unterweltsvorstellung im Christentum im Vergleich mit der in vorchristlichen, sogenannten heidnischen Religionen sich grundlegend geändert hat, ist ein deutliches Symptom dafür. Auf die Aufspaltung in die Hölle als den Ort ewiger, unaufhebbarer Verlorenheit und in das Fegefeuer als Durchgangsstadium zum einzigen Ort christlicher Transzendenz, dem

Himmel, habe ich schon im dritten Kapitel hingewiesen. Was in archaischen weiblichen Religionen der Mutterschoß der Erde als Ort der Wandlung des gestorbenen Lebens zur Wiedergeburt war, ist im Christentum zu einem Ort grauenhafter Torturen geworden, der zudem als schreckenerregendes Erziehungsmittel für Kinder eingesetzt worden ist. Die Vorstellung von der Hölle ist in tiefenpsychologischer Sicht zu bewerten als Ausgeburt der Phantasie von Menschen, die sich in ihrem Bewußtsein getrennt haben von der weiblich-lebenspendenden Macht der seelischen Urbilder. Im Bild der Hölle wird die seelische Unterwelt als etwas total Negatives klassifiziert; Menschen, die an die Hölle glauben, können es unmöglich wagen, sich dem Unbewußten zu nähern, dessen Symbol im Christentum eben diese Hölle geworden ist.

Auch das Fegefeuer nimmt in abgeschwächter Form teil an der Verteufelung des Seelischen, denn es ist kein wirklicher Ort der Transzendenz, sondern ein Vorraum für diese. Es ist aber dem alten Unterweltsaspekt der Wandlung nähergeblieben, denn sein Feuer zerstört nicht, sondern läutert, das heißt, es drückt eine seelische Wandlung aus und hat so den Zeichencharakter für das sich im Feuer offenbarende göttlich Ganze bewahrt. Dennoch dürfte auch das Fegefeuer im Bewußtsein von (katholischen) Christen eher bedrückende und ängstliche Vorstellungen wachgerufen haben. Auch scheint es sich nicht als Zugang zum schöpferisch Seelischen geeignet zu haben, sonst wäre es kaum so sehr aus dem Bewußtsein der Gläubigen geschwunden. Beide Spielarten christlicher Unterweltsvorstellung – Hölle und Fegefeuer – dokumentieren die Entfremdung des Christentums von der heilenden Macht der seelischen Bilder. Abgespalten von der bewußten Entwicklung sind sie zum Alptraum der meisten christlichen Generationen geworden.

Mit der Veränderung der seelischen Unterwelt zum Bereich

des nur Bösen geht im Christentum die Verteufelung des Weiblichen und die Abwertung der Frauen einher. Beide Entwicklungen gehören aus tiefenpsychologischer Sicht zusammen und bedingen einander, ist doch die Unterwelt, wie die Erde und der Himmel, ursprünglich das Reich der Göttin gewesen. So kommt es nicht von ungefähr, daß die Frau in den ersten Jahrhunderten der Kirchengeschichte von Kirchenvätern als das Tor zur Hölle verteufelt und daß sie bis in die Gegenwart hinein von Kirchenmännern mindestens als Verführerin des Mannes zum Bösen verstanden worden ist.

Feindschaft gegenüber dem Tod

Zur Verteufelung der seelischen Unterwelt und des Weiblichen gesellt sich die negative Sicht des Todes im Christentum. Daß diese den Menschen nicht eingeboren ist, sondern mit religionsgeschichtlich manifestierten Entwicklungen zusammenhängt, ist noch so wenig ins (christliche) Bewußtsein oder gar Gefühl gedrungen (auch bei mir selbst), daß ich hier nur darauf hinweisen möchte. Die Todesangst und -verzweiflung des altbabylonischen Gilgamesch (vgl. Kap. 4.2) findet sich im Christentum als Feindschaft gegenüber dem Tod. Besonders die Theologie des Paulus scheint mir dafür charakteristisch zu sein; so wenn seine Sünden-, Gesetzes- und Todestheologie im Römerbrief den sehr persönlich gefärbten Ausruf hervorbringt: «Ich unglücklicher Mensch! Wer wird mich aus diesem dem Tod verfallenen Leib retten?» (Römer 7,24). Oder wenn er am Ende seiner Ausführungen über die Auferstehung von den Toten sagt: «Der letzte Feind, der entmachtet wird, ist der Tod» (1 Korinther 15,26). Erst bei der Arbeit an diesem Buch ist mir der Gedanke gekommen, daß Paulus hier eine männliche Theologie gegen die Gesetze der Natur und des Lebens macht;

denn diese kennen den Tod nicht als Feind; er ist vielmehr integrativer Teil des weiblichen Lebensprozesses.

Frauenverachtung, Höllenphantasien und der Wunsch, den Tod abzuschaffen, erachte ich als eine psychische Hypothek im Christentum. Bis hierher sehen die Perspektiven einer Seelenreise zum ganzheitlichen Menschwerden im Christentum eigentlich düster aus; doch habe ich diese Perspektiven nur punktuell ins Auge gefaßt, wenn es sich allerdings, wie ich meine, auch um zentrale Punkte handelt. Muß deshalb der Schluß gezogen werden, im Christentum habe sich das Jesuswort, das diesem Kapitel als Motto dient, negativ erfüllt? Das Christentum habe zwar die Welt, jedenfalls in großen Teilen, für sich gewonnen, aber die menschliche Seele dabei verloren? Daß dieses Jesuswort überliefert wurde, zeugt für mich jedoch davon, daß am Ursprung des Christentums die seelische Unterwelt noch nicht so weit abgespalten war wie später. Es besteht die Hoffnung, daß in der Jesus-Überlieferung der Evangelien Perspektiven der seelischen Menschwerdung im Christentum wiederzuentdecken und der Erfahrung auf der Seelenreise zugänglich zu machen sind.

5.2 Ganzheitlich-spirituelle Aspekte in der Jesus-Geschichte

«Was man gewöhnlich und im allgemeinen «Religion» nennt, ist zu einem so erstaunlichen Grade ein Ersatz, daß ich mich ernsthaft frage, ob diese Art von Religion ... nicht eine wichtige Funktion in der menschlichen Gesellschaft habe. Sie hat den offensichtlichen Zweck, *unmittelbare Erfahrung* zu ersetzen durch eine Auswahl passender Symbole, die in ein fest organisiertes Dogma und Ritual eingekleidet sind.» (C.G.Jung: Psychologie und Religion, Ges. Werke 11, S. 46; Grundwerk 4, S. 49)

Jung hält die beschriebene Funktion von Dogmen und Riten für notwendig, weil niemand wissen könne, ob er einer direkten religiösen Erfahrung, vor der die gängige Religion schützt, gewachsen sei. Ich kann ihm in dieser Ansicht nur bedingt folgen.

Religiöse Erfahrung durch biblische Symbole

Wenn es gelingt, die überlieferten christlichen Symbole – in der Bibel, in Dogmen und Riten – zurückzuverwandeln in Weggeleiter zu den seelischen Urbildern heutiger Menschen, so können sie behutsam in die unmittelbare religiöse Erfahrung führen und zugleich vor dem Überwältigtwerden durch die seelische Totalität schützen. Diese Zuversicht habe ich bei meiner tiefenpsychologisch-spirituellen Bibelarbeit zunehmend gewonnen. Des weiteren habe ich aus ihr gelernt, daß unmittelbare religiöse Erfahrungen in abgestufter Intensität gemacht werden. Nicht alle werden oder können mystische Erfahrungen machen, die vielleicht als die intensivste Form religiöser Erfahrung bezeichnet werden können; doch jeder Mensch hat die Möglichkeit und die Fähigkeit, den zur seelischen Ganzheit führenden religiösen Urbildern auf seine/ihre Weise unmittelbar zu begegnen. Ich möchte nun fragen, inwieweit in der Jesus-Überlieferung allgemeine Symbole zu finden sind, die zu und auf diesem Weg geleiten können. Ich möchte die Frage zuerst im Umkreis des Symbols von der seelischen Unterwelt untersuchen, an dem ich bisher schon grundlegende Elemente der Seelenreise beschrieben habe.

5.2.1 Jesus und die Unterwelt

Das Symbol ist in der Jesusgeschichte deutlich vorhanden, wenngleich als solches in der Auslegung des Evangeliums kaum wahrgenommen. Es ist die Überlieferung vom Grab Jesu.

Das Grab Jesu als weibliches Symbol

In dem Zeugnis von der Auferstehung Jesu, das als ältestes gilt, in 1 Korinther 15,3-7, wird nur knapp erwähnt, daß Jesus begraben und am dritten Tag auferweckt worden ist, während in allen vier Evangelien das Begräbnis Jesu sowie eine Geschichte vom Auffinden des leeren Grabes durch Frauen erzählt und im Zusammenhang mit dem leeren Grab die Botschaft bzw. Erfahrung von der Auferstehung Jesu mitgeteilt wird. Daß in 1 Korinther 15 das Begrabenwerden Jesu ohne das Entdecken des leeren Grabes genannt wird, könnte aufhorchen und fragen lassen, warum eine Selbstverständlichkeit wie das Begrabenwerden eines Toten für erwähnenswert gehalten wurde in einem knappen Text, in dem alle andern Aussagen eine prägnante theologische Absicht haben. Die Bibelexegese gibt denn hierzu, wie ich meine, auch eher Verlegenheitserklärungen, so die, daß das Begrabenwerden Jesu erst die volle Wirklichkeit seines Todes herausstelle. Solche und ähnliche Erklärungen kranken daran, daß sie den Urbildcharakter biblischer Aussagen verkennen und das Wort vom Begrabenwerden wie das folgende von der Auferstehung am dritten Tage bzw. an anderen Stellen, nach drei Tagen, als Aussage über einen historischen Sachverhalt nehmen. Die heute kaum noch verstandene Symbolik der beiden Worte ist jedoch der Ausgangspunkt für die an anderen Bibelstellen vorkommende und bei den Kirchenvätern vom zweiten Jahrhundert an ausgestaltete Vorstellung vom Abstieg Christi in die Unterwelt, die auch ins Apostolische Glaubensbekenntnis eingegangen ist («abgestiegen in das Reich des Todes»; früher: «abgestiegen zu der Hölle»), die in der Ikonographie bekannt ist als die «Höllenfahrt Christi» und die in der Ostkirche theologisch und ikonographisch zur zentralen Auferstehungsaussage geworden ist. Das Grab als Eingang in die Unterwelt läßt sich erlebnismäßig leicht mit der orientalischen Form des Höhlengrabes verbinden. Und da die Unterweltvorstellung eine tiefenpsychische Wirklichkeit ausdrückt, symbolisiert der Abstieg Christi in die Unterwelt den Gang des Erlösers in das menschheitlich Unbewußte.

Die drei Tage bis zur Auferstehung, von denen Mattäus im voraus sagt, er sei «im Herzen der Erde», wie Jona im Bauch des Fisches war (Mattäus 12,40), sind mythologisch uralt; sie kommen her aus der archaisch-weiblichen Unterwelts-Mythologie. Der gegenwärtig älteste bekannte Beleg dafür stammt aus Sumer und Altbabylonien, aus dem Mythos vom «Gang Inannas/Ischtars in die Unterwelt» (aufgeschrieben im dritten Jahrtausend v. Chr.). Die Göttin des Lebens geht in diesem Mythos aus eigenem Antrieb in die Unterwelt, die das Reich ihrer Schwester ist, der Ausprägung des Todesaspekts der Göttin. Sie läßt sich dort ihre Hoheitszeichen, ihren Schmuck und ihre Kleider abnehmen und wird getötet; ihr Leichnam wird an einem Pfahl aufgehängt. Nach drei Tagen wird sie durch die Speise und das Wasser des Lebens wieder erweckt und kehrt in die obere Welt zurück. Später vertritt ihr jugendlicher Mann Dumuzi/Tammuz, ihr Partner bei der Heiligen Hochzeit, sie in der Unterwelt; jährlich stirbt er dort und wird wieder zum Leben erweckt. Der Gang in die Unterwelt, das dreitägige Verweilen dort und das Erwecktwerden zu neuem Leben erweisen sich als Elemente der uralten weiblichen Lebensfeier, des «Stirb und werde», wodurch das bewußte Leben zurückgebunden wird an die schöpferischen Kräfte der Natur und des unbewußt Seelischen.

In der Jesusgeschichte und ihrer Auslegung ist nun im Zusammenhang mit der Tod-Leben-Symbolik die Verbindung mehrerer Urbild-Motive interessant: das Grab, in dem das weibliche Symbol der Höhle steckt, der Abstieg in die Unterwelt, das Auferwecktwerden am dritten Tage, das Auffinden des leeren Grabes durch Frauen und die Auferstehungsbotschaft an sie. Aspekte der alten seelisch-weiblichen Symbolik sind in die zentrale Stelle der Jesus-Überlieferung, in die Botschaft von Tod und Auferweckung, eingegangen. Vermutlich ist dies aber nicht bewußt geschehen, sondern aufgrund der psychischen Stärke der alten Symbole, die auch im Unbewußten der frühen christlichen Autoren noch lebten. Wie wenig diese Symbole im frühen Christentum bewußt aufgenommen waren oder wurden, läßt sich an der Behandlung sehen, die den Frauen am leeren Grab zuteil geworden ist. Im biblischen Zeugnis ist vielfältig festgehalten, daß Frauen am Ostermorgen das leere Grab entdeckt und daß sie die erste Kunde von der Auferstehung Jesu erhalten haben, entweder durch göttliche Boten oder durch den Auferstandenen selbst, wie Maria Magdalena. Dennoch wird in der theologischen Auslegung verneint, daß der Osterglaube vom leeren Grab und von den Frauen ausgegangen ist; stattdessen wird gesagt, die Erscheinungen des Auferstandenen hätten den Osterglauben begründet, wobei wiederum die Erscheinungen vor Frauen als nicht ursprünglich beseite geschoben werden. Daß sowohl das leere Grab als auch die Frauen als Erstzeuginnen in ihrer Bedeutung für die Entstehung des christlichen Glaubens heruntergespielt wurden und werden, ist tiefenpsychologisch als Abwehr der unbewußt gebliebenen seelisch-weiblichen Urbilder im Christuszeugnis zu werten.

Verwandlung der Unterwelt
durch Jesus

Was täte not, um die in der Jesusgeschichte vorhandene, aber verschüttete seelische Unterwelt für das ganzheitliche Menschwerden im Christentum wieder fruchtbar zu machen? Grundsätzlich wäre die seelische Realität, die im Christentum unbewußt geblieben ist oder unbewußt gemacht wurde und gehalten wird, den bewußt gelebten christlichen Aspekten zu assimilieren. Die in der Jesusgeschichte vorhandene, aber als solche nicht (mehr) erkannte Symbolik der seelischen Unterwelt müßte dazu neu berücksichtigt und in die spirituelle Erfahrung einbezogen werden. Wenn ich die christliche Überlieferung im religionsgeschichtlichen Vergleich betrachte, so war mit der Vorstellung vom Abstieg Christi in die Unterwelt eine Chance durch das Christentum gegeben, das damalige Bewußtsein mit dem menschheitlich Unbewußten auf eine neue Weise zu verbinden und so die Menschheit auf dem spirituellen Weg zur seelischen Ganzheit ein großes Stück voranzubringen. Im Neuen Testament und danach finden sich vereinzelt Vorstellungen, nach denen nicht nur Christus in der Unterwelt zu neuem Leben verwandelt wurde, sondern er auch die Unterwelt verwandelt hat bzw. hätte verwandeln können. In der ersten Predigt nach dem Pfingstgeschehen läßt Lukas, der um ca. 80 n.Chr. geschrieben hat, Petrus von Jesus sagen:

Ihn hat Gott auferstehen lassen, indem er die Wehen des Todes löste (= beendete); es war ja nicht möglich, daß er von ihm (= dem Tod) festgehalten wurde.
(Apostelgeschichte 2,24)

Und Lukas läßt Petrus eine Stelle aus Psalm 16 auf Jesus anwenden:

202

... du wirst meine Seele nicht in der Unterwelt lassen und deinem Heiligen nicht Verwesung zu sehen geben. Du hast mir Wege des Lebens gezeigt. (Apostelgeschichte 2,27)

In diesem Text ist untergründig zum einen das Vertrauen archaischer weiblicher Religionen in den Tod als eine dem Leben dienende Macht gegenwärtig: die «Wehen des Todes» können kaum anders gedeutet werden als die Wehen der weiblichen Unterwelt(-Göttin), die Zeichen der Wiedergeburt des toten Erlösers sind. Wie Wehen kein Dauerzustand sind, so gehen auch die Geburtswehen des Todes vorüber und geben das neue Leben frei. Auch Jesus ist demnach in neutestamentlicher Verkündigung verbunden worden mit der ursprunghaft weiblichen Lebenseinstellung des «Stirb und werde», bei der das Bewußtsein mit der seelischen Unterwelt eine Einheit gebildet hat.

Zum andern spiegelt die Petruspredigt aber auch die Angst vorchristlich-patriarchaler Religionen vor der Macht der Unterwelt, den Menschen mit seinem einmaligen Bewußtsein gänzlich auszulöschen – die Verwesung, der für die natürliche Erneuerung des Lebens notwendige Prozeß, wird hier nur negativ gesehen.

Ein noch weiterführender Aspekt findet sich in der letzten Schrift des Neuen Testamentes, der Geheimen Offenbarung, die ganz und gar in Urbildern spricht und deshalb für uns heute so schwer verständlich ist. Da sagt einer, der in göttlichen Glanz eingetaucht ist und dennoch «wie ein Mensch aussah», in dem der vollendete Christus, der Gott-Mensch zu sehen ist:

Ich bin der Erste und der Letzte und der Lebendige.
Ich war tot, und siehe: ich lebe in alle Ewigkeit.
Und ich habe die Schlüssel zum Tod und zur Unterwelt.
(Geheime Offenbarung/Apokalypse 1,17b–18)

Auch hier die Wandlung des «Einen» in der Unterwelt zum

göttlichen Menschen mit einer neuen Qualität des Lebens. Über seine eigene Wandlung hinaus ist er auch zu einer neuen Beziehung zur Unterwelt fähig und mächtig geworden – die Schlüssel sind gewiß in erster Linie zum Öffnen und nicht zum Verschließen gedacht. Daß Christus die Pforten der Unterwelt öffnet, spielt später in der mittelalterlichen Ikonographie eine Rolle, wo der Aufsteigende die alttestamentlichen Gerechten mitnimmt. Wenn da von der Unterwelt auch schon die Hölle der endgültig Verworfenen abgespalten ist, so hat Christus doch aus dem vorchristlich-patriarchalen Ort ohne Wiederkehr eine Stätte neuwerdenden Lebens gemacht. Daß mit Jesus sowohl das neue Symbol der einmaligen Auferstehung zu göttlichem, nicht mehr dem Tode ausgesetzten Leben als auch das alte Symbol des durch den Tod verwandelten und wiedergeborenen Lebens verbunden wurde, betrachte ich aus tiefenpsychologischer Sicht als die weltgeschichtliche Chance des Christentums, Bewußtes und Unbewußtes, das Ich mit seiner seelischen Unterwelt zu versöhnen. Die Christusgestalt ist jedoch im Laufe der Geschichte dem Unterweltsaspekt immer mehr entfremdet worden, so daß das Christentum bislang seine Chance vertan hat, die Religion zu werden, die der Menschheit zu einem umfassenderen Bewußtwerden verhilft. Das Christentum besaß in seinen Urbildern die Kraft, die seelische Spaltung und als deren Folge die Entfremdung von der Natur sowie die tödlichen Entzweiungen unter den Menschen heilen zu können.

Die Kraft der Einheit schaffenden Symbole in der Jesusgeschichte wäre für die christliche Spiritualität wiederzugewinnen. In der gegenwärtigen Zeit scheint mir dafür – wie am Beginn des Christentums – ein fruchtbarer Augenblick zu sein. Er wird vorläufig wohl eher nur von einzelnen Menschen und von Gruppen als von den Kirchen und der Theologie insgesamt wahrgenommen werden. Daß dabei das alte, in der Bibel aufgegriffene Symbol von der verwandelnden und heilmachenden Unterwelt auf eine neue Weise erfahren und Menschen zum Impuls für ihre spirituelle Reise werden kann, habe ich in den beiden vorangehenden Kapiteln dargestellt. Daran anknüpfend will ich die mehr theoretischen Ausführungen dieses Abschnitts anhand von drei Beispielen noch anschaulich werden lassen.

Leeres Grab und spirituelle Erfahrung

Wie in vorchristlichen Mythologien und in der Bibel im Zusammenhang mit Jesus ist das Bild des Grabes der eigentliche Eingang in die Unterwelt; so habe ich dieses Bild bei tiefenpsychologischer Bibelarbeit öfter als Zugang zu unserer eigenen seelischen Unterwelt gewählt in Form der Geschichte vom Auffinden des leeren Grabes Jesu. Wie sich dabei unbeabsichtigt dieselben oder ähnliche seelische Erfahrungsmuster einstellen und so die biblisch überlieferte spirituelle Erfahrung in die Gegenwart übersetzt werden kann, zeigt sich an den folgenden Beispielen. Als erstes verweise ich auf die «Grabeserfahrung» von Herrn U. (Kap. 3.1, S. 65), der zu seinem dort aufgebahrten, kürzlich verstorbenen Freund die Botschaft erhielt, der Freund sei auferstanden, der Leichnam habe keine Bedeutung. Damit wurde Herr U. an die zum Leben verwandelnde Macht des Todes erinnert, gegen die in der seelischen Erfahrung ein vorhandener Leichnam kein Gegenbeweis ist. Herr U. konnte lernen, daß das Grab, trotz des anwesenden Leichnams, leer, das heißt, daß der ihn erschreckende Tod nicht endgültige Realität ist.

In einer ganz anderen Gruppe, in der zu demselben Thema eine Imaginationsübung gemacht wurde, erzählt Frau G., deren Mann vor kurzem gestorben war, sichtlich erschüttert, nachher folgendes:

«Ich trat in das Grab und sah eine Leiche aufgebahrt; ich ging hin und sah, daß es mein Mann war. Ich wollte ihn anfassen – aber in dem Moment, als ich ihn berühren wollte, war er weg, verschwunden. Ich habe ihn unter Tränen und Weinen im Grab gesucht, aber ich wußte, ich würde ihn nicht mehr finden.»

Dies ist fast die Geschichte, wie sie im Evangelium von den Frauen erzählt wird, die am Ostermorgen das Grab Jesu leer vorfinden. Es ist aber keine bloße Nacherzählung, sondern es ist Frau G.s eigene Ostergeschichte. Sie erinnert stark an einen Satz in der Lukas-Fassung der Grabesgeschichte, wo der Bote die Frauen fragt: «Was sucht ihr den Lebenden bei den Toten? Er ist nicht hier, er ist auferstanden.» (Lukas 24,5–6). Zwar wurde zu Frau G. solch ein Satz nicht gesagt; doch hat sie in ihrer Imagination erfahren, sie könne ihren Mann nicht dadurch in ihrem Leben lebendig erhalten, daß sie sich weiter mit seinem Leichnam beschäftigt, das heißt mit dem, was von ihrem gemeinsamen Leben mit seinem Tod jetzt zu Ende gegangen ist. In einem eindringlichen Symbol der seelischen Unterwelt hat sie erlebt, daß die bisherige Nähe ihres Mannes zu ihr sich durch den Tod wandelt: der Tote entschwindet in dem Augenblick, in dem sie ihn berühren will. Mir scheint dies ein Schritt in der Ablösung vom toten Mann zu sein, ein Trauerprozeß, der es Frau G. ermöglichen wird, jenseits des Grabes eine neue seelische Nähe zu ihrem Mann zu finden.

Wenn ich die biblischen Grabesgeschichten nicht nur auf ihre historische Aussage hin befrage, sondern verstehe, daß sie vor allem in Urbildern von seelischen Prozessen sprechen, so kann ich davon ausgehen, daß die zum Grab Jesu gehenden Frauen einen ähnlichen seelischen Prozeß in ihrer Beziehung zu Jesus durchgemacht haben wie Frau G. Nur, von ihnen wird auch der nächste Schritt in diesem Prozeß noch mitgeteilt. Die Realität des leeren Grabes spiegelt auch das innere Abschiednehmen der Frauen vom toten Jesus.

Und dies ist für sie die Voraussetzung zu einer neuen lebendigen Beziehung zu Jesus, dem Auferstandenen. Daß sie im leeren Grab die Osterbotschaft empfangen bzw. in der Umgebung des leeren Grabes den Auferstandenen sehen, ist in der Symbolstruktur der Geschichte folgerichtig. Nachdem die Frauen seelisch vollzogen haben, daß es «sinnlos ist, einen Leichnam zu salben», wie Herr U. seine Grabeserfahrung formuliert hatte, konnten sie – Frauen und später auch Männer, die mit Jesus gelebt hatten – den zu einem neuen Leben Auferstandenen auch sehen. Von der Urbildstruktur aus betrachtet, gehört die Überlieferung vom leeren Grab daher zeitlich vor die Überlieferung von den Erscheinungen des Auferstandenen. Die von der Exegese angenommene umgekehrte Reihenfolge ist im Blick auf die seelischen Erfahrungen, die den Überlieferungen zugrundeliegen, nicht haltbar.

Ein drittes Beispiel wähle ich aus dokumentierten Erfahrungen der lateinamerikanischen Theologie des Volkes, welche die Basis für die Befreiungstheologie darstellt. Ich entnehme es dem von Ernesto Cardenal herausgegebenen «Evangelium der Bauern von Solentiname». In der Gemeinde dort findet ein Bibelgespräche statt zur Geschichte vom leeren Grab nach der Fassung von Mättäus 28,1–10.

«Ein Mädchen: Es waren Frauen und keine Männer, die als erste zum Grab gingen; die Frauen sind mutiger als die Männer.
Olivia: Die Frauen haben mehr Herz. Und die Liebe kann einem große Kraft geben. Wenn man liebt, hat man keine Angst und nimmt es mit jedem auf. Jesus, der aus Liebe gestorben war, hatte ihnen diesen Mut eingeflößt, den Mut der Liebe. Wenn man liebt, ist man mutig; man fürchtet nicht einmal den Tod.
Laureano: Ich sehe nicht ein, warum die Frauen so mutig gewesen sein sollen. Sie liefen doch gar nicht Gefahr, wenn sie da zu dem Grab gingen. Den Frauen taten sie doch nichts. Was soll schon Großes daran gewesen sein, wenn sie dahin gingen und ein bißchen weinten? Auch als sie Jesus kreuzigten, standen sie dabei und weinten, und wenn sie ihnen da nichts getan

haben, würden sie ihnen jetzt wohl auch nichts tun, wo Jesus schon tot war.

William: Na, ich meine, es gehörte doch allerhand Mut dazu, Mensch. Das ist so, wie wenn heute einer das Grab eines Guerilleros mit Blumen schmückt.

Ich sage (= Cardenal): Zu jener Zeit schenkte man den Frauen keinerlei Beachtung. Und darum liefen diese Frauen wahrscheinlich tatsächlich keine Gefahr, wie Laureano sagte. Ihre Rolle bestand nur darin, am Grab zu weinen und den Leichnam Jesu einzubalsamieren. Eine sehr bescheidene Rolle. Aber das Evangelium weist ihnen hier eine sehr wichtige Rolle zu, nämlich Zeugen der Auferstehung zu sein.

Laureano: Natürlich spielen die Frauen eine sehr wichtige Rolle, genau wie die Männer; aber das bedeutet nicht, daß sie darum mutiger gewesen wären oder Jesus mehr geliebt hätten.

Maria: Sie gaben sich damit zufrieden, den Körper Jesu einzubalsamieren, und als sie ihn nicht fanden, dachten sie, er wäre gestohlen worden. Einfach weggeschafft. So wie es heute auch mit vielen Anführern geschieht, die umgebracht werden und von denen sie nicht einmal den Körper herausgeben.

Ich sage: Das Wichtige an dieser Erzählung ist, daß sie ein leeres Grab vorfanden. Sie wollten eine Leiche einbalsamieren, und es war keine Leiche da.

Esperanza: Ich glaube, das Wichtigste ist, daß von diesem Augenblick an jedes Grab, in das man eine Leiche legt, leer bleibt. Auch wenn dort eine Leiche begraben liegt, ist das Grab leer.» (Bd. 2, S. 409–410)

Für europäische Christen mag es verblüffend sein, wie selbstverständlich die Bauern und Fischer die biblische Überlieferung in ihr eigenes Leben hineinnehmen. Für mich ist es erstaunlich, wie sich die Ergebnisse dieser biblischen Erfahrungen mit denen meiner tiefenpsychologischen Bibelarbeit berühren und wie ähnlich das Verhalten in dieser Gemeinde dem frühkirchlichen ist, wie es sich aus den Ostergeschichten der Evangelien erschließen läßt. Hervorstechender Punkt ist das verschiedene Verhalten von Frauen und Männern. Das Mädchen und Olivia haben Wesentliches von den Frauen, die zum Grab Jesu gehen, erfaßt. Ein Mann aber spielt die Rolle der Frauen mit «Argumenten» herunter, die in der Exegese zu dieser Stelle wohlbekannt sind, die Laureano aber nicht gekannt haben kann. Und der Gemeindeleiter, der Theologe, unterstützt diesen Standpunkt durch die Art, wie er die Stellung der damaligen jüdischen Frauen beschreibt. Daß den Frauen *nur* das ungefährliche (!) Trauern als «eine sehr bescheidene Rolle» zustand, enthält – wohl ungewollt und unbemerkt – dieselbe Abwertung der Frauen am Grab Jesu, wie sie ihnen in Kirche und Theologie durch 2000 Jahre widerfahren ist. Allerdings vermag Cardenal daneben realistisch auch die Zeugenschaft der Frauen für die Auferstehung Jesu zu sehen.

Das Osterzeugnis der Frauen ist nach biblischem Befund von den Jüngern nicht angenommen worden, und die Frauen wurden aus ihrer Position als Erstzeuginnen der Auferstehung Jesu verdrängt. Wie in der Bibel zeigt sich auch in Solentiname, wie mit der Abwertung der Frauen durch Männer der Blick für die spirituelle Tiefendimension des Geschehens um das Grab Jesu verlorengeht und stattdessen um Prestige gestritten wird. Die Frauen allerdings bewahren sich den Blick: in der Bibel setzen sie sich der Trauer um den toten Jesus aus, anders als die männlichen Jünger, von denen weder Trauer noch Nähe zum Toten überliefert sind. Die Frauen machen eine seelische Wandlung durch und gewinnen so als erste Jesus als Lebendigen zurück. In Solentiname sind es die Frauen, die das Gespür für den Symbolzusammenhang von innerer Einstellung der Frauen (Mut, Liebe), Tod Jesu, leerem Grab und Auferstehung besitzen. Der Theologe bleibt in seinem Verständnis bei der fehlenden Leiche stehen. Esperanza erfaßt dagegen, daß das leere Grab Jesu ein Symbol für die seelische Wiedergeburt, somit für die Selbstwerdung aller Menschen ist. Sie spricht aus, daß durch Jesus Tod, Grab und Unterwelt als zum Leben verwandelnde Macht zugänglich sind, wenn sie sagt: «...daß von diesem Augenblick an jedes Grab, in das man eine Leiche legt, leer bleibt.»

Ich selbst meine, daß die Rückbindung unseres verengten, intellektualisierten christlichen Bewußtseins an das seelisch Ganze mit Hilfe von Symbolen der Jesus-Tradition – wie dem vom Grab und vom Abstieg Christi in die Unterwelt – möglich und dringend erforderlich ist, um eine ganzheitliche Entwicklung im und durch das Christentum (wieder) in Gang zu bringen. So ließe sich eine christliche Seelenreise mit anthropologischen Einsichten des ausgehenden 20. Jahrhunderts anregen.

In seiner Abhandlung «Psychologie und Religion» behandelt C. G. Jung sein Thema anhand von Traumanalysen eines Klienten. In einer Art Schlüsseltraum, in dem sich der Träumer im «Haus der Sammlung», einem sakralen Raum, befindet, sagt eine Stimme unter anderem zu ihm: «Aus der Fülle des Lebens sollst du deine Religion gebären, nur dann wirst du selig sein!» (Ges. Werke 11, S. 38; Grundwerk 4, S. 42).

Zur «Fülle des Lebens» gehören Tod und seelische Unterwelt, die in den archaisch weiblichen Kulturen in der Religion des «Stirb und werde» ausgedrückt waren und die im Christentum wiedergewonnen werden müssen.

5.2.2 Jesus und sein Schatten

Die seelischen Ganzheits-Impulse finden sich in der Jesus-Geschichte nicht nur in der Grab- und Unterwelt-Symbolik, sondern darüber hinaus und sogar vor allem bei der Person Jesu selbst. Welche spirituellen Impulse von der überlieferten Jesusgestalt in tiefenpsychologischer Perspektive ausgehen könnten, will ich hier an einem Textbeispiel zeigen.

Jesus teilt Vorurteile seines Volkes

Ich wähle die Erzählung von der Begegnung Jesu mit einer kanaanäischen oder syrophönizischen Frau – nach der groben religiösen Einteilung der Menschen im Judentum zur Zeit Jesu: einer Heidin. Ich betrachte die Fassung der Geschichte nach Mattäus, weil dieser Evangelist für Christen aus dem Judentum schreibt und deshalb das jüdisch religiöse Problem, um das es für Jesus hier geht, deutlicher herausstellt.

Von dort zog sich Jesus in das Gebiet von Tyrus und Sidon zurück. Da kam eine kanaanäische Frau aus jener Gegend und schrie: Erbarme dich meiner, Herr, Sohn Davids! Meine Tochter wird von einem Dämon schlimm gequält. Er aber antwortete ihr mit keinem Wort. Da traten seine Jünger dazu und baten ihn: Schick sie weg (oder: Befrei sie), denn sie schreit hinter uns her.
Doch er antwortete: Ich bin nur zu den verlorenen Schafen des Hauses Israel gesandt. Aber die Frau kam, warf sich vor ihm nieder und sagte: Herr, hilf mir! Er aber entgegnete: Es ist nicht recht, das Brot der Kinder zu nehmen und es den Hunden hinzuwerfen. Da sagte sie: Ja Herr; denn auch die Hunde essen von den Brocken, die vom Tisch ihrer Herren fallen. Da antwortete Jesus ihr: Frau, dein Glaube ist groß. Es geschehe, wie du willst. Und von der Stunde an war ihre Tochter geheilt.
(Mattäus 15,21–28; par: Markus 7,24–30).

Dies ist ein Text, der ein wenig sympathisches Verhalten Jesu überliefert; und gern wird das übergangen zugunsten des Schlusses der Erzählung. Nun ist solch ein Stück der Jesusgeschichte ein vielschichtiges Gebilde, in das sowohl Auffassungen der frühen Kirche über Jesus aus der Sicht von nach Ostern eingegangen sind als auch Erfahrungen, die Jesu Anhänger und andere Menschen mit ihm zu seinen Lebzeiten gemacht haben. Da der Text recht ungeschönt Schattenseiten an der Person Jesu zeigt, kann er in seinem Grundbestand als historisch und psychologisch zutreffend gelten;

denn solche Züge an Jesus hätte die spätere Gemeinde wohl kaum überliefert, wären sie nicht tatsächlich vorhanden gewesen. In tiefenpsychologischer Betrachtung erweist sich der Text denn auch als eine Geschichte von Jesus und seinen dunklen Seiten, als eine Schattengeschichte also. Sie gibt aber keine statische Momentaufnahme von Jesus, sondern zeigt ihn in einer dynamischen Entwicklung.

Auch wenn es sich bei dem Text ziemlich sicher um eine historische Erinnerung an ein wirkliches Ereignis aus dem Leben Jesu handelt, ist er der Erzählstruktur nach zugleich von urbildhaftem Charakter; das heißt, ein Geschehen aus Jesu Leben wird in symbolischer Verdichtung dargeboten und gibt daher unter der historischen Oberfläche Einblick in ein psychisches Geschehen. Die Schattenproblematik ist dessen Inhalt und erscheint hier in einer vielschichtigen Form. Welche Aspekte sind daran zu erkennen? Der Text zeigt mindestens drei miteinander verquickte Schattenaspekte an Jesus: einen religiösen, einen nationalen und einen weiblichen.

Die religiös-nationale Schattenprojektion entspringt dem Erwählungsbewußtsein des israelitisch-jüdischen Glaubens; der Heilsbund des Gottes Jahwe mit seinem Volk hat seine Grenze an der nationalen Zugehörigkeit zu Israel. Diese Grenzziehung wird auf Gott selbst zurückgeführt; und daraus leitet sich die Annahme ab, daß die Heiden – das ist die ganze Menschheit außerhalb des Jahwebundes – am Heil und auch an dessen Verkündigung nicht teilhaben (können), es sei denn, sie nähmen den Weg über das Israel des Jahwebundes: Das Brot Gottes steht den Kindern Israels zu, und es darf ihnen nicht zugunsten der Hunde weggenommen werden. «Hunde» war zur Zeit Jesu ein Schimpfwort für die Heiden. Auch wenn Mattäus in seiner Textfassung die Verkleinerungsform «Hündchen» verwendet, behält das Wort den Charakter der Abwertung der so Bezeichneten. Die religiös-nationale Abgrenzung gegenüber den Heiden bedeutet tiefenpsychologisch die Projektion des eigenen Nicht-Erlöstseins auf die draußen. Abgespaltene dunkle Seiten werden an den andern festgemacht, und so kann das kollektive Ich des erwählten Volkes sich frei wähnen vom eigenen Scheitern im Heil. Daß dieselbe Abspaltungstendenz sich nochmals innerhalb des eigenen Volkes fortsetzt, gegenüber den sogenannten Sündern – was in unserm Text hier jedoch keine Rolle spielt –, zeigt, wie wenig ein solches Projektionsverhalten wirkliche Heilssicherheit gewährt.

Der dritte, der weibliche Schattenaspekt kennt im jüdischen Volk zur Zeit Jesu keine nationalen Grenzen. Auf die Frauen inner- und außerhalb des Volkes wird das nicht integrierte Weibliche der Männer projiziert. Die kanaanäische Frau in der Geschichte ist von daher Trägerin des dreifachen damaligen jüdischen Schattens: des religiösen, des nationalen und des weiblichen. Unter den heidnischen «Hunden» nimmt sie daher die allerunterste Stelle ein, zumal sie auch noch eine besessene Tochter hat, was ihr in jüdischen Augen zusätzlich das Stigma des Sündigseins anheftet. All diese Aspekte stehen im Hintergrund des Verhaltens Jesu bei seiner Begegnung mit dieser Frau.

Was für Menschen heute an Jesus schwierig ist

Wenn ich das hier überlieferte Verhalten Jesu ohne die kirchlich-theologisch glorifizierende Brille zu sehen versuche, dann komme ich nicht umhin zu sagen, daß Jesus an der Schattenprojektion seines Volkes in allen drei Aspekten teilhatte, daß er von den kollektiven Vorurteilen seiner Zeit nicht frei war. Wie sehr solche Seiten an der Jesus-Gestalt – die auch an anderen Stellen der Evangelien noch zu finden sind – im Christentum verdrängt worden sind, wird sichtbar, wenn Menschen versuchen, sich in einen unmittelbaren Erfahrungsaustausch mit einem solchen Stück Jesus-Überlieferung einzulassen. Nach einer Assoziationsübung zu dem Text sagt ein Frauenseelsorger, Herr N.:

«Ich habe eine interessante Erfahrung gemacht bei mir. Und zwar bin ich gewohnt, in bezug auf diese Stelle Jesus zu verteidigen gegenüber den Frauen, wenn ich bei irgendwelchen Vorgängen diese Stelle meditiert und betrachtet habe. Und ich bin heute genau wieder in diese Reflexion hineingefallen... Ich wollte das heute nicht. Ja, von meiner intellektuellen Position her finde ich das nicht notwendig; aber da ist irgendein Mechanismus...»

Obwohl Herrn N. sein Verhalten bewußt ist, kann er es nicht einfach ändern. Anscheinend ist der von lange her eingeübte Mechanismus, Jesus nur mit hellen Seiten zu sehen, stärker. Bei der Besprechung einer Interaktionsübung zu der Geschichte gibt es erregte Äußerungen zu dem Wort Jesu von den Hunden. Eine Frau sagt: «Aber ich finde es unwahrscheinlich. Ich bin ganz empört!» Und eine andere Frau, die die Rolle Jesu übernommen hatte:

«Also als Jesus war mir das (= das Wort von den Hunden) wirklich die schwierigste Stelle. Und vielleicht gerade, weil sie so schwierig war, versuchte ich dann, nichts zu machen.»

Während der sehr dramatisch verlaufenen Übung war nicht nur von dieser Teilnehmerin, sondern von allen Beteiligten diese schwierige Stelle, wie auch das Wort Jesu, daß er nur zu den verlorenen Schafen Israels gesandt sei, umgangen worden – und dies in einer Gruppe, die nicht kirchlich-theologisch orientiert war. Es scheint für Menschen, auch am Rande und außerhalb des Christentums, unvorstellbar zu sein, daß Jesus, wie jeder Mensch, Schattenseiten gehabt hat und mit diesen durch andere Menschen konfrontiert worden ist.

214

Wo jedoch solcherart Denkhemmungen wegfallen, finden Menschen statt des psychisch eindimensionalen, sterilen Bildes von Jesus einen psychisch vielschichtigen und menschlich lebendigen Jesus. Dazu Äußerungen aus unterschiedlichen Übungen mit dem Text:

«...da war ich jetzt gezwungen zu sehen, daß die Frau sich mit den Hunden identifizieren soll... Warum hat er das notwendig, so ein Gleichnis zu bringen?»

«Nicht immer dieser helfende Jesus, immer bereit, und der liebe Jesus, sondern: es muß schon hart kommen, wenn der was tut.»

«Ich empfinde Jesus in der Geschichte nicht als besonders stark. Für mich ist die Frau die stärkere in der Geschichte. Sie ist in der Argumentation stärker, und zwar ohne daß sie aggressiv dabei wird, wenn sie sagt: Ja, du hast recht, aber...»

«Jesus erlebe ich irgendwie in Entwicklung. Ja, weil: er läßt sich mit ihr in die Auseinandersetzung ein. Dadurch daß sie sich nicht abwimmeln läßt, läuft offenbar in ihm was ab.»

Diese aus meinen Übungsprotokollen zur Geschichte nur nach dem Inhalt, nicht nach dem Geschlecht der Redenden ausgewählten Äußerungen stellen sich hinterher alle als von Frauen gemacht heraus. Das bringt mich auf den Gedanken, der schattenlose Jesus könne ein Bedürfnis männlicher Sehweise sein, und Frauen, die selber im männlichen Schatten einer patriarchalen Theologie stehen, vermöchten die schattenwerfende Tiefendimension an Jesus besser zu erkennen.

Jesus lernt durch eine Frau

Sind die meist übergangenen dunklen Seiten an Jesus nun etwas Negatives? Schmälert ihre Hervorhebung gar die erlösende Kraft der Person und des Werkes Jesu? In tiefenpsychologischer Sicht kann darauf nur eine verneinende Antwort gegeben werden. Ich richte noch einmal den Blick auf die Geschichte als ganze. Am Anfang erscheint Jesus tatsächlich sehr hart, was für mich insbesondere in dem Satz zum Ausdruck kommt: «Er aber antwortete ihr mit keinem Wort.» Eigentlich übersieht er die Frau einfach, ein Verhalten, in dem eine ebenso tiefe Demütigung stecken dürfte wie in dem Wort von den Hunden. Ich möchte es geradezu als ein männliches Standardverhalten Frauen gegenüber in patriarchalen Gesellschaften bezeichnen. Wie sollte aus damaliger jüdischer Sicht eine Frau, die alle negativen Merkmale religiöser, nationaler, moralischer und geschlechtlicher Art in sich vereinigte, von einem Mann auch zur Kenntnis genommen werden? Jesus verhält sich hier offensichtlich so, wie die meisten seiner männlichen Zeitgenossen es auch getan hätten. Er erscheint zunächst als einer, der den kollektiven männlichen Schatten ganz verinnerlicht hat und ihn auf die Frau projiziert. Neben dem arrogant wirkenden Übersehen der verzweifelten Frau wirkt die rüde Bemerkung der Jünger, Jesus möge die Frau wegschicken oder ihr helfen, damit sie von ihrem Geschrei befreit werden, fast menschlich.

Die beiden verbalen Äußerungen Jesu unterstreichen, daß er sich innerlich gänzlich absetzt von dieser Frau; zunächst indem er nur von seinem eigenen Volk, den verlorenen Schafen des Hauses Israel, redet, dann, indem er von den hündischen Heiden spricht, die keine Heilsnahrung zu erwarten haben. Dann erfolgt, offenbar durch die Hartnäckigkeit der Frau ausgelöst, der Umschlag in Jesu Verhalten. Wie ist das möglich? Ein solcher Umbruch im Verhalten, wie er hier von Jesus berichtet wird, deutet psychologisch gesehen darauf hin, daß da etwas psychisch Eigenes gewissermaßen gewaltsam unter Verschluß gehalten worden ist und nur des richtigen Auslösers bedarf, um ans Licht des Bewußtseins zu gelangen. Die zu dem geringschätzigen Verhalten der Frau gegenüber gegensätzlich seelische Einstellung war Jesus unbewußt zu eigen. Und indem nicht nur er die Frau mit ihrer erbärmlichen Lebenssituation konfrontierte, sondern die Frau durch ihr Verhalten auch ihn mit seiner wie pharisäische Selbstgerechtigkeit anmutenden Härte, konnte er seine den Heiden wie der Frau unbewußt zugewandte Seite gewahren und in sein Handeln aufnehmen.

Was die Erzählung mit dem gewandelten Verhalten Jesu zu der Frau in kargen Worten nur andeutet, setzt einen seelischen Integrationsvorgang voraus, ohne den der Umschlag im Verhalten Jesu nicht glaubwürdig wäre. Indem Jesus sich von dem Bitten der Frau überwinden läßt, tut er selbst einen Schritt zu seelischem Ganzwerden und wächst über die Vorurteile und Projektionen seines Volkes hinaus. Die Frau hat Jesus auf seine seelische Integrationsfähigkeit angesprochen; er hat sich, zunächst wohl, ohne es selbst zu wissen, darauf eingelassen. Und am Ende partizipiert die Frau an Jesu Kraft, gespaltene seelische Kräfte zu verbinden. Die Heilung der Tochter präsentiert sich nicht als etwas Mirakulöses, sondern als Ergebnis einer psychischen Wandlung, die Jesus durch sein eigenes Bewußtwerden der Frau ermöglicht und zuspricht: «Es geschehe, wie *du* willst.» Wenn ich davon ausgehe, daß Besessenheit eine seelische Krankheit ist, die, wie wir heute wissen, in der Regel mit Beziehungsstörungen zu tun hat, dann zeigt die Heilung der Tochter auch eine Heilung der Beziehung zwischen Mutter und Tochter an. Die wiederum ist ohne seelische Integration bei der Mutter kaum denkbar. Und es erscheint nicht abwegig, anzunehmen, daß die Mutter durch ihre Begegnung mit Jesus, die sie ihm geradezu abgezwungen hat, eine neue Würde als Frau und einen Stand als Mensch gewonnen hat, die sich auch auf ihre Tochter heilend auswirken.

Ich habe die Geschichte aus der psychischen Perspektive der Jesus-Gestalt interpretiert. Aus der Perspektive der Frau gesehen, ist *sie* es, die es Jesus möglich macht, seines Schattens ansichtig zu werden, ihn in sein bewußtes Leben aufzunehmen und so in eine positive Kraft zu verwandeln. Auch an anderen Stellen der Evangelien wird von einer Offenheit Jesu gegenüber Frauen erzählt, die für einen frommen jüdischen Mann ganz undenkbar war; das gilt auch für Jesu Jünger. Jesu ungewöhnliches Verhalten zu Frauen muß als authentisch angenommen werden. Es hätte von den Männern, welche die Jesus-Überlieferung formten, nicht erfunden werden können. Eine so aus dem zeitgenössischen Rahmen herausfallende schöpferisch neue Beziehung zu Frauen und zum Weiblichen ist tiefenpsychologisch nicht anders denkbar als durch eine Versöhnung der seelischen Gegensätze männlich-weiblich *in* Jesus. Daß diese Versöhnung zum ganzheitlichen Menschsein ihm große psychische Anstrengungen abverlangte, das zeigt die Geschichte von seiner Begegnung mit der heidnischen Frau.

Jesu Ganzsein

Welche Konsequenzen ergeben nun die Überlegungen zur Schattenproblematik der Jesus-Gestalt für das christliche Paradigma der Seelenreise? Als wichtigste gewiß diese, daß wir die Jesusgeschichte, wie die gesamte biblische Überlieferung, nicht mehr nur mit den Kopfaugen, sondern auch mit dem Auge im Bauch lesen (lernen) sollten. Wir könnten dann herausfinden, daß der nur helle, nur vollkommene, ja perfekte Jesus reduziert ist auf psychische Farblosigkeit, daß er den bloß zweidimensionalen Menschen aus der Imagination von Frau C. gleicht (vgl. Kapitel 3.1, S. 74f). Der Jesus der Evangelien besitzt dagegen sehr wohl die dritte Dimension des Schattens, die ihn erst menschlich abrundet. Hätte er diese Dimension nicht gehabt, so hätte er kaum als der göttliche Mensch ins christliche Glaubensbekenntnis eingehen können; denn es hätte ihm die menschliche Ganzheit als Voraussetzung für seine gott-menschliche Ganzheit gefehlt. Das Urbild des Gottmenschen aber vermittelt die erlösende oder befreiende Kraft zur vollen Menschwerdung des Menschen. Daß in der Geschichte des Christentums die dunklen Seiten an der Jesus-Gestalt aus dem Blickfeld gerückt worden sind, dürfte eine Ursache dafür sein, daß im Einflußbereich des Christentums die seelisch-ganzheitliche Entwicklung der Menschen steckengeblieben ist.

Es kann nun aber nicht darum gehen, einfach Schattenseiten an Jesus aufzulisten, vielmehr darum, durch seinen Schatten unsere eigenen seelischen Defizite sehen, anerkennen und verarbeiten zu lernen. Den grundlegenden Unterschied zwischen dem seelischen Status der überlieferten Jesus-Gestalt und dem gegenwärtigen psychischen Profil des Christentums sehe ich darin, daß Jesus im Sinne seines eigenen Wortes, das ich für dieses Kapitel als Motto gewählt habe, die ganze Welt – bis auf das Kreuz – verloren hat, seine Seele, sich selbst in Totalität aber gewonnen hat; das Christentum dagegen sich in der Welt große Machtpositionen ausgebaut, die Seele mit ihren schöpferischen Urbildern aber preisgegeben hat. Umkehr, wie sie für tiefenpsychologische Spiritualität gefordert ist, tut hier not.

6. Wirkungen

Ein Märchen aus Israel lautet so:

Die Wahrheit ging durch die Straßen, ganz nackt, wie am Tag ihrer Geburt. Kein Mensch wollte sie in sein Haus einlassen. Jeder, der sie traf, flüchtete voller Angst vor ihr.

Eines Tages ging die Wahrheit wieder in Gedanken versunken durch die Straße. Sie war sehr betrübt und verbittert. Da begegnete sie dem Märchen. Das Märchen war geschmückt mit herrlichen, prächtigen und vielfarbigen Kleidern, die jedes Auge und jedes Herz entzückten.

Da fragte das Märchen die Wahrheit: «Sage mir, geehrte Freundin, warum bist du so bedrückt und drehst dich auf den Straßen so betrübt herum?»

Da antwortete ihm die Wahrheit: «Es geht mir sehr schlecht, ich bin alt und betagt, und kein Mensch will mich kennen.»

Hierauf erwiderte ihr das Märchen: «Nicht, weil du alt bist, lieben dich die Menschen nicht. Auch ich bin sehr alt, und je älter ich werde, desto mehr lieben mich die Menschen. Siehe, ich will dir das Geheimnis der Menschen enthüllen: Sie lieben es, daß jeder geschmückt ist und sich ein wenig bekleidet. Ich werde dir solche Kleider borgen, mit denen ich angezogen bin, und du wirst sehen, daß die Leute auch dich lieben werden.»

Die Wahrheit befolgte diesen Rat und schmückte sich mit den Kleidern des Märchens. Seit damals gehen Wahrheit und Märchen zusammen, und beide sind bei den Menschen beliebt.

(Israel Zwi Kanner (Hrsg.): Neue jüdische Märchen, Fischer-Tb. Nr. 2016, S. 187).

In Märchenkleidern geht die Wahrheit durch die Welt. Doch trifft es in unseren Zeiten und Breiten wohl nicht mehr zu, daß beide, das Märchen und die Wahrheit, beliebt sind – höchstens noch bei den kleinen Kindern. Inzwischen ist das Märchen nämlich in den Geruch geraten, erfunden, also nicht wahr zu sein. Und so wird es von den vernünftigen Erwachsenen, für die nur das real oder wahr ist, was sie mit ihren Kopfaugen sehen, nicht mehr ernstgenommen. Daß es so weit gekommen ist, hängt durchaus mit den Kleidern des Märchens zusammen. Sie sind nämlich gewirkt aus dem Stoff der seelischen Bilder. Und diese «Verkleidung» erscheint modernen Menschen mit aufgeklärtem Verstand kindisch; sie halten die Gestalt, die damit angetan ist, für irreal, für eine Illusion. Da die Kleider der Wahrheit nicht nur aus Märchen, sondern auch aus Religionen und Mythen, aus dem Stoff biblisch-christlicher Urbilder gemacht sind, wird sie auch in deren Gewandung nicht mehr recht ernst genommen. Und weil die nackte Wahrheit tatsächlich viel zu viel Angst macht, um von den Menschen aufgenommen zu werden, nimmt ihre Chance, überhaupt gesehen zu werden, ab.

Die Wahrheit auf der Seelenreise

Dieses Buch über das Sehen mit dem Auge im Bauch möchte die Chancen der Wahrheit, bei den Menschen einkehren zu dürfen, vergrößern helfen, obgleich ich niemandem sagen kann, wie die Wahrheit aussieht, damit sie oder er sie erkennt und ihr die Tür öffnen kann. Vielleicht ist bis zu diesem letzten Kapitel ein wenig klarer geworden, daß die Wahrheit im vorhinein, das heißt bevor sie eingelassen wird, auch gar nicht mit Sicherheit zu erkennen ist. Im Bild der Seelenreise gesprochen: Die Wahrheit wird unterwegs angetroffen. Und erst im nachhinein gehen dem einen oder der andern die Augen auf, und sie sagen wie die Jünger Jesu, die auf dem Weg nach Emmaus den auferstandenen, lebendigen Christus als Wegbegleiter hatten, ohne es zu wissen: «Brannte nicht unser Herz in uns auf dem Wege?» (vgl. Lukas 24,13–35).

Der Weg in die seelische Unterwelt ist nicht von Plakatwänden gesäumt, auf denen die Wahrheit wie politische Parolen aufgepinselt ist; die Wahrheit wird auch nicht auf Transparenten vorneweg getragen; sie bietet sich überhaupt nicht in Form von fertigen Glaubenssätzen dar, wenngleich aus der Seele Sätze oder Bilder aufsteigen können, die blitzartig die Wahrheit enthüllen. Solche Bilder und Sätze sind aber nicht eine von außen aufgepfropfte Wahrheit, sondern das Ergebnis eines intensiven Erfahrungsprozesses. Auf der Seelenreise aufleuchtende Wahrheitspartikel bedürfen keiner rationalen Argumente für ihre Wahrheit, sie leuchten unmittelbar ein. Die Wahrheit begegnet stets höchst subjektiv, sie hat das jeweils eigene Gesicht eines Menschen. Aber in der subjektiven Begegnung gewährt sie zugleich einen Blick auf ihr objektives, ihr für alle gültiges Gesicht (vgl. die Beispiele von Imaginationen in den vorherigen Kapiteln). In ihrer ganzen Fülle wird sich die Wahrheit einem Menschen in seiner irdischen Lebenszeit nie zeigen; niemand könnte sie wirklich fassen. Es ist auch nicht so, daß sie immer mehr von sich zu erkennen gibt und dies alles zugleich sichtbar bliebe. Vielmehr zeigt sie sich einmal von dieser, ein andermal von jener Seite; und was einmal gesehen worden ist, kann als seelische Gewißheit auch wieder entschwinden. Doch geht wohl kaum etwas von dem, was das Auge im Bauch einmal von der Wahrheit erblickt hat, wieder ganz verloren. Es kann in Verbindung mit einer neuen An-Sicht wieder auftauchen als Frucht einer tieferen und umfassenderen Erfahrung. Auf diese, auf Erfahrung kommt es an, nicht auf die bloße Übernahme von Wahrheitssätzen, wenn vollständigeres Menschwerden sich ereignen soll.

Ich bin schon mitten darin, von den Wirkungen tiefenpsychologischer Spiritualität zu sprechen. Das Märchen von der nackten und der in die Gewänder der seelischen Bilder gehüllten Wahrheit kann verstehen lassen, worum es bei den Wirkungen geht und worum es nicht gehen kann. Handfeste Ergebnisse, die sozusagen abgehakt werden können, sind nicht zu erwarten. Spirituelle Sensibilität für seelische Prozesse wird nie etwas Fix und Fertiges sein können, sondern stets im Werden sein; daher eignet sich das Bild von der Seelenreise besser als der eher statische Begriff «Spiritualität». So will ich auch nur mit wenigen Gesichtspunkten hinweisen auf mögliche Wirkungen, auf zusammenhängende Bedingungen für Wirkungen und auf zu gewinnende Einsichten.

Wahrnehmen der Realität

Eine wichtige An-Sicht, welche die Wahrheit auf der Seelenreise von sich zu erkennen gibt, ist die vom Zusammenhang zwischen seelischen Prozessen und dem Verhalten in der Welt. Auf christliche Tradition und christliches Leben angewandte (tiefen-)psychologische Konzepte werden oft verdächtigt, sie veranlaßten Menschen zum Rückzug von der Welt, von den zu verändernden politischen Verhältnissen, es gehe ihnen in erster Linie um die Verwirklichung des eigenen Ich. Sowohl von tiefenpsychologischer Theorie als auch tiefenpsychologischer Praxis aus verrät ein solcher Standpunkt das Fehlen von tiefenpsychologischer Erfahrung. Ich halte deshalb die erwähnten Urteile eher für Mißverständnisse oder gar Vorurteile. Daher möchte ich betonen, daß es bei der hier vorgestellten Spiritualität nicht um eine neue (religiöse) Theorie geht, sondern um Lebenspraxis, die allerdings eines theoretischen Bezugsrahmens bedarf, um nicht in Fehlformen abzugleiten. Zu sachgerechter Beurteilung von tiefenpsychologischer Spiritualität gehören jedenfalls anfanghafte spirituelle Urbild-Erfahrungen; ohne diese wird von den tiefenpsychischen Symbolen und ihrer Lebensdynamik geredet, wie wenn ein Blindgeborener von Farben spricht.

Läßt sich jemand ernsthaft auf die Seelenreise ein, so wird das zu einem stärkeren Realitätsbewußtsein führen. Einem sich intensivierenden Gefühl für die seelische Wirklichkeit folgt eine höhere Sensibilität für äußere Verhältnisse und Vorgänge. Wenn jemand fähig ist, ihre/seine Projektionen zu erkennen und sie immer wieder von Dingen und von Menschen zurückzuziehen, so kann sie/er die äußere Welt besser wahrnehmen, wie sie tatsächlich ist, kann sie von *dem* Teil der Affekte befreien, der zu eigenen seelischen, aber projizierten Inhalten gehört. Infolgedessen können gesellschaftliche und politische Verhältnisse sachlicher betrachtet und ohne Vergewaltigung gestaltet werden. Die Fähigkeit, zwischen projizierter und realer Welt unterscheiden zu können, wächst mit der spirituellen Erfahrung. Schablonenhafte Einteilungen in (politisch) rechts und links, gut und böse, richtig und falsch erweisen sich als relativ, weil besser gesehen werden kann, daß diese Eigenschaften stets gemischt vorkommen, und zwar vor allem im einzelnen Menschen selbst. Die von Paulus geschätzte Gabe der Unterscheidung der Geister (vgl. 1 Korinther 12,10) fällt nach meinem Dafürhalten nicht vom Himmel; um sie zu empfangen, ist mühsame psychische Arbeit erforderlich. Realitätsgerechter zu werden und sich zu verhalten, hängt eng mit der realitätsgerechten Selbstwahrnehmung zusammen. Täuschungen über die eigene innere Wirklichkeit, die nach draußen projiziert wird, errichten Glaswände zwischen dem Ich und dem Draußen, vor allem zu anderen Menschen hin.

An Rainer Werner Faßbinders Filmen hat mich früher fasziniert, daß er Menschen so oft hinter Glas zeigte. Ich begriff, daß darin die Art, wie viele Menschen leben, dargestellt ist.

Es ist ein Leben, bei dem visuell eine Verbindung da ist; sobald aber unmittelbare Berührung versucht wird, ist eine fast unsichtbare Trennwand dazwischen, die eigenen oder gegenseitige Projektionen. Solches Leben hinter Glas hört auf, je mehr die Unmittelbarkeit zur eigenen Seele wächst. Der Zwiespalt, menschliche Nähe zu ersehnen und sie zugleich aus Berührungsangst zu vermeiden, spiegelt auch die Angst vor der Berührung mit den eigenen unbekannten psychischen Seiten. Das Ich fürchtet unbewußt, daß ihm diese bei großer menschlicher Nähe entzogen werden könnten, und es fühlt sich von Auflösung bedroht. Ein Ich, das seine unbekannte Rückseite nicht anzuschauen wagt, kennt weder seine wahren Möglichkeiten noch seine realen Grenzen; es muß Angst haben, in ein ihm nahekommendes anderes Ich auszufließen. Je stärker aber ein Ich sich in tieferen psychischen Regionen zentriert, um so besser lernt es, seine Möglichkeiten und Grenzen real einzuschätzen; um so leichter kann es ein selbständiges Individuum sein, das menschliche Nähe sucht und findet ohne Angst, sich zu verlieren; das sich gegen Vereinnahmungen aber auch verteidigen kann ohne Angst vor Verlust der Nähe zu andern Menschen. Umgekehrt kann ein solches Ich diese Verhaltensweisen auch bei einem andern Menschen akzeptieren, ohne diesen abzuwehren oder sich selbst abgewehrt zu fühlen. Gewiß zeichnet diese Beschreibung von Nähe und Distanz ein Ideal. Doch wird das Weiterkommen auf der Seelenreise einen Menschen ebenso gewiß einem ausgeglicheneren Verhältnis dieser beiden psychischen Grundbedürfnisse näherbringen.

Selbstannahme ermöglicht (Nächsten-)Liebe

Realitätsgerechtes Wahrnehmen von menschlichen Beziehungen – im doppelten Sinn von: realitätsgerecht sehen und verwirklichen – hat für mich viel zu tun mit der Nächstenliebe des Evangeliums. «Liebe deine/n Nächsten wie dich selbst» (Markus 12,31 und Parallelen bei Mattäus und Lukas) – dies mehr und mehr zu vermögen, erscheint mir als erreichbares Ziel auf der Seelenreise. Was verlangt und behauptet das Liebesgebot eigentlich? Mir scheint dieses:

- das Maß, mit dem du die/den Nächste/n lieben sollst bzw. kannst, bist du selbst;
- aber nicht dein kleines, von der seelischen Fülle abgespaltenes, deshalb selbstherrliches Ich; denn dich nach dem zu richten, wäre keine Liebe, sondern Egoismus;
- das Maß der Nächstenliebe ist die *Liebe* zu dir selbst. Liebe beinhaltet Nähe und Offenheit zu dem, was du tatsächlich bist und sein kannst, nicht zu dem, was zu sein du dir vormachst;
- Liebe zur dir selbst verlangt daher von dir, dich deinen unbekannten, auch ungeliebten Seiten, deinem Schatten, zuzuwenden, ihn deinem bewußten Bild von dir zu assimilieren;
- je mehr du deinen Schatten annimmst, um so weniger wirst du deine/n Nächste/n in deinen Schatten stellen;
- je intensiveren Austausch du mit deiner Seele hast, um so weniger wirst du einen andern Menschen mit deinen Wünschen besetzen, um so echter kannst du ihn/sie lieben; du wirst Liebe nicht mehr unbewußt zur Bemäntelung deiner Ich-Befriedigung benutzen.

Oft wird gesagt, Liebe könne doch nicht geboten werden. Das stimmt, wenn sie von außen als eine formelle Leistung gefordert wird. Wenn Liebe aber hervorgeht aus dem Prozeß der psychischen Selbstannahme und Selbst-Verwirklichung, dann ist sie tatsächlich das Hauptgebot, das uns Menschen, und zwar allen, aufgegeben ist. Dann ist Liebe tatsächlich auch möglich. Zugleich aber ist sie auch begrenzt, denn uns selbst können wir, in dem dargelegten Sinn, nicht unendlich lieben. Wenn wir in den menschheitlich-psychischen Tiefen auch das Absolute, das göttlich Unendliche berühren (können), so bleibt unser bewußtes Ich doch immer relativ und endlich. Es kann sich an die Fülle des Ganzen anschließen, aber nicht mit dieser identisch werden. So bleiben auch unsere Kräfte zum Lieben begrenzt. Christen speziell könnten diese Wahrheit auf der Seelenreise finden. Sie könnten durch sie von einem äußeren und inneren Zwang frei werden, ein schlechtes Gewissen haben zu müssen wegen zu wenig «Liebe». Menschen, die andere immerfort nur «lieben», sind oft nicht leicht zu ertragen. Vielleicht müßten sie sich und die von ihnen «Geliebten» eher von dem schiefen Liebesideal der Selbstverneinung befreien und auf der Seelenreise versuchen, das realistische Gesicht der Liebe anzuschauen. Mir scheint, daß Jesus das in der jüdischen Religion getrennte Gebot der Gottes- und Nächstenliebe aus einer tiefen spirituellen Erfahrung heraus zusammengefügt hat; sein Liebesgebot entspricht psychischer Realität.

Überwinden männlicher Todesbesessenheit

Einen zweiten Komplex von Wirkungen tiefenpsychologischer Spiritualität sehe ich in einem für patriarchale Gesellschaften typischen Bereich. Mit einem Wort von Erich Fromm läßt er sich als «Nekrophilie» bezeichnen (vgl. E. Fromm: Die Seele des Menschen, 3. Kapitel), als Liebe oder Neigung zum Toten. Vor den spirituellen Wirkungen ist kurz zu skizzieren, worin Nekrophilie sich manifestiert. Zunächst erscheint Nekrophilie als Widerspruch zu dem im Patriarchat allseits bekämpften und verdrängten Tod – erinnert sei an die Todestheologie des Paulus und z.B. an die extreme Bekämpfung von Sterben und Tod in moderner Medizin oder das Verlegen des Sterbens in anonyme Kliniken und anderes mehr. Die Versuche, den Tod aus dem menschlichen Gesichtsfeld zu schaffen, werden jedoch bei weitem in den Schatten gestellt durch das massenhafte Herbeiführen oder Vorbereiten von Tod durch Kriege, Unterdrückung, Folter, atomaren Holocaust. Die Anstrengungen, den Tod zu überwinden oder zu überlisten, erweisen sich angesichts dessen als hilflose und untaugliche Versuche des Zauberlehrlings, die alles ertränkende Flut, die er – des Meisters magische, das ist seelische Macht sich anmaßend – herbeigerufen, wieder einzudämmen (vgl. J. W. Goethe: Der Zauberlehrling, in: Hamburger Ausgabe Bd. 1, S. 276f). Wie ich zu zeigen versucht habe, ist die Angst vor dem Tod Ergebnis männlicher Zerstörung der weiblichen Kulturen und Religionen, tiefenpsychologisch: der Entmachtung und Verleugnung des seelisch-weiblichen Leben-Tod-Leben-Rhythmus. Geleugnete und unterdrückte seelische Lebensgesetze aber setzen sich als ihr negatives Gegenteil durch. Ja, sie zwingen die Unterdrücker geradezu, das Gegenteil selbst herbeizuführen. So bezeugt die durch die Weltgeschichte sich ziehende und immer breiter werdende Todesstraße den Abfall des männlichen Bewußtseins von den weiblichen Lebensgesetzen. Nekrophilie ist, so gesehen, Ausdruck patriarchal-männlichen Bewußtseins, das den Tod als Lebensaspekt ablehnt und bewußt bekämpft und ihm gerade dadurch verfällt, ja vom Tod besessen wird. Nekrophilie ist eine vielschichtige psychische Einstellung, zu der aggressive Gesinnung und die Tendenz zur Gewaltanwendung gehören, aber auch die bloß negative Wertung von Schmerz und Leid mitsamt dem Gegenstück, ihrer Verherrlichung als einer göttlich-erlösenden Macht. Realistisch gesehen ist Leiden auch ein Aspekt des Todes als Wandlungsmacht, jedoch abhängig von dessen psychischer Verarbeitung.

Begibt sich das nekrophile männliche Bewußtsein, das primär eines von Männern und nur sekundär, gewissermaßen durch Ansteckung oder Übertragung, auch eines von Frauen sein dürfte, auf die spirituelle Reise, so hat es hoffnungsvolle Aussichten, die für die Menschheit wie für die Erde so katastrophale Nekrophilie zu überwinden.

Die wichtigste heil-machende Wirkung könnte die Wiedervereinigung des männlichen Bewußtseins mit seinem weiblichen Ursprung sein. Diese Versöhnung herbeizuführen, ist Sache des ganzen männlichen Geschlechts und jedes einzelnen Mannes in patriarchalen Gesellschaften. Ich schätze dies gegenwärtig noch als eine ziemlich ferne Wirkung ein. Doch könnte sie in kleinen Schritten schon heute hervorgebracht werden, z. B. indem Männer – vielleicht gerade die den Frauenproblemen gegenüber aufgeschlossenen – sich in erster Linie mit ihrer eigenen Situation, statt mit der der Frauen befassen. Dies könnte bereits die ungeahnte Wirkung haben, daß sie ihres eigenen, bislang vielleicht für selbstverständlich gehaltenen offen und/oder verdeckt aggressiven Potentials ansichtig werden. Eine solche Eigenwahrnehmung, gar von vielen einsichtigen Männern vollzogen, wäre der Beginn der Umwandlung der zerstörenden männlichen Aggressivität in aufbauende psychisch-gesellschaftliche Kräfte. Als eine daraus hervorgehende Wirkung stelle ich mir vor, daß Männer Solidarität mit Frauen lernen, und zwar nicht nur mit der einen oder wenigen, die eventuell jeweils den persönlichen Lebensrückhalt eines Mannes ausmachen. Ich denke auch nicht an Kameraderie oder Kumpelhaftigkeit, wie Männer sie aus männlichen Beziehungen gern auf Frauen übertragen. Ich denke vielmehr an Solidarität gegenüber allen Frauen, weil die Frau als Mensch ein Anrecht darauf hat, daß ihre, von ihr selbst formulierten Bedürfnisse, Interessen, Vorstellungen von ihrer Selbstverwirklichung usw. vom Mann mitgetragen werden. Solche Wirkungen der spirituellen Reise von Männern wären der Anfang einer Partnerschaft mit dem Weiblichen und mit den Frauen auf ganzheitlicher Bewußtseinsebene, sowohl innerpsychisch als auch gesellschaftlich.

Überwinden weiblicher Selbstzerstörungstendenz

Für Frauen in patriarchalen Gesellschaften sehen die Wirkungen der Seelenreise anders aus. Tendenziell sind Frauen weniger gefährdet durch Aggressivität als durch Depressivität, weil sie von ihren weiblichen Lebensquellen entfremdet sind. Wie Männer in patriarchalen Lebensordnungen auf der Seelenreise Erlösung von der Zerstörung anderer finden können, so können Frauen erlöst werden von ihrer Selbstzerstörung. Depressives Potential und gelähmte Aktivität, in denen verhängte und verinnerlichte Wertminderung oder gar Wertlosigkeit als Mensch ausagiert wird, können sich auf der Seelenreise wandeln in das Bewußtsein der Autonomie, die dem weiblichen Geschlecht vom Ursprung her zu eigen ist. Vereinigen sich Frauen psychisch mit der genuin weiblichen Lebenskraft, so wird die Selbstentfremdung allmählich einer tragenden Selbstbejahung weichen und Frauen unabhängig(er) machen von Zustimmung und Anerkennung durch andere Menschen, insbesondere durch Männer. Die dadurch gewonnene innere Freiheit kann Frauen ein Verhalten erleichtern, das sie im Patriarchat kaum geübt und eingeübt haben: Solidarität mit Frauen, und zwar gebend und empfangend; nicht im patriarchal legitimierten Mutter-Tochter-Muster mit Über- und Unterordnung, sondern von Gleichen zu Gleichen. Nähe und Solidarität werden von Frauen untereinander wohl längst nicht auf so breiter Basis empfunden, wie die in der Frauenbewegung wiederentdeckte Schwesterlichkeit vermuten lassen könnte. Unbewußte Un-

wertgefühle dürften wohl noch immer von Frauen auf andere Frauen projiziert werden und so die Fixierung auf den als
wertvoller geschätzten Mann aufrechterhalten. Aus ihrer
therapeutischen Praxis berichtet Sylvia Brinton Perera von
so geschädigten Frauen. Eine Patientin proklamiert am Anfang ihrer Analyse etwas «wie ein Manifest»: «Ich bestehe
darauf, daß Zuwendung von einem Mann zu kommen hat.
Zuwendung von Frauen macht mich wütend. Der Mann re-
giert das Universum. Frauen sind zweite Garnitur.» (Der
Weg zur Göttin der Tiefe, S. 14)
Wie eine solch erschreckende, fast verächtliche Ablehnung
des eigenen Geschlechts sich auf dem Gang in die seelische
Unterwelt positiv verändern kann, zeigt die Therapeutin an
dem Traum einer andern Frau, die in der therapeutischen
Entwicklung fortgeschritten ist: «Zwei Männer... sitzen in
meiner Küche. Einer ist verwundet... Ich küsse ihn und sehe, wie er sich langsam in eine Frau mit großen Brüsten verwandelt. Der andere Mann kniet da, während die Ge-
schlechtsumwandlung sich ganz ruhig vollzieht. Der erste
Mann ist nun eine Frau... – eine herrliche dunkle Frau»
(ebenda, S. 115). Auch auf einer nicht-therapeutischen Seel-
lenreise kann sich für eine Frau die innere Fixierung auf das
Männliche lösen und dieses sich wandeln zu freudig akzep-
tiertem Weiblichen, aus dem dann auch die Kraft der Zuwendung zu Frauen und die Fähigkeit, Zuwendung von Frauen
anzunehmen, hervorfließt.

Integration des Weiblichen bei Mann und Frau

Die seelische Integration des Weiblichen bei Männern und
Frauen erachte ich für eine der fundamentalen Wirkungen
der Seelenreise, von der die sowohl psychische als auch gesellschaftliche Humanisierung unserer Lebensordnungen

abhängt. In erster Linie betrifft das die realen Beziehungen von Männern und Frauen, die gegenwärtig weltweit noch immer eine seelische Zerrissenheit beider Geschlechter widerspiegeln. Wird diese geheilt, so kann das ungeahnte positive Auswirkungen in weitere Bereiche hinein haben. Einen Schwerpunkt-Bereich für solche Wirkungen stellt die Vereinzelung der Menschen in Gesellschaften mit ausgeprägter industrieller Zivilisation dar. Wie die Isolierung der Menschen voneinander und gegeneinander die seelische Isolierung des Ich und das weitverbreitete, durch Hektik überdeckte Gefühl der Verlorenheit und Leere spiegelt, so kann die Verbindung des Ich mit seiner seelischen (weiblichen) Unterwelt sich äußern im Verbundensein mit Menschen. Da dieses dann aus dem psychischen Einssein stammt, das dem Ich ein Gefühl des Ganzseins gibt und ihm das Gefühl, unvollständig zu sein, nimmt, kann daraus eine in doppelte Richtung wirkende Kraft wachsen: zum Erfinden neuer Formen partnerschaftlichen oder geschwisterlichen Miteinanderlebens zum einen, zum andern zur Fähigkeit, als Einzelwesen für sich stehen zu können, ohne andere für die eigene Ergänzungsbedürftigkeit auszunutzen. Entwicklungspsychologisch ließe sich diese Wirkung auch nennen: Erwachsenwerden und erwachsene Formen des Zusammenlebens finden können.

Psychisches Einssein und mitmenschliches Einheitsfühlen werden aus sich heraus auch die Grenzen zu allem Seienden hin transzendieren. Ein seelisch errungenes Einssein wird sich ausbreiten in universale Dimensionen. Hier stellt sich eine dem Verstand als paradox erscheinende Wirkung ein: je mehr sich das Gefühl, mit allem, was ist, eine Einheit zu bilden, ausbreitet und damit das menschliche Ich aus dem Mittelpunkt rückt, um so mehr wächst das Gefühl, persönlich gemeint zu sein bei allem, was das eigene Ich betrifft; und es schwindet das beängstigende Gefühl, ein Stäubchen im All oder ein Tropfen im kosmischen Meer zu sein. Es wird hierbei nicht das Einssein mit allem Seienden behauptet, wie die christliche Schöpfungstheologie das tut; das Einssein wird vielmehr erfahren als ein sich durchtragendes Grundgefühl. Menschen mit diesem Grundgefühl des Einsseins dürfte der Gedanke, daß sie selbst und die Welt zufällig sind, fremd sein, weil sie es nicht so fühlen. Es kann hieran auch deutlich werden, wie sehr Lebens- und Weltanschauungen, auch wissenschaftliche Theorien über den Menschen und die Welt, auf seelischen Prozessen basieren, in kollektiver Dimension z. B. abhängig sind vom psychischen Entwicklungsstand einer Gesellschaft.

Inneres Gespräch

Wenn ich die in diesem Kapitel skizzierten Wirkungen der Seelenreise überblicke, so schält sich aus ihnen ein charakteristisches Merkmal seelischer Prozesse heraus: sie haben alle zu tun mit der dialogischen Struktur des Psychischen. So wie wir auf das Gespräch mit anderen Menschen angewiesen sind, um überhaupt leben zu können, so brauchen wir auch das innere Zwiegespräch, um zu vollständigen Menschen zu werden. Ersteres ist uns geläufig und wird in manchen Wissenschaften untersucht und auf Theorien gebracht; Letzteres dagegen ist uns weitgehend unbekannt, wie die Sprache der Seele weithin unbekannt ist. Ein innerpsychisches Gespräch kann sich jedoch nur entfalten, wenn ein solches Gespräch überhaupt für möglich gehalten wird. Das Ich bezieht gewiß die Anregungen und Inhalte zum Fühlen, Denken, Entscheiden aus seinen Außenbeziehungen. Doch wäre es diesen wie ein Spielball ausgeliefert, könnte es sie nicht im inneren Dialog verarbeiten und in seine Identität einbauen. Die seelischen Dialogpartner sind als eine Dreierrunde vorstellbar:

das Ich, die (Um-)Welt, in der es lebt, und sein (größeres) Selbst. Das Ich wird von den beiden andern angetrieben, voranzugehen; zu einem ganzheitlichen Bewußtsein hingesteuert wird es allein vom Selbst, das als die unbewußte, aber bewußt werden wollende Zentralinstanz wirkt. Stellt sich das Ich dem fortdauernden Dialog mit seinem Selbst, so kann es sich, mitsamt seiner (Außen-)Welt, immer mehr mit dem seelischen Zentrum vereinigen. Da dieses dem Ich gegenüber ein überpersönlich Seelisches repräsentiert, empfängt das Ich im Gespräch mit seinem Selbst von der Weisheit der Menschheit und des Göttlichen. Der Dialog intensiviert sich auf der spirituellen Reise und prägt ihre Wirkungen.

Reise und Ziel

Am Anfang meiner Überlegungen zur Seelenreise steht ein Reisegedicht, das mich lange begleitet hat. Am Ende wird nun ein anderes Reisegedicht stehen, das ich während der Arbeit an diesem Buch erst gefunden habe, fast so, als sei dies genau der rechte Augenblick gewesen, das Gedicht von Gottfried Benn durch ein passenderes abzulösen.

Erinnerungen

Reisen und die Welt
in Händen halten

Auserwählte Feiertage
Nimm die Ruinen aus Rom
El Greco in Toledo
Wie sich Paris entfaltet
in tanzenden Fontänen

Diese Häuserberge von New York
Flammen und Figuren
Wasser unsere Mutter
Menschen und Sprachen
Die Himmelsschaukel
Wer kann die Wunder zählen

Reisen und die Welt
im Herzen haben

Rose Ausländer

Fast alle meine Gedanken und Erfahrungen zur Seelenreise
klingen in dem Gedicht an: Reisen als nicht nur äußerer Vorgang, sondern als seelische Erweiterung, das Schauen von
verdichteter Wirklichkeit im Symbol, der weibliche Lebens-
grund, die nicht außergewöhnlichen, sondern einfachen
Wunder dessen, was ist, das innere Einswerden mit allem Seienden. Unmerklich geht das Gedicht im Mittelteil über von
den äußeren Reiseeindrücken zu tiefer innerer Erfahrung.
Und sowohl das äußere wie das innere Schauen wird als Fest
erlebt. Das Gedicht erscheint mir fast wie ein direktes Gegenstück zu Gottfried Benns «Reisen»: bei ihm eine ironische
Distanz zum Sinn von Reisen überhaupt, ein Auseinander-
fallen von Reisen in die Welt und innerer Erfahrung, mün-
dend in den resignativen Rückzug auf das eigene Ich. Bei
Rose Ausländer dagegen: die Offenheit für die Welt, der sie
geradezu die Hände hinhält, der festliche, das heißt wohl
auch: sinnstiftende Charakter von Reisen, der Blick durch
die vordergründige Realität hindurch auf «tiefere» und «höhere», somit umfassendere Wirklichkeit, und schließlich das
Hineinnehmen der Welt ins seelische Innen. Für mich
spricht hier ein starkes Ich, das Menschenwelt und Kosmos,

das Draußen im Innen bejahend umfaßt. Den Titel «Erinnerungen» verstehe ich vor diesem Hintergrund nicht nur als Hinweis auf das, was von Reisen im Gedächtnis bleibt, sondern mehr als: Inne-Werden der Welt und Aufdämmern des Ganzen, das sich in der Seele abbildet und im Menschen zu Bewußtsein kommen will. Die beiden Reisegedichte scheinen mir recht charakteristisch männliches und weibliches Bewußtsein zu vertreten. In Rose Ausländers Gedicht weht das Geistige tiefenpsychologisch verstandener, weiblicher Spiritualität.

Nachwort

Die Gedanken dieses Buches erweisen sich mir im nachhinein als erste Annäherung an ein umfassenderes Phänomen, das, seit den sechziger Jahren von der naturwissenschaftlichen Forschung in den USA herkommend, langsam auch in Europa zur Kenntnis genommen wird. Es ist die Einsicht, daß der westliche, der wissenschaftlich-analysierende Zugriff auf die Wirklichkeit dieser nicht (mehr) gerecht wird. Neue Forschungsergebnisse (z. B. in der Gehirnforschung, der Astrophysik, der Biologie und Genetik, in verschiedenen Psychologien u. a.) drängen mehr und mehr den Schluß auf, daß die gesamte Wirklichkeit – die der Natur wie die der menschlichen Gesellschaften und der Geschichte – ein miteinander verbundenes Ganzes darstellt, in dem die Einzelbereiche nach denselben Strukturmustern wie das Ganze gestaltet sind und aufeinander einwirken. Diese Einsicht führte zu einer Diskussion über einen für die Forschung notwendigen Paradigmenwechsel; das bedeutet, daß andere Zugänge zur Natur- und Geschichtserkenntnis benötigt werden als bisher. Naturwissenschaftler sprechen davon, daß die wahren Möglichkeiten des menschlichen Bewußtseins noch bei weitem nicht bekannt seien und auf dem etablierten wissenschaftlichen Weg allein auch nicht ausgeschöpft werden könnten, daß hierzu unmittelbare spirituelle Erfahrung von Bedeutung sei. Für eine Reihe von Wissenschaftlern sind Erkenntnisse mystischer und östlicher Weisheitstraditionen wichtig geworden, weil deren Ganzheitsschau der Struktur der Wirklichkeit von verschiedenen Forschungsrichtungen aus sich als richtig zu erweisen scheint (vgl. z. B. Marilyn Ferguson: Die sanfte Verschwörung).

Spiritualität, wie ich sie in diesem Buch zu skizzieren versucht habe, kann eine Möglichkeit sein, aus tiefenpsychologischer Sicht und Praxis zu dem noch nicht bekannten größeren Bewußtsein hinzuführen. Das Buch ist insofern ein Beitrag oder Baustein zu einem neuen Paradigma der Wirklichkeits-Erschließung, das altbekannte Methoden transzendiert.

Münster, im September 1985   Maria Kassel

238

Literaturverzeichnis

Améry, Carl: Die Zeit der tödlichen Siege. Die Passion der Natur und das christliche Ostergeheimnis, in: Publik-Forum Nr. 24, 30.11.1984, S. 29–30

Ausländer, Rose: Mein Atem heißt jetzt. Gedichte. Frankfurt a. Main 1981

Baker Miller, Jean: Die Stärke weiblicher Schwäche. Zu einem neuen Verständnis der Frau (Fischer TB: Die Frau in der Gesellschaft Nr. 3709), Frankfurt a. Main 1984

Barz, Helmut: Fragen der Tiefenpsychologie an die Kirche, in: H.J. Schultz (Hg.): Was weiß man von der Seele?, Stuttgart ²1968, S. 186–194

Barz, Helmut: Männersache. Kritischer Beifall für den Feminismus. Stuttgart 1984

Battke, Marion: Das Böse bei S. Freud und C. G. Jung. Düsseldorf 1978

Benn, Gottfried: Gesammelte Werke, hg. von Dieter Wellershoff, Band 3: Gedichte. München ⁴1974 (¹1958)

Brinton Perera, Sylvia: Der Weg zur Göttin der Tiefe. Die Erlösung der dunklen Schwester: eine Initiation für Frauen. Interlaken 1985

Brocher, Tobias: Schuld und Trauer – zur Psychoanalyse der Beichte, in: Katechetische Blätter 99 (1974), S. 298–315

Brückner, Christine: Wenn du geredet hättest, Desdemona. Ungehaltene Reden ungehaltener Frauen. Hamburg 1983

Cardenal, Ernesto (Hg.): Das Evangelium der Bauern von Solentiname. Gespräche über das Leben Jesu in Lateinamerika. Wuppertal Band 1, 1976, Band 2, 1978

Claremont de Castillejo, Irene: Die Töchter der Penelope. Elemente des Weiblichen. Olten – Freiburg i. Br. ³1984

Eichenbaum, Luise/Orbach, Susie: Ganz Frau und wirklich frei. Düsseldorf – Wien ³1985

Ende, Michael: Die unendliche Geschichte. Stuttgart 1979

Ferguson, Marilyn: Die sanfte Verschwörung. Persönliche und gesellschaftliche Transformation im Zeitalter des Wassermanns. Basel ²1982

Fester, Richard/König, Marie E.P./ Jonas, Doris F./Jonas, A. David: Weib und Macht. Fünf Millionen Jahre Urgeschichte der Frau (Fischer TB: Die Frau in der Gesellschaft, Band 3716). Frankfurt a. Main 1983

Freud, Sigmund: Zwangshandlungen und Religionsübungen, in: Studienausgabe Band VII. Frankfurt a. Main 1973, S. 11–21

Fromm, Erich: Die Seele des Menschen. Ihre Fähigkeit zum Guten und zum Bösen (Ullstein Materialien Nr. 35076). Frankfurt a. Main – Berlin – Wien 1981

Das Geheimnis der Goldenen Blüte. Ein chinesisches Lebensbuch, übersetzt und erläutert von Richard Wilhelm, mit einem europäischen Kommentar von C. G. Jung. Olten [16]1984

Das Gilgamesch-Epos. Neu übersetzt von Albert Schott. Durchgesehen und ergänzt von Wolfram von Soden (Reclam-Heft Nr. 7235/35a). Stuttgart 1958

Gilligan, Carol: Die andere Stimme. Lebenskonflikte und Moral der Frau. München – Zürich 1984

Goethe, Johann Wolfgang: Werke. Hamburger Ausgabe, Band 1: Gedichte und Epen. Hamburg (1. Auflage) 1948

Graf Dürckheim, Karlfried: Hara. Die Erdmitte des Menschen. München [7]1975

Graf Dürckheim, Karlfried: Meditieren – wozu und wie. Freiburg – Basel – Wien [7]1983

Griffiths, Bede: Die Hochzeit von Ost und West. Hoffnung für die Menschheit. Salzburg 1983

Hannah, Barbara: Begegnungen mit der Seele. Aktive Imagination. Der Weg zu Heilung und Ganzheit. München 1985

Harding, Esther: Frauen-Mysterien. Einst und jetzt. Mit einem Geleitwort von C. G. Jung und 53 Illustrationen. Zürich 1949

Hark, Helmut: Der Traum als Gottes vergessene Sprache. Symbolpsychologische Deutung biblischer und heutiger Träume. Olten – Freiburg i. Br. [3]1985

Hillman, James: Am Anfang war das Bild. Unsere Träume – Brücke der Seele zu den Mythen. München 1983

Jacobi, Jolande: Vom Bilderreich der Seele. Wege und Umwege zu sich selbst (mit Illustrationen). Olten – Freiburg i. Br. Sonderausgabe [2]1985

Jung, C. G. u. a.: Der Mensch und seine Symbole. Olten, Sonderausgabe [8]1985

Jung, Carl Gustav: Psychologie und Religion, Studienausgabe. Olten [2]1972 = Grundwerk Band 4, Olten und Freiburg i. Br. 1984

Jung, C. G.: Seele und Tod, in: Grundwerk Band 9, Olten und Freiburg i. Br. 1985

Jung, C. G.: Die transzendente Funktion, in: Grundwerk Band 2. Olten und Freiburg i. Br. 1984

Jung C. G.: Die praktische Verwendbarkeit der Traumanalyse. Allgemeine Gesichtspunkte zur Psychologie des Traumes. Vom Wesen der Träume, in: Grundwerk Band 1. Olten und Freiburg i.br. 1984

Kafka, Franz: Eisenbahnreisende, in: Hochzeitsvorbereitungen auf dem Lande. Frankfurt 1953

Kanner, Israel Zwi (Hg.): Neue jüdische Märchen (Fischer-TB Band 2016). Frankfurt a. Main 1983

Kassel, Maria: Biblische Urbilder. Tiefenpsychologische Auslegung nach C. G. Jung. München ²1982

Kassel, Maria: Sei, der du werden sollst. Tiefenpsychologische Impulse aus der Bibel. München 1982

Kluger-Schärf, Rivkah: Einige psychologische Aspekte des Gilgamesch-Epos, in: Analytische Psychologie 6 (1975), S. 386–427

Kramer, Samuel N.: Geschichte beginnt mit Sumer. Berichte von den Ursprüngen der Kultur. München 1959

Kulessa, Hanne (Hg.): Der Schatten. Ein Lesebuch vom verlorenen Schatten mit sieben Kupfern nach George Cruikshank (Sammlung Luchterhand Band 551). Darmstadt und Neuwied 1984

Mann, Ulrich: Schöpfungsmythen. Vom Ursprung und Sinn der Welt (Buchreihe Symbole). Stuttgart – Berlin 1982

Mellaart, James: Çatal Hüyük. Stadt aus der Steinzeit. Bergisch-Gladbach 1967

Mollenkott, Virginia R.: Gott eine Frau? Vergessene Gottesbilder der Bibel (Beck'sche Schwarze Reihe Band 295). München 1985

Orban, Peter: Die Reise des Helden. Die Seele auf der Suche nach sich selbst. München 1983

ψ υ χ η *(Psyche):* in: Theologisches Wörterbuch zum Neuen Testament, hg. von Gerhard Friedrich, Band IX, S. 604–661

Die Schöpfungsmythen – Ägypter, Sumerer, Hurriter, Hethiter, Kanaaniter und Israeliten (Quellen des Alten Orients). Wissenschaftliche Buchgesellschaft Darmstadt 1977

Sorge, Elga: Religion und Frau. Weibliche Spiritualität im Christentum (Kohlhammer TB Band 1038). Stuttgart 1985

Steinbart, Hiltrud: Im Anfang war die Frau. Die Frau – Ursprung der Religionen. Ein Beitrag zur Geschichte der Religionen. Frankfurt 1983

Stephenson, Gunther (Hg.): Leben und Tod in den Religionen. Symbol und Wirklichkeit. Wissenschaftliche Buchgesellschaft Darmstadt 1980

Sullerot, Evelyne (Hg.): Die Wirklichkeit der Frau. Lentre Royanmont pour une Science de l'Homme: Ein Gemeinschaftswerk unter der Leitung von Evelyne Sullerot und der Mitarbeit von Odette Thibault. Mit einem Vorwort von Nobelpreisträger André Lwoff. München 1979

Tietze, Henry G.: Imagination und Symboldeutung. Wie innere Bilder heilen und vorbeugen helfen. Genf 1983

Tillich, Paul: Der Mut zum Sein (Stundenbücher Band 50). Hamburg 1965

Walsh, Roger N./Vaughan, Frances (Hg.): Psychologie in der Wende. Grundlagen, Methoden und Ziele der Transpersonalen Psychologie – Eine Einführung in die Psychologie des Neuen Bewußtseins. Bern – München – Wien 1985

Weiler, Gerda: Ich verwerfe im Lande die Kriege. Das verborgene Matriarchat im Alten Testament (Verlag Frauenoffensive) München 1984

Wolf, Christa: Kassandra. Erzählung. Darmstadt und Neuwied 1983

Glossar

(Die Begriffe werden in der Bedeutung charakterisiert, die sie in diesem Buch haben)

Affekt (-durchbruch): Starke Gefühlserregung, die meist plötzlich erfolgt und sich spontan äußert und von den Betroffenen oft als Ich-fremd erlebt wird.

Alchemist: Chemiker und Weisheitssucher des Mittelalters, der versuchte, unedle Metalle in edle (bes. Gold) zu verwandeln und so das Geheimnis des Seins zu erkennen.

Ambivalenz: Doppelwertigkeit, Doppelbedeutung.

Amplifikation, amplifizieren: Traum- und Imaginationsmotive durch verbreitete ähnliche Symbole aus Religionen, Mythologien, Märchen, Kunst usw. in ihrer Bedeutung anreichern bzw. erweitern.

Analog: einem anderen, Vergleichbaren entsprechend.

Anthropologie, anthropologisch: Lehre vom Menschen und seiner Entwicklung unter dem Gesichtspunkt verschiedener Wissenschaften.

Archaisch: Prähistorisch, vorpatriarchal, ursprünglich.

Archetyp, archetypisch = Urbild, urbildlich (griech.: Urprägung): Seelische Reaktionsmuster in typischen Lebenssituationen, die in unbewußt produzierten seelischen Bildern erfahrbar werden.

Askese, asketisch: Bewußte Enthaltung von bestimmten Lebensweisen, um andere besser verwirklichen zu können.

Assimilieren: Verbinden von psychisch Unbewußtem (z. B. Traumerfahrungen) mit dem bewußten Leben.

Assoziieren: Spontane Einfälle sammeln zu vorgegebenen Vorstellungen, z. B. zu biblischen Symbolen oder zu Traummotiven.

Authentisch: Echt, glaubwürdig. Sprechen und Verhalten drücken die wirkliche psychische Einstellung aus.

Autonomie, autonom: (Innere) Unabhängigkeit, Selbststand.

Autonome Ethik: Verantwortungsbewußtes Verhalten, das aus seelischer Zentrierung hervorgeht und nicht von äußeren Regeln abhängig ist.

Bibliodrama: Spiel biblischer Szenen in einer Gruppe mit verteilten Rollen und ohne feste Bindung an den im Text vorgegebenen Verlauf.

Circulus vitiosus: Sich im Kreis drehen, Teufelskreis.

Destruktiv: Zerstörend, zerstörerisch, auflösend.

Diskursiv: Begründendes und streng schlußfolgerndes Denken, im Unterschied zum assoziativen, Einfälle aneinanderreihenden Denken.

Disparat: Unvereinbar, sich widersprechend, ungleich.

Dogmatisieren: Eine Ansicht, Überzeugung, Erkenntnis oder Überlieferung zum unumstößlichen Glaubenssatz erheben; starr an einer Lehrmeinung festhalten.

Dualismus: Gegensätzlichkeit; Entgegensetzung zweier, für unvereinbar gehaltener Größen, z. B. Leib und Geist.

Ekstase: Ergriffensein von tiefen Gefühlen, durch die das Ich sich über seinen normalen Bewußtseinszustand hinausgehoben erlebt und ungewöhnliche innere Erfahrungen macht, wie z. B. in der Mystik.

Emotion, emotional: Das Gefühl und der Gefühlsbereich im Unterschied zum rationalen Denken.

Empirie: Experimentierende Wissenschaft, die ihre Egebnisse durch messende und wiederholbare Untersuchungs-Anordnungen gewinnt.

Entwicklungspsychologie: Wissenschaft von den durch die Lebensalter bedingten Veränderungen im körperlichen, seelischen und sozialen Bereich, vor allem bis zum Abschluß des Jugendalters.

Evidenz: Unmittelbare Einsicht, einleuchtende Erkenntnis.

Evolution: Fortschreitende stammesgeschichtliche Entwicklung der Lebewesen von niederen zu höheren Formen; im erweiterten Sinn die Entwicklung des Kosmos insgesamt.

Existenz, existentiell: Dasein, Vorhandensein; beim Menschen: auf das Wesentliche des Menschseins bezogen, den einzelnen Menschen im Wesentlichen betreffend.

Exzessiv: Ausschweifend, das Maß überschreitend.

Fragmentarisch: Bruchstückhaft, unvollkommen.

Gefühlseruption: vgl. Affektdurchbruch; Gefühlsausbruch.

Genuin: Echt, naturgemäß, ursprunghaft.

Hadesfahrt: Der Name «Hades» für den Gott der Unterwelt in der griechischen Mythologie wurde zu einer Bezeichnung für die Unterwelt überhaupt. Die H. der Toten führt über einen Fluß. Im psychologischen Verständnis bedeutet die H. den Übergang vom persönlichen zum kollektiven Unbewußten.

Heilige Hochzeit: (griech.: hierós gamós): Eine religiöse Feier in vielen archaischen Kulturen, bei der die geschlechtliche Verbindung der lebenspendenden Göttin mit dem König begangen wurde, um das Leben der Natur und der Seele zu erneuern und fortzusetzen.

Homo sapiens: Als Gattungsbegriff: Vernunftbegabter Mensch; **Psychologisch:** Das Lebewesen mit Bewußtsein.

Identität: Für das Ich: Das Gefühl der inneren Einheit und der Kontinuität der Person durch die entwicklungsbedingten Veränderungen hindurch. Für andere: Die Wiedererkennbarkeit des körperlich-seelisch Individuellen eines Menschen. Allgemein: Die Antwort auf die innerlich erlebte Frage: Wer bin ich? Für mich? Für andere?

Identifizierung, sich identifizieren: 1. Seelisches Einswerden eines Ich mit einem anderen Ich, bis hin zur Verschmelzung; sich psychisch an die Stelle eines anderen oder anderer psychischer Aspekte setzen. Identifizierung und ihre Auflösung sind immer wieder notwendig, um fremdes Seelisches verstehen und die eigene Identität erfahren zu können. 2. Methode, um die historisch ferne biblische Erfahrung heute nachvollziehen zu können.

Ikonographie: Beschreibung der Muster und Gesetzmäßigkeiten bildlicher Darstellungen (vor allem der Kunst).

Imagination, aktive (-sübung), **imaginieren** (lat.: imago = Bild): Bewußtes Hervorrufen (tiefen-)seelischer Bilder (den Traumbildern vergleichbar). Mit Hilfe von vorgegebenen, z. B. biblischen Symbolen dient die Methode der persönlichen Aneignung überlieferter Urbilder.

Infantilismus: Stehenbleiben auf kindlicher Entwicklungsstufe.

Initiation: Aufnahme, Einführung eines Neulings in eine Gemeinschaft; Einweihung in die Weisheit ganzheitlichen Wissens.

Inspiration, inspirierend (lat.: Einhauchung): Eingebung, Erleuchtung; Befähigung, die ganzheitliche Wirklichkeit wahrzunehmen; in Religionen als Offenbarung des Göttlichen bekannt.

Integrieren: In ein übergeordnetes Ganzes aufnehmen, z. B. Unbewußtes und Bewußtsein zu seelischer Ganzheit verbinden.

Intention: Absicht, Ziel, Zweck.

Interaktion (-sübung): Zwischenmenschliches Handeln und Verhalten; als Methode, biblische Erfahrungen in die Gegenwart zu holen, auch ein Vorgang zwischen Lesern und Text in der Form eines frei gestalteten → Bibliodramas.

Introspektion: Innenschau, Blick in die eigene Seele und Wahrnehmen der inneren Wirklichkeit.

Intuition, intuitiv: Unmittelbare, nicht auf einem Denkprozeß beruhende Einsicht, meistens aus Erfahrung hervorgegangen.

Irrational: Der Ratio, dem logischen Denken nicht zugänglich, sondern vom Unbewußten bestimmt.

Katathymes Bilderleben: Therapeutisches Verfahren, bei dem mit Hilfe von Bildthemen, wie z. B. Weg, Fluß, Baum, Haus, der Zugang zu den inneren seelischen Bildern ermöglicht wird → Imagination.

Kollektiv-Neurose: Seelische Erkrankung ganzer Menschengruppen.

Komplementär: Ergänzend, ein Ganzes durch den fehlenden Teil oder Aspekt vervollständigen.

Konstruktiv: Aufbauend, schöpferisch.

Konvergenz: Durchdringung, Vermischung, In-eins-Fallen.

Lunarsymbolik (lat.: luna = Mond): An den Mond und seine Phasen gebundene Symbolik, z. B. in weiblichen Kulturen.

Mysterium: Geheimnis (nicht Geheimnistuerei), dem durchschnittlichen menschlichen Erkennen verborgener Sinn.

Mystik: Form der Religiosität, bei der der Mensch durch Hingabe und Versenkung zur persönlichen Vereinigung mit Gott zu gelangen sucht, und dabei leib-seelisch umfassende, nicht angemessen aussprechbare Erfahrungen machen kann.

Mythologie: 1. Zusammengehörende Mythen oder ein System von Mythen. 2. Die Erforschung der Mythen.

Mythos, mythisch: Erzählung (in epischer oder Gedichtform) von den Ursprüngen von Göttern, dem Kosmos und den Menschen aus alter Zeit der Völker. Mythen haben auch eine psychologische Bedeutung, indem sie aussprechen, wie Menschen sich selbst und ihre Situation in der Welt, vor allem angesichts sie weit überragender Kräfte, erlebt haben. Mythen machen daher eine → existientielle Aussage.

Nekrophilie: Liebe oder Neigung zu Totem, Vergangenem. Weil unbewußt, wird N. im allgemeinen projiziert in Handeln, das Tod herbeiführt.

Numinoses, numinos: Eine seelisch erfahrene, Anziehung und Schrecken zugleich hervorrufende, unbegreifliche Macht, von der das Ich sich überwältigt fühlt; sie kann als göttlich verstanden werden.

Ökumene: Die Bestrebungen, Christen der verschiedenen Bekenntnisse und ihre Institutionen wieder zu einigen. Die Ökumene der Religionen meint das Zusammengehören aller Religionen der Erde.

Orkus: Unterwelt, Totenreich; benannt nach dem altrömischen Gott der Unterwelt.

Paradigma: Beispiel, Muster, das beispielhaft für viele andere Erscheinungen steht; wissenschaftlicher Denk- und Experimentieransatz.

Pervertieren: Verdrehen, verfälschen, ins Gegenteil verkehren, umkehren.

Projektion, projizieren: Eigene psychische Aspekte unbewußt auf andere Menschen und auf Verhältnisse der Außenwelt übertragen und sie als deren Realität betrachten. P. ist zunächst unvermeidbar, weil wir unsere eigene Seele nicht direkt anschauen können. Negativ wird die P., wenn wir das Projizierte nicht als unser eigenes Seelisches zurückzuholen lernen und es stattdessen draußen bekämpfen.

Psychiatrie, forensische: Teilgebiet der Gerichtsmedizin: Begutachtung der Zurechnungsfähigkeit von Angeklagten.

Psychographie: Eine Art seelischer Biographie eines Menschen.

Psychosomatische Krankheiten: Psychisch bedingte körperliche Erkrankungen, die auf den engen Zusammenhang von Körper und Psyche hinweisen.

Rezeptivität: Aktive Bereitschaft zu seelisch-geistigem Empfangen, das zu schöpferischem Tun befähigt.

Ritus, Ritual: Im engeren Sinn: Nach festen Regeln ablaufender religiöser Vollzug, z. B. Gottesdienst, der immer in derselben Grundform wiederholt wird. In erweitertem Sinn: Individuelles und gemeinschaftliches Verhalten nach festen Regeln und in regelmäßiger Wiederholung, wobei eine Änderung oder Aufhebung des R. Angst oder/und Schuldgefühle bewirken kann, wie z. B. bei der Zwangsneurose.

Rudimentär: Verkümmert, nur noch in Resten vorhanden.

Säkularisieren: Verweltlichen, loslösen aus der Bindung an die Kirche.

Schatten: In der Tiefenpsychologie von C. G. Jung werden alle verdrängten und meist als unangenehm empfundenen sowie die nicht gelebten Persönlichkeitsanteile als Sch. bezeichnet. Das Bewußtmachen und die Integration des Sch. ist für das Ganzwerden der Person Voraussetzung.

Selbst, Selbstfindung: Das Selbst ist nach C. G. Jung das unanschauliche psychische Zentrum und zugleich das Ziel der Ganzheit von Bewußtsein und Unbewußtem. Es wird vom Ich als numinose überpersönliche Macht erfahren und ist deshalb in den Gottesbildern repräsentiert. Selbstfindung bezeichnet den Weg zur Verwirklichung des S. und ist ein nie abgeschlossener Prozeß, weil das S. eine transzendente Größe ist.

Sensibilität: Gut ausgebildete Gefühlsfähigkeit; Fähigkeit zu intensiver Gefühlswahrnehmung bei sich selbst und bei anderen.

Spezies: Art einer Gattung in der biologischen Systematik.

Stagnation: Stillstand, Steckenbleiben in einer Entwicklung.

Symbol: Vielschichtiger bildhafter Ausdruck für eine unanschauliche und im menschlichen Leben (noch) nicht voll realisierte Wirklichkeit. Tiefenpsychologisch drückt es vor allem die angestrebte Einheit und Ganzheit von Bewußtsein und Unbewußtem aus. Das S. kann nicht in eine andere, z. B. logisch-argumentative Ausdrucksform übertragen werden; es muß erlebt und vollzogen werden (z. B. religiöse Symbole).

Symptom: Anzeichen, warnendes Kennzeichen, Vorbote.

Synkretismus: Vermischung verschiedener Religionen, philosophischer Lehren oder Konfessionen oder einzelner Aspekte derselben zu einem neuen System.

Tiefenpsychologie: Oberbegriff für die psychologischen Theorien und therapeutischen Verfahren, die sich mit dem seelisch Unbewußten befassen. Darunter fallen z. B. die Psychoanalyse von S. Freud, die Analytische oder Komplexe Psychologie von C. G. Jung u. a. T. wird oft auch anstelle des betr. Unterbegriffs für das Konzept von C. G. Jung verwendet, weniger für das von S. Freud.

Transzendenz, transzendent: Wirklichkeit, die jenseits der bekannten und bewußten Realität liegt und sich den Erkenntnismitteln des Ich entzieht. Erfahrung von T. kann das Ich machen, wenn es seine bewußten Grenzen ins Unbewußte hinein überschreitet. Im Prozeß des psychischen Ganzwerdens wird diese Grenze fortlaufend transzendiert.

Unbewußtes (kollektives U.): Das U. wird von seinem Gegenstück, dem Bewußtsein her definiert und umfaßt alle psychischen Inhalte unterhalb der Bewußtseinsschwelle. Das U. ist nur in seinen Wirkungen, z. B. den Träumen, erfahrbar. Das kollektive U. ist nach C. G. Jung ein die individuelle Seele transzendierender psychischer Bereich, eine in jedem Menschen vorhandene allgemeine seelische Grundlage, durch die das Ich psychisch mit der gesamten Menschheit verbunden ist. Das kollektive U. läßt sich aus archetypischen Manifestationen erschließen, die bei allen Völkern verbreitet sind: aus Religionen, Mythen, Sagen, Märchen, Kunst, auch aus individuellen Träumen mit archetypischem Bildmaterial.

Universalität (des Evangeliums): Die weltweite Bedeutung des christlichen Evangeliums für alle Menschen.

Verdrängung: Abschieben von, meist angstbesetzten, Erlebnissen, Bedürfnissen, Vorstellungen, Erinnerungen u. a. ins Unbewußte. Das Verdrängte verschwindet jedoch nicht, sondern macht sich in Träumen, Fehlhandlungen, Krankheiten usw. bemerkbar. Verdrängtes vom Bewußtsein fernzuhalten, bindet starke psychische Kräfte, die der seelischen Weiterentwicklung fehlen.

Vita communis: Gemeinsames Leben in katholischen geistlichen Orden und anderen Gemeinschaften.